愛知の障害者運動

【実践者たちが語る】

障害学研究会中部部会──【編】

現代書館

はじめに

「地域」や「地域生活」という言葉に注目が集まるようになって、すでに長い年月が経っている。もちろんそれ以前からも、障害をもつ人たちが地域で生きるための運動が各地で行われており、現在も続けられている。本書はその中でも、とりわけ「愛知」における障害者運動に注目するものである。

多くの人にとって、「愛知」には、あまりよいイメージがないようだ。グルメの知人からは「愛知にはB級グルメ以外に美味しいものがない」とけなされ、車好きの知人からは「愛知の人は運転が荒い」とせめられ、さらに「言葉がきつい」、「結婚式が派手」など、枚挙にいとまがない（名古屋人からは「尾張と三河の違いもしりゃーせんくせに、なーんでほんなこと言われなかんの？」といった反論、あるいは「ほーんとにそのとーりだがや」といった自嘲を含めた同意、がなされるかもしれないが、ここでは脇に置く）。

さて、本書が注目する障害者運動については、関東では東京を中心とする、関西では大阪を中心とする動きが有名であり、それらに関する研究蓄積が積み上げられつつある。では中部では、愛知ではどうかというと、なかなかピンとこない人が多いのではないか。

もちろん、このフィールドを少しでも知る人にとっては、全国初の共同作業所を生み出した「ゆたか福祉会」(本部：名古屋市南区)や、共働事業所づくりをめざす「わっぱの会」(本部：名古屋市北区)、さらに「愛知県重度障害者の生活をよくする会」から生まれた「AJU自立の家」(本部：名古屋市昭和区)など、個性豊かな団体は、おなじみの名称であるだろう。しかし、おおよそ一般的には、関東と関西以外の地域では、いくつかの著名な団体はあるにしろ、まとまった運動は展開されていない、といった理解がなされているように思うのは、私の穿ちすぎだろうか。

障害学研究会中部部会は二〇〇七年に発足したが、会のメンバーも愛知の障害者運動をめぐる状況について、ほとんど無知だった。メンバーのうちで、既述の団体と関わりをもつ者はいたが、その他の団体のことや団体間の関係、地域としての運動の全体像、行政の動きとの関連についてはほとんど知らなかった。私たちはごく単純に、ここについて知りたいと考えた。

そこで二〇一〇年から、「中部」や「愛知」を意識した公開研究会やワークショップを開催するようになった。つてをたどり、児島美都子氏、秦安雄氏をはじめ、さまざまな運動の草創期に直接にかかわり、現在もなお活動をつづける方々をお招きしてお話しいただいた。氏らは「若い人が歴史を知ろうとしてくれるのはうれしい」と、勉強不足の私たちのぶしつけな質問にも、とても丁寧に答えてくださった。

二〇一一年十月には、既述の三団体の方々をお招きして、障害学会第八回大会においてシンポジウムを開催した。たまたま愛知での学会大会開催がもちかけられたということもあるが、私たちのなかに愛知の運動を他の人にも知ってほしいという思いがあったことも事実だ。

そしてその後も、研究会や聴き取りを継続し現在に至っている。なぜなら、私たちが今まで行ってきたのは、ほとんど先達たちのお話をうかがうことのみで、そこから、「愛知の」障害者運動の特徴や特殊性を明らかにできたとは、とても言えないからである。愛知という地域における、政治的・文化的背景、家族や世帯をめぐる状況、規範等とあわせ、他地域と比較して、「労働」、「自立」、「生活保障」、「住まい」などのテーマを論じるまでには、まだまだ遠い道のりであるというのが偽りのない実感だ。

本書の刊行については、会メンバーのなかでもさまざまな意見があった。しかし現段階では、うかがったお話を記録として残しておくことに意味がある、今後もこのとりくみを継続していくことを前提として、いったんまとめておく、という合意に至ったという経緯がある。したがって、本書は「愛知の障害者運動」の、その一部を「史料的に」記したにすぎず、それを明らかにしようとする試みは、途についたばかりであるということを頭においていただき、読み進めていただければ幸いである。

本書の内容について説明しておこう。本書はⅣ部構成になっている。

序論は、「障害者運動の背景にあるもの」として、障害者運動と地域をめぐる研究および政治的背景等に着目して論じるものである。

第Ⅰ部「患者・障害者運動の系譜——個人史を通して」は、児島美都子氏による講演を再構成したものである。児島氏による著書や編著書も多く刊行されているため、ソーシャルワーク理論や実践についてはそちらをご参照いただきたい。ここでは、児島氏の生い立ちや、戦後の厳しい時代における経験、社会運動にかかわるようになった経緯、欧米の障害者運動との出会いから、愛知の障害者運動に携わるきっかけがくわしく述べられている点に注目したい。

第Ⅱ部は既述の障害学会第八回大会におけるシンポジウム「愛知における障害者運動——労働をめ

ぐるとりくみと現代的意義」を再録したものである。当日の緊張感と熱気を感じとっていただけるのではないかと思う。また、コメンテイターの樫村愛子氏（愛知大学）、山下幸子氏（淑徳大学）と、登壇者との鋭いやりとりも必読であろう。

第Ⅲ部「運動と事業の四十年」は、ゆたか福祉会、わっぱの会、AJU自立の家（愛知県重度障害者の生活をよくする会）の、おおよそ四十年間の活動について記述したものである。こうして並べてみると、お互いの動きを意識しつつ、あるいは影響されながらも、それぞれ独自の道を歩んできていることがわかる。会のメンバーはいずれの団体とも数回にわたる対話を積み重ねており、団体史としてまとめられているものとは少し異なる視点から、各団体の四十年間を垣間みることができる。

第Ⅳ部「様々な場における動き」は、視覚障害（名古屋ライトハウス）、精神障害（名古屋うつ病友の会、草のネット、雑草）、聴覚障害（愛知県聴覚障害者協会など）、障害種別ごとの運動、あるいは「運動」とは称しない「活動」について、また二〇〇八年に設立されたADF（愛知障害フォーラム）について、いずれも講演記録を基にして再構成したものである。それぞれの団体が今後、どのような展開をみせるのか、見守っていきたい。

本書はどこから開いていただいても構わないが、序論は愛知の運動の背景にあるものをイメージすることを助けるだろう。また第Ⅲ部は、第Ⅱ部のシンポジウムの内容をふまえているため、こちらを先に読んでいただいたほうがスムーズに読み進めていただけると思う。この書をきっかけとして、一人でも多くの人が、愛知の実践者たちの運動／活動／声に関心をもってくださることを願う。

それでは、愛知に叢生する障害をもつ人たちの声に、存分に耳を傾けていただきたい。

（編者を代表して　土屋　葉）

愛知の障害者運動＊目次

序論　障害者運動の背景にあるもの

渡辺克典

一　障害者運動と地域をめぐる研究

二〇一三年、障害者の権利に関する条約（以下、障害者権利条約）の批准が国会で承認され、二〇一四年一月に国連に批准書を寄託、日本は正式に条約を批准した。障害者権利条約には、様々な特徴があるが、その一つとして、障害当事者の政策参画に関する「一般的義務」（第四条）がある。

第四条　一般的義務

3　締約国は、この条約を実施するための法令及び政策の作成及び実施において、並びに障害者に関する問題についての他の意思決定過程において、障害者（障害のある児童を含む。以下この3において同じ。）を代表する団体を通じ、障害者と緊密に協議し、及び障害者を積極的に関与させる。

日本では障害者権利条約の批准に先立ち、障害当事者、その家族が構成員の過半数を占める障がい者制度改革推進会議の討議を通して障害者団体・組織が政策参画を果たし、関連する国内法の整備が行われた。障害者をめぐって、条約のような国際的なレベルでの新たな動きのなかで、障害当事者が参加する団体や組織がこれまでにない重要な位置をもつことになった。障害者団体・組織は、障害者基本法改正（二〇一一年八月）、障害者総合支援法の成立（二〇一二年六月）、障害者差別解消法の成立および障害者雇用促進法の改正（二〇一三年六月）といった国内法の整備を担った。

政策参画も担うことになった障害者団体・組織ではあるが、その活動の歴史を理解する上において、一九七〇年代にメディアを通して有名になった「青い芝の会」神奈川県連合会などの障害者運動を外して考えることはできない。障害者運動は、既存の障害者政策、福祉政策、医療政策に対して異議をとなえ、その変革を主張し活動する社会運動の一つである。こういった障害者運動について、その歴史や国際比較など様々な研究が行われてきた（立岩、一九九五：荒川・鈴木、一九九七：田中、二〇〇五：杉野、二〇〇七）。

障害者運動をめぐって、近年では「青い芝の会」や公的介護保障といった全国的な活動とともに、日本国内の地域別活動に関心が向けられるようになってきた。たとえば、ドキュメンタリー作品『カニは横に歩く』（角岡、二〇一〇）は関西の障害者運動に関する詳細な記録を残し、講談社ノンフィクション賞を獲得した。『関西障害者運動の現代史』（定藤、二〇一一）は、「大阪青い芝の会」を中心とした障害者運動について描いており、『「健常」であることを見つめる』（山下、二〇〇八）とともに関西の障害者運動を活写した研究である。また、『共生の障害学』（堀、二〇一二）では、障害とともに沖縄や水俣など九州を中心とした「共生」をめぐる研究が行われた。これらの地域的な活動をめぐって、「障害学」とよばれる新しい分野からさまざまなアプローチが行われはじめている。(注1)

序論では、日本の中の地域の一つである名古屋市を中心とした愛知の活動にみられる障害者運動の特徴についていくつか記述を試みる。障害者運動は、それぞれの地方政治を背景として、協力者をともなって営まれる。ここでは、一九七三年からはじまる革新自治体としての本山市政（第二節）、第Ⅱ部、第Ⅲ部で取り上げる三団体に共通する場としての大学（第三節）について取り上げる。

二　福祉政治と「革新自治体」としての名古屋市

ここでは、日本の福祉政治と革新自治体としての名古屋市について、その歴史的背景を簡単にまとめてみたい。

一九六〇年代から七〇年代に移行する日本社会において、福祉をめぐる制度の改革・見直しが進められていく。福祉国家の政治経済について論じている新川敏光によれば、一九六〇年代の高度経済成長が引き起こした社会問題とそれに引き続く市民運動・革新自治体の台頭は、一九七〇年代に保守体制の危機を生み出した。高度経済成長は、社会的費用の無視や環境破壊の問題を浮上させた。特に公害問題はその象徴であり、「公害・環境破壊は日常的市民生活を脅かし、市民運動台頭の引き金となった」（新川、二〇〇五：七八）。同様に、政治学者・宮本太郎はこの時期に日本型福祉・労働レジームが形成されたと指摘している（宮本、二〇〇八）。すなわち、「産業構造転換への調整よりも、むしろ公共事業で地元に雇用を創出し、労働力移動を抑制する」（宮本、二〇〇八：七五）雇用レジームと、それを補完する福祉レジームである。ここでの福祉レジームとは、一九七三年を「福祉元年」と位置づけ、老人医療費支給制度の導入（老人医療の無償化）、健康保険加入者家族の保険負担の引き上げ、厚生年金支給額の引き上げに代表される政治体制を意味している（宮本、二〇〇八：八六）。一九七〇年代とは、環境や福祉・労働問題が日本全体を覆う時代であった。

これらの動向は、同時期に日本国内の各地に革新自治体を生み出した。一九七〇年代前半、与党自民党は国政選挙（七一年参議院選挙・七二年衆議院選挙）において議席数を減らし、その一方で、地域においては社会党・共産党系の首長が選出され、「革新自治体」が生まれていった。代表的な例としては、一九六七年に東京都知事となった美濃部亮吉知事が知られている。全国＝国家レベルにおいて変革が望めないとき、地域（ローカル）レベルにおいて地域政治への期待（cf. Tarrow et al., 1978）として現れたのが「革新自治体」である。革新自治体は、中央政府よりも先んじた公害対策や福祉充実にとりくんだ。医療や福祉に関して言えば、美濃部亮吉が一九六九年に七〇歳以上の医療費を無料としたのは、その代表例と言えるだろう。

時同じくして、名古屋市にも革新自治体が生まれた。それは、一九七三年に誕生した「本山市政」とよばれている。本山政雄は、一九七三年の市長選挙で四二万一二六六票対四一万六五一二票という僅差で当選し、環境、福祉、教育に重点をおいた政策を進めていった。本山政雄の当選には、名古屋市南部を中心とした名古屋港の臨海工業地帯の公害、交通公害（高速道路問題）が大きな要因となっている。一九七四年名古屋市市長選挙の得票率（表1）からも、本山の当選が港区・南区という名古屋市南部の要因が大きいことが確認することができる。

本山政雄は、一九七三年の選挙を次のように振り返っている。

	本山	杉戸	岩戸	高田	宇野
中区	39.3%	60.4%	0.2%	0.1%	0.1%
中村区	43.7%	55.9%	0.2%	0.1%	0.1%
東区	46.9%	52.7%	0.2%	0.1%	0.1%
西区	47.8%	51.8%	0.2%	0.1%	0.1%
熱田区	47.8%	51.8%	0.2%	0.1%	0.1%
瑞穂区	49.3%	50.3%	0.2%	0.1%	0.1%
中川区	50.1%	49.5%	0.2%	0.1%	0.1%
千種区	50.9%	48.7%	0.2%	0.1%	0.1%
北区	51.0%	48.6%	0.2%	0.1%	0.1%
守山区	51.2%	48.3%	0.2%	0.1%	0.1%
昭和区	51.9%	47.7%	0.2%	0.1%	0.1%
緑区	52.2%	47.4%	0.2%	0.1%	0.1%
南区	56.1%	43.4%	0.2%	0.1%	0.2%
港区	56.6%	43.0%	0.2%	0.1%	0.1%

表1　1973年名古屋市市長選挙獲得票割合（筆者作成）

開発優先の都市計画、鉄とコンクリートですすめる高度経済政策に従属した従来型の市政が、広範で深刻な公害や都市問題を生み、福祉や教育にしわよせしてきた現状にたいして、六〇年代後半から各種各様の、住民の生活と環境・教育を守る住民運動が、水俣や四日市についで、名古屋市内でも多くの地域で起こっていました。

そこで、①市政の主人公は市民、②市民参加の市政、③陽のあたらぬ者に陽を当てる、④経済の論理から生活の論理への転換を強調してきた私の勝利であったのでした。だから、市民の各層、随分広い方々の支持をいただいて当選できたのでした。（本山、一九九九：五六）

本山政雄は「対話集会」を開き、市政に高速道路、区画整理、福祉、保育、物価、食品公害、自然保護（本山、一九九九：六一）といった主題を取り入れていった。

本山政雄は市長になる以前、大学時代から「障害児不就学をなくす会」の代表をつとめるなど、障害児・者に対して積極的に関与してきた人物としても知られており、市政の第一期には、母子福祉、老人福祉、障害者福祉、保健衛生、医療に関する政策を推し進めていった（表2）。これらの本山市政の活動は一九七〇年代の名古屋市における障害者問題や福祉にかかわる活動の背景の一つを形成していたと言えるだろう。

表2　本山市政第一期における福祉施策（本山、一九九九：七六―七八より、筆者作成）

母子福祉	乳幼児の医療費助成を国のゼロ歳児を二歳児未満まで引き上げ／市立保育園を四年間で三四カ所新設／一区一児童館をめざし、四年間で六カ所新設して、全体で一二児童館に／学童保育充実のため、民間実施団体（三七カ所）に運営費補助を行うとともに児童専用室貸与を実施／民間保育園建設費の補助を行うとともに、運営費について七五年度から公私格差を是正／共同保育園への援助強化（七四年二カ所、七六年六カ所）
老人福祉	六五歳以上の老人に対し、市バス・地下鉄料金の無料化、動・植物園、科学館、名古屋嬢の入場無料化を実施、毎月十五日公衆浴場の入浴無料化を実施／ひとりぐらしの老人に福祉電話の貸与（七六年一〇〇台、累計三〇〇台）／ホームヘルパーを充実し、寝たきり老人・重度障害者などへのきめのこまかい対処／軽費老人ホーム（緑寿荘七五年六月）、特別養護老人ホーム（黒石荘七六年七月）、老人福祉センター（瑞穂、港、緑、中川）新設／老人クラブ活動に対する助成の増額／老人医療費助成を国の七〇歳以上を六八歳まで引き下げ
障害者福祉	障害者医療費無料化の実施（七三年一月から）また七四年四月から付添看護料の差額助成の実施／市バス・地下鉄料金の割引、公共施設のスロープ化、点字ブロック音響信号の設置／盲導犬育成事業補助（七五年より）／車椅子ガイド、点字案内ブロック、点字広報、市政広報番組に手話通訳の採用、障害者福祉電話の設置（七六年度五〇台）／市独自に重度障害者の生活の安定をはかるための名古屋市福祉手当の実施（七五年から）／障害児「いこいの家」を新設、知的障害者授産施設の整備（民間も含め六カ所で）
	職業訓練と働く場を保障／公園内の障害者専用トイレの設置、香りの木の植樹
保健衛生	妊産婦・乳幼児の無料健康検査を年一回から年二回に／保健婦による寝たきり老人訪問と家庭看護指導の実施／名東・天白に市独自の費用で保健所を建設（一九七五年）

医療	休日急病診療所を六カ所に拡大／難病のうち、国・県が医療費公費負担を行わないものに市独自の医療費助成と臨床研究費の助成を拡大／市立病院の整備強化と中央看護専門学校を設立（七五年開設、自治体として全国初）看護婦不足に対処

三　名古屋市における三つの大学

次に、革新市長のもう一つの特徴を取り上げてみたい。政治学者・北村亘は著書『政令指定都市』のなかで、「革新市長」について次のような特徴を挙げている。

革新市長とは、日本社会党や日本共産党が単独あるいは共同で支援した「市長」を指す。彼らは、福祉重視の政策や市民参加のための政策のみならず、数値目標の設定などの科学的な行政を展開した。横浜市の飛鳥田一雄市長が典型例である。しかし、多くの場合、市長就任からしばらくすると、福祉や公共事業などで財政支出の膨張を招いただけでなく、公務員優遇措置をとっているとの「放漫財政」批判の矢面に立たされた。結果として、再選を目指す彼らの多くは「現実的な都市経営」に転換する。（北村、二〇一三：一二六）

大学教員から市長へ転身した本山政雄は、自身の政治の特徴を「科学的市政」（本山、一九九九：七一）と位置づけ、名古屋市基本構想や十一カ年計画の基本計画を明示していた。本山政雄は、三重大学教授・名古屋大学教授を務めるなかで、民主的な教育の立場を重視する教育研究・教育運動にかかわり、とくに名古屋大学において「東海社会教育研究会」に参加するなど社会教育の研究と運動に積極的に取り組んでいた。本山市政は、本山政雄の大学教員としての研究・社会活動から延長する活動でもある。

実は、このような科学にもとづく研究活動と、本書で取り上げる障害者運動を担った三団体との間でいくつかのかかわりを見出すことができる。ここでは、「大学」という場に着目して、名古屋大学・南山大学・日本福祉大学の三大学について取り上げてみたい。

まず、一九七〇年代の三大学の地理関係について確認しておこう。現在、名古屋大学と南山大学は名古屋市において近接している。南山大学は、一九六三年に昭和区五軒家町（現在の南山短期大学、南山高等・中学校）から山里町に移転し、名古屋大学東山キャンパスと隣接することになった。また、日本福祉大学についていえば、現在は愛知県知多郡美浜町奥田に拠点を移しているが、一九八三年まで同じ名古屋市昭和区に設置されていた。名古屋大学・南山大学・日本福祉大学は、市民運動が盛んであった一九七〇年代に、徒歩で移動できるほどの位置に隣接していた。

これら三つの大学は、次の点において本書で取り上げる三団体とかかわっていた。第一に、日本福祉大学は本書の執筆者である児島美都子氏、秦安雄氏が教員として勤めた大学であるとともに、ゆたか福祉会の活動に対して大きな影響をあたえている大学である。中部地方における社会福祉事業を担う人材育成機関として設立された日本福祉大学は、社会福祉に関心をいだき、それにかかわる人びとが集う場となっていた(2)。第二に、南山大学は「ＡＪＵ自立の家（以下、ＡＪＵ）」との関係を見いだすことができる。後述のとおりＡＪＵの活動の一つとして「愛の実行運動」があるが、この活動の背景には南山大学の元理事長でありドイツ人宣教師の故ゲオルグ・ゲマインダ氏の影響を見ることができる。児島美都子氏は、一九七三年から「愛知県重度障害者の生活をよくする会」と関係を継続している（AJU自立の家編、二〇一一：四四）。第三に、これらの大学間において、障害者運動をめぐる交流が形成されることもあった。その一つが、「青い芝の会」神奈川県連合会のメンバーが出演した映画『さようならCP』（監督・原一男、制作・疾走プロダクション）の上映会活動である。『さようならCP』は一九七二年三月に完成し、全国で上映会活動が行われたとき、上映会場となったのが日本福祉大学と名古屋大学だった。

第一次：六月四日（日）於：日本福祉大学
参加：FIWC東海委員会メンバー
「疾走プロ」小林、「青い芝」横塚、参加者総数六〇名。

第二次：六月十一日（日）於：名古屋大学
参加：さよならCP上映委員会メンバー（第一次）
「疾走プロ」原、小林、「青い芝」小山、矢田、参加者総数七〇名。
〔『さようならCP上映委員会パンフレット』第二号（一九七二年八月八日）〕[3]

これらの地理関係や活動に関する歴史から、名古屋大学・南山大学・日本福祉大学は名古屋市に特徴的にみられるもう一つの背景を形成したと考えることできる[4]。地域において生じる障害者運動において、大学が果たした役割は小さくない。たとえば、関西の障害者運動を描いた角岡伸彦『カニは横に歩く』において、兵庫県の「青い芝の会」の活動を行ううえで、介護者集めのために関西の各大学を回る活動の一端が描かれている。

「……ビラをつくって事務局で印刷して、一〇〇〇枚ぐらい作ったら、それを持って大学に行きよった。作ったら行き、作ったら行きしてた。何万枚もまいた。神戸大学、大阪大学、関学（関西学院大学）、あと関大（関西大学）、大阪教育大学にも行ってた。姫路工大にも行ったことはあるけど、反応はよくなかった。……」（角岡、二〇一〇：二四五）

こういった大学と障害者運動に関して言えば、一九七〇年代の学生運動との近似・相違や、大学の大衆化以降の展開といった点と重ねて考えることも可能であるかもしれない。一九七〇年代の名古屋市において近接していた三つの大学は、障害者運動を実践する場となり、その協力者を生み出していた。

四　地域／大学と障害者運動

これまで、名古屋市における障害者運動の背景としての革新自治体(5)、障害者運動の場とその協力者を生み出しうる大学について確認してきた。最後に、地域と大学に関して、一九七〇年代から現在をつなぐ線について記しておきたい。

第一に、日本では、二〇〇〇年に社会福祉事業法が社会福祉法に改正され、地域福祉の推進が明記されるようになった。本書で取り上げる三団体は、団体の誕生後から地域福祉が主導となる二〇〇〇年代以降も活動を継続している組織であり、この点からも戦後日本の障害者問題と地域を考えるうえで重要な位置づけをもつ活動団体である。言い換えれば、本書によって描き出される歴史は、地域福祉――地域で考え、地域でとりくみ、地域で生きる福祉のあり方――が制度的に完備されていたわけではない状況の中で、地域に住む障害当事者たちや協力者たちがよりよい生を送るために模索した蓄積の道のりである。そして、おそらくこの道のりは障害者権利条約が批准されたこれからも続いていく道になる。これらのとりくみを理解し、将来のあり方を構想するうえで、本書に描かれたような模索と蓄積から障害者と地域のありうるべき関係を探求することは可能だろう。

第二に、地域福祉が制度・政策において推進される二〇〇〇年代の少し前ごろから、イギリスを中心として拡大していった「障害学（Disability Studies）」とよばれる学問が日本にも浸透し、二〇〇三年に障害学会が設立された。「障害を社会・文化の視点から研究する」（障害学会 会則第二条）ことを謳う障害学という分野は、いまではリハビリテーション学や社会科学を中心とした独自の学術領域として位置づけられるようになっている。障害学は、大学や研究所等に所属する研究者だけではなく、研究者以外の人びと、障害をもった当事者や関連組織との連携に取り組んでおり、これまでの大学内で閉鎖しがちであった「学問」とは異なった活動を繰り広げている。このとき、大学は障害に関して閉じた知を形成する場ではなく、障害当事者や協力者たちと新たな知をつくり出す結節点という新たな役割も生じてくる。研究者と運動を担った当事者たちが協同でつくりあげる本書のようなとりくみは、このような大学・学問の新たな姿の一歩でもあるのかもしれない。

本書は名古屋市・愛知県という日本の中の一地域を取り上げた記録ではあるが、そこで描かれる模索の歴史は、障害者の生活と地域の問題、障害と研究者・大学をめぐる現代の問題に対しても多くの示唆を与えてくれるだろう。

（本章は、第Ⅱ部のもととなった障害学会第八回大会における大会シンポジウム「愛知における障害者運動」の基調報告である「愛知の／から障害者運動を考える」（『障害学研究』第八号、明石書店に収録）の一部をもとにして新たに書き下ろしたものである。）

注

1　拙稿（渡辺、二〇一四）も参照。

2　日本福祉大学は前身を「中部社会事業短期大学」といい、鈴木修学によって一九五三年に名古屋市昭和区に設置された。「一九五〇年代の初頭、社会福祉事業従事者を養成するための専門教育機関としては、東に日本社会事業短期大学、西に大阪府立社会事業短期大学の二校があるのみであった。中部地方においては、名古屋大学に社会事業学部を設置する動きが占領期にあったとされるが、実現に至らないまま立ち消えとなっており、社会事業関係者の間では、従事者養成教育機関の設置が切望されていた。」（http://www.n-fukushi.ac.jp/pr/michi/1953-1962/tyubu/index.html）

3　上映活動については、第Ⅲ部「わっぱの会」も参照。

4　もちろん、愛知県における障害者運動と大学との関係はこれだけではない。たとえば、寺田清子『やまびこに翔ぶ』には愛知県豊橋市の「やまびこ会」の活動準備記録に日本福祉大学と愛知大学の記載がある（寺田、二〇〇五：一四三）。

5　同時代における革新自治体と障害者運動批評として『障害者の解放運動』（津田ほか、一九七七）がある。

参考文献

ＡＪＵ自立の家編（二〇一一）『当事者主体を貫く——不可能を可能に　重度障害者、地域移行への二〇年の軌跡』中央法規。

荒川章二・鈴木雅子（一九九七）「一九七〇年代告発型障害者運動の展開」『静岡大学教育学部研究報告（人文・社会科学篇）』四七、一三―三二頁。

堀正嗣編（二〇一二）『共生の障害学――排除と隔離を超えて』明石書店。

角岡伸彦（二〇一〇）『カニは横に歩く――自立障害者たちの半世紀』講談社。

北村亘（二〇一三）『政令指定都市』中央公論社。

宮本太郎（二〇〇八）『福祉政治』有斐閣。

本山政雄（一九九九）『心かよう緑の町を』風媒社。

定藤邦子（二〇一一）『関西障害者運動の現代史――大阪青い芝の会を中心に』生活書院。

新川敏光（二〇〇五）『日本型福祉レジームの発展と変容』ミネルヴァ書房。

田中耕一郎（二〇〇五）『障害者運動と価値形成――日英の比較から』現代書館。

Tarrow, S., P. J. Katzenstein & L. Graziano eds., 1978, *Territorial Politics in Industrical Nations*, Praeger.

立岩真也（一九九五）「はやく・ゆっくり」安積純子他『生の技法』藤原書店、一六五―二二六頁。

津田道夫・木田一弘・山田英造・斉藤光正（一九七七）『障害者の解放運動』三一書房。

寺田清子（二〇〇五）『やまびこに翔ぶ』光陽出版社。

山下幸子（二〇〇八）『「健常」であることを見つめる――一九七〇年代障害当事者／健全者運動から』生活書院。

渡辺克典（二〇一四）「障害学と障害者運動の研究動向」『保健医療社会学論集』日本保健医療社会学会、二五（二）、二四―二九頁。

渡辺克典（わたなべ　かつのり）………立命館大学教員。元障害学研究会中部部会運営委員。専攻は社会学。論文に「障害学と障害者運動の研究動向」『保健医療社会学論集』（日本保健医療社会学会、第二五巻一号）ほか。

第I部　患者・障害者運動の系譜

――個人史を通して

児島美都子

はじめに

愛知の障害者運動についてお話しするようにということだったが、私は愛知県の全体像を知っているわけではない。また、当事者としてかかわったわけでもない。そういう立場でお話しすることを最初にお断りしておきたい。

愛知の障害者運動は大きく分けて、知的障害者を対象とする発達保障の運動と、愛知県身体障害者福祉団体連合会（愛身連）や名古屋市障害者福祉連合会（名身連）のように戦後の傷痍軍人をルーツにもつものと、「わっぱの会」の運動、「AJU自立の家」(注1)（AJUは教会の外郭団体である「愛の実行運動」の頭文字）」などの障害者自身の運動があると思う。私は、そのうちAJU自立の家の母体である「愛知県重度障害者の生活をよくする会（よくする会）」の運動に学習ボランティアとしてかかわってきたので、そちらの話が中心になる。今日は「愛知高齢者福祉研究会」(2)から出席されている方が多いが、これからは高齢当事者の運動も重要になる。患者運動、障害者運動、高齢者運動とつながるとよいと思う。

一　欧米の障害者運動との出会い

イギリスの障害者運動および障害学との出会いは比較的最近である。私は、一九九九年にイギリスのロンドン大学近くの本屋で『障害者政策とコミュニティケア』(3)という本に出会った。研究者と障害当事者が一緒に調査研究をしている点が面白いと思った。イギリスの障害者運動のこともこの本で初めて知った。すぐに、この書の著者リーズ（Leeds）大学のプレストリー先生（当時、リーズ大学講師）を訪問し、なぜ障害者政策に関心をもったのか聞いてみた。プレストリー先生は、リーズ大学の学部を卒業しリハビリ分野に就職したが、専門職の医療モデル的な考え方に抵抗感をもち、大学院に入って学びなおした。そこで出会ったのがイギリス障害学の創始者で、社会モデルを提唱するマイク・オリバー教授(4)だったという。

この時、イギリス初の障害者自立生活センターであるダービシャーの自立生活センターも訪問し、ギブス(5)はじめ障害者運動のリーダーにも会った。こうしたいきさつで障害学に興味をもった。

アメリカの自立生活運動に出会ったのはそれよりも二〇年前。一九八〇年、カナダのウィニペグで国際リハビリテーション協会（ＲＩ）(6)世界会議に出た。ウィニペグという田舎町に約三千人の専門家が集まった。この会議には三つの特徴があった。一つめは、障害当事者自身約二百人が参加したこと。これまでの参加者は専門家中心で、これほど大勢の障害当事者が国際会議に参加したのは初めてのことだった。二つめは、重度障害者であるエド・ロバーツ(7)がリハビリテーションの専門職の前で特別講演したこと。彼は一三歳のとき重度障害者になったアメリカの自立生活運動の創始者で、半分寝た状態で車いすに乗り、人工呼吸器を手放せず、家に帰ると「鉄の肺」に入るという重度障害者だった。これまで障害当事者が参加者の前で講演する例はなく、多くの参加者が深く感動した。三つめは、別会場で五百人の障害者が集まって自由集会を開いたこと。日本からは視覚障害者の団体が参加していた。この自由集会が「障害者インターナショナル（ＤＰＩ）(8)」の実質的な出発点となった。私はその後、海外留学の途中、ゼンコロ(9)の人たちでバークレイの自立生活センターを訪問、エド・ロバーツに再会した。このご縁で、のちに名古屋で日米障害者自立生活セミナー(10)を開くことになる。

この頃スウェーデンに滞在していた私は、ストックホルムのスウェーデン研究所で『スウェーデンの障害者運動』という論文を発見した。この論文には、スウェーデンには一九三〇年から盲・聾の運動とともに結核の患者運動があり、その後、心臓病の患者団体と合併し、結核・心臓病の会となり、今は事務所をもって活動しているとの記述があった。日本で結核患者の運動が始まるのは戦後であるが、外国に患者運動はないと考えていた。そこで、詳しく知りたいと思い、結核・心臓病の会の事務所を訪問して、事務局のガーデストレーム氏に会った。この時に贈呈されたのが、スウェーデン語の『心臓と結核の会の四〇年史』だった。当時、ストックホルム大学に留学していた訓覇法子氏の協力を得て日本語に翻訳していただいた。[11] この書にはスウェーデンの結核の患者会の歴史が記されていた。

第二次世界大戦中、結核のサナトリューム（療養所）に入所していた結核の患者が患者自治会をつくり、政府に日用品費を要求したが成功しなかった。そこで国民高等学校の教室を借りて勉強会を開いた。政治家、公務員、学者の協力を得て学習した後、政府と交渉して成果を得ることができたという。スウェーデンでは、これが福祉教育の原点になったと記述してあった。日用品費は、朝日訴訟[12]のテーマでもあり、日本と同じ動きがあったことを知った。その後、この患者会は障害者団体と共同して障害者中央協議会をつくり、患者団体と障害者団体が一緒になって政府に働きかけているという話だった。患者運動からはじまって障害者運動に合流しているのは面白いと思った。これとは別に一九五〇年代にデンマークで、バンク＝ミケルセン[13]が、ノーマライゼーションを提唱しているが、そのきっかけは、第二次世界大戦中の主として知的障害者に対する処遇にあったととらえている。

日本の患者運動は、第二次世界大戦後、ハンセン病や結核の療養所に入院していた患者の運動からはじまっている。最初は患者に配給される食糧を職員がピンはねした、これでは命がつなげないという、食糧確保の運動として始まった。その後、療養条件の改善、医療の向上を課題とするようになった。朝日行政訴訟は日用品費をテーマとしていたが、国民の意識を「おめぐみとしての福祉」から「人権としての福祉」へと転換させるうえで、重要な役割を果たした裁判である。朝日訴訟に続いて、堀木訴訟、牧野訴訟、公害病訴訟、水俣病訴訟などが相次いで起こり、その延長上に今のＨＩＶの訴訟や肝炎の訴訟があるのだと思う。障害者自立生活運動の先鞭を切った「ありのまま舎」の山田富也[14]氏、ＡＪＵの山田昭義氏も朝日訴訟から励まされたと聞いている。

二　戦後の市民運動

戦後の運動は市民運動から始まっている。第二次世界大戦中、空爆にあって家を焼かれ、食べるものも着るものもない、多くの国民が極貧の生活をしていた。若い人たちは職がない。親を失った子どもたちは浮浪児に、復員兵はホームレスに、夫を亡くした妻たちがたくさん、という世の中で、食糧難は想像を絶するものだった。お米は配給制度、砂糖やバナナがお米の代わりに配給されることもあった。一九四六年五月十九日、関東食糧民主協議会[15]の主催で、日比谷公園で食糧メーデーがあり、主催団体のなかに結核の患者会があった。

戦後失業していた若者たちは、学生を中心に新しい社会の在り方を求めて自主的な社会科学研究会をあちこちで開いていた。私は慶応大学経済学部の学生が主催する社会科学の研究会に参加するようになった。そこで学んだのは社会を見る目、人を見る目だった。私の父は神奈川県の農家の末っ子で、高等小学校を卒業するとすぐ、東京日本橋の問屋に奉公に出され、読み書きそろばんを学んで自分の店をもった。順調に商売をしていたところに、一九二三（大正十二）年の関東大震災があり倒産、立ち直ったところで昭和初期の世界大恐慌にあい、また倒産、会社を立ち上げて経営していたところで戦争があり、輸入が成り立たなくなって倒産した。父の代わりに母が内職で生計をたてて、私たちきょうだいに高等教育を受けさせてくれた。この頃、私たちは、母が苦労するのは父親のせいだと非難の目を向けていたが、社会科学を学んで父親の失業は社会の在り方と関係があることに気づき、父への尊敬をとりもどした。

戦後は、仕事がなかったのでボランティア活動をした。戦後初めての国政選挙で三八人の女性議員が生まれ、彼女たちは超党派で赤ちゃんのミルクを獲得する牛乳・乳製品対策委員会を立ち上げ、市民団体と一緒になって市民運動を行った。その委員会に頼まれてボランティア活動をするようになり、はじめて運動に触れた。それがご縁で研究所に勤めるようになったが、二年で退職した。その後、家族が結核になって手術をすることになった病院で、患者会のボランティア活動をすることになり、それがきっかけで、病院の医療ソーシャルワーカー（ＭＳＷ）として採用されることになった。

三　医療ソーシャルワーカーとして

ボランティア活動では、病院患者会の機関誌編集の手伝いをしていた。その病院で異型輸血事件があり、東京都から病院閉鎖命令が出た。その時、患者家族が東京都に陳情して病院が再開されたというきさつがあり、病院がお礼に患者の役に立つことをしたいというので、ＭＳＷを置くことになり、私に白羽の矢が立って就任した。一九五一年のことで、まだ福祉教育が確立されておらず、三カ月の従事者研修会でMSWになれるという時代だった。

この病院は、その頃は珍しい短期入院システムをとっていた。手術をして一カ月後に自宅に退院、後は外来で診療を受けるというのが原則だった。そうしたなかで退院患者のなかから、自然発生的に在宅患者の会ができた。療養生活の問題の相談や結婚や就職の問題を助け合う、今でいうピア活動が行われ、その延長線上に生まれたのがコロニー運動だった。

結核回復者のコロニー運動は、一九四九年熊本に始まっていた。一九五八年十月、佐賀県の療養所で行われた九州コロニー会議に参加した帰途、当時、山口県宇部市の自宅に帰って療養生活をしていた退院患者の調一興[16]夫妻に声をかけて始まったのが東京コロニーの運動である。その後、調夫妻が上京し、四人の重度回復者が東京都中野区のアパートの四畳半一間を借りて印刷屋を始めた。当時、内部障害者は身体障害者福祉法の対象でなかったため、福祉サービスも補助金も受けられないところから、調氏らが法改正にとりくみ実現した。この延長線上に腎臓病も更生医療[17]の対象になるという法改正が行われた。当時、人工透析の費用は月約七〇万円かかったのが、公費負担になった。私は病院の非常勤をしながら、東京コロニーのソーシャルワーカー、コロニーの全国組織全国コロニー協会（現・ゼンコロ）の事務局長を務めた。一九六六年に日本福祉大学から声がかかり、教職に転じ、名古屋の日本福祉大学に赴任した。

医療ソーシャルワーカーとして働いていた頃

日本福祉大学は、一九五三年に創設された社会福祉専門の短期大学で、創設当初名古屋市昭和区にあった。赴任して三年目に、海外研修の機会を得て、ヨーロッパの障害者福祉に出会うことになる。

四　愛知の運動にかかわる

日本福祉大学に赴任後の一九六九年、海外研修の機会を得て、ヨーロッパの障害者福祉――様々な福祉機器、バリアフリーの環境、保護雇用制度など――に触れた。

そしてその後、名古屋市で一九七三年「よくする会」に出会う。「よくする会」の創始者で、その後もリーダーである山田昭義氏は、社会福祉の研究者は障害者に夢と希望を与えるものであってほしいと要望している。(18)「よくする会」の目標は、障害者が地域で普通に暮らすというものであるが、その目標は誰かから教わったものではなく、自身の体験から体得した強い信念である。

愛知県で初めてできた重度障害者更生援護施設・希全寮に入所した若い障害者たちは、管理され、人権を無視された生活を体験した。食事の時間はもちろん、すべてが決められ、夕食後お腹がすくのでインスタントラーメンを作りたいといっても、火を使うことは禁止される。ボランティアが外に連れ出したいといっても、「責任をもてない。危険だ」と止められるという具合であった。

地域で普通に暮らしたいという思いは、施設生活を経験したことから始まる。丁度、東京オリンピックが開催された時代で、テレビの映像を通して外国の障害者福祉の情報が伝えられたり、脊損で車いすになった元銀行員の石坂直行さんが、デンマークのバリアフリーの生活の経験を記した『ヨーロッパ車いすひとり旅』を刊行されたということもあり、海外の障害者福祉に関心が高まっていた。

希全寮を退所した障害者たちは、地域での交流を図るなかでキャンプを企画、そのなかでヨーロッパの障害者福祉の話を聞こうということになり、そのころ、日本福祉大学で身体障害者福祉論を担当していた私が行くことになった。それが縁となり、月一度の勉強会が始まった。勉強会は、最初は脊損の人が中心だったが、車の運転ができる彼らがボランティアとして送り迎えをするという形で脳性マヒの人たちも参加するようになった。

一九七三年は、名古屋市に革新市政が誕生した年である。一九六七年に発足した美濃部東京都政は革新自治体の福祉行政の範となり、各地の福祉運動を活性化させていた。またこうした運動に応えて、課題を地方行政に取り入れてゆこうとする行政の姿勢もこれまでとは明らかに変化していた。

「よくする会」の特徴の一つめは、勉強会で学んだことをすぐに運動に結びつけるところ。二つめは、バリア解消に結びつけていること。三つめは、移動、交通バリアフリーについて取り上げてきたこと。障害者の乗車拒否をきっかけに、タクシーや交通機関の問題を取り上げた。タクシーの労働組合が主催して車いすの扱い方の研修会を実施する例もあった。四つめは、福祉機器を導入したこと。名古屋市の繁華街で電動車いすの試乗会を行ったこともある。五つめは、市民に対する啓発活動を行ったこと。市民講座や福祉映画祭、新聞社やテレビ会社と共催で行った。六つめは、生活を楽しむこと。チェアスキー、車いすダンスなどを活動に取り上げた。例年、名古屋どまんなか祭りが行われているが、「よくする会」では車いすのグループ「あじゅら」が毎年参加し、話題を呼んでいる。七つめは、海外交流。各国から障害者を招待して市民と共に行う車いすマラソンは二五年続いている。車いすをタイに送り、修理の仕方を教えて障害者の雇用にも結び付けるという運動も継続している。八つめは、後援会組織があること。会費を集めコンサートやバザーを開く等のかたちで事業をサポートしている。九つめは、だれでも協力者にしてしまうこと。俳優の天野鎮雄さん、三笠宮寛仁殿下（故人）。十番めは、専門職をうまく利用していること、など。

もっとも重い障害者の望みを取り上げてとりくんでいることも特徴である。例えば、人工呼吸器が必要な障害者を、デイサービスや自立ホームに受け入れることにも、早くからとりくんできた。結果的にそれは、ＡＪＵの発展に結びついていると思う。たとえば「わだちコンピュータハウス[19]」は早くからパソコンを取り入れ、重度の障害者を受け入れている。長期入院をしていて「生きる意味が見出せない」といっていた人が、自立ホームに入って希望を見出した例もある。

学生が四年間親元を離れて自立の仕方を学ぶのと同様に、障害者も四年間かけて自立ホームから自立生活を学び、地域生活に移行するという考え方。現在、八〇名以上の重度障害者が自立ホームで学んだ知識・技術を活かして、地域で普通に暮らしている。脳性まひの障害者も、家族をもって普通の生活をしている。こうした生活を支えるサービスを次々につくり出しているのがＡＪＵ自立の家の事業である。ＡＪＵの事業の特徴の一つは、三障害の区別なく二四時間三六五日切れ目のない介助サービスを提供していること。

おわりに

私が結語として言いたいのは、以下のとおり。

- 日本の障害者運動のルーツは患者運動である
- 障害者（患者）運動とは主権回復の運動である

・障害者運動は人権運動、いのちを守る運動の一類型である
・障害者運動とは組織をつくり、連帯し、権利をかちとることである
・障害者運動の目標はノーマライゼーションを実現することである

日本の障害者運動のルーツは患者運動であるということ。かつて国民病だったコレラに対しては、生きながらにして海辺に捨てるというような人権無視の政策が行われてきた。[20] これに対して戦前は一揆的な抵抗しかできなかった。運動が法的に認められるのは新憲法以降だが、今でも運動を危険視する考え方が残っているように思う。

福祉職従事者は、自分の仕事に誇りをもって働けるよう望んでいるが、自分の権利が守られていない。それは研究者も同じ。これをどのように克服していくのか。福祉労働の中身をとらえなおしていく必要がある。また介護保障の在り方の共通認識をつくっていく必要がある。二四時間三六五日のサービスが実施されたら、地域移行はもっとスムーズに進むと思う。

（本稿は二〇一〇年一月三十一日に行われた愛知大学文学会・障害学研究会ワークショップにおける講演をもとに構成しました。構成：河口尚子）

注

1　ここでAJU自立の家、AJUというのは、運動体である愛知県重度障害者の生活をよくする会および、ここから発展した事業体であるAJU自立の家の両方を指している。詳しくは第Ⅲ部第三章を参照。

2　愛知高齢者福祉研究会は一九八九年から現在まで続いている高齢者福祉全般についての勉強と情報提供

を行う会。初代会長は長宏氏（一九二二—一九九七）。長氏は朝日訴訟を中央対策委員会事務局長として支えた。日本福祉大学で社会保障論を講義。児島氏は現在名誉会長。

3 Mark Priestley (1991) *Disability Politics and Community Care*. Jessica Kingsley. 日本語訳は出ていない。

4 マイク・オリバー（Mike Oliver）は、イギリスの障害学（Disability Studies）の創設者の一人で、グリニッジ大学名誉教授。「障害とは社会が障害者としている人たちにもたらしている不利益である」ととらえる「障害の社会モデル」を提唱。

5 David Gibbs のこと。ダービシャー自立生活センター（Derbyshire Centre for Inclusive Living）の責任者。

6 国際リハビリテーション協会（ＲＩ）は、Rehabilitation International の略。一九二二年に設立された、リハビリテーション・サービス提供団体・研究機関、障害者権利擁護団体、障害当事者団体および政府機関などから構成される国際組織。

7 エド・ロバーツ（Ed Roberts）は、一九六二年にカリフォルニア大学バークレイ校に初めて重度障害者として入学、州政府による介助者費用の負担を獲得し、高等教育の場を切り開いた。また一九七二年に世界で初めての障害者自立生活センターを創設した。自立生活のシンボル的存在。一九九五年死去。

8 障害者インターナショナル（ＤＰＩ）は、Disabled Peoples' International の略。一九八〇年のＲＩカナダ・ウィニペグ大会で集まった障害当事者を中心に、身体、知的、精神、難病など、障害の種別を超えて自らの声をもって活動する障害当事者団体として設立された。一九八一年の国際障害者年にシンガポールで設立総会。

9 一九六一年にコロニーの全国組織として「全国コロニー協会」の名称で創立。現在は社団法人ゼンコロと改称。

10 日米障害者自立生活セミナーは、一九八三年に脳性まひの人たちが中心となった実行委員会が、アメリカからジュディ・ヒューマン（Judith Heumann）、マイケル・ウィンター（Michael Winter）等の自立生活運動のリーダーを招いて、東京、横浜、名古屋、京都、大阪、北九州などで開催したもの。

11 当時の患者団体「全国患者団体連絡協議会」の会報誌『かんじゃと医療』に一九八三年十二月（第九六号）から一九八五年八月（第一一三号）まで連載。訓覇法子氏は現・日本福祉大学教授、ストックホルム大学研究員。

12 朝日訴訟は、岡山県の療養所に重症の結核患者として入院していた朝日茂氏（当時四四歳）が一九五七年、生活保護費が少なすぎて必要な栄養すらとれず、「健康で文化的な最低限度の生活を営む」には不十分だとして、国に改善を求めて起こした行政訴訟。児島氏は原告側証人としてかかわった。

13 ニルス・バンク＝ミケルセン（N. E. Bank-Mikkelsen）は、デンマークの社会省の行政官として知的障害者の福祉向上に尽力し、「一九五九年法」ではじめて「ノーマライゼーション」という言葉を法律に組み込んだ。一九九〇年死去。

14 ありのまま舎は、仙台市で幼い頃に筋ジストロフィーを発症し国立療養所西多賀病院（現・国立病院機構西多賀病院）に入院していた山田富也氏が、筋ジストロフィー患者であった長兄・寛之氏、次兄・秀人氏とともに、難病患者・重度障害者の自立と社会参加をめざし一九七五年に設立。講演・出版・映画製作等を通じ啓発活動に尽力。一九八六年には法人化を果たし、一九八七年には障害者自立ホーム「仙台ありのまま舎」を設立。山田冨也氏は二〇一〇年に五八歳で死去。

15 関東食糧民主協議会は、第二次大戦後の深刻な食糧危機のなか、一九四六年二月、食糧行政機構の民主化・隠匿物資の摘発と公開管理・主食配給管理権の獲得などをスローガンに掲げ、三百団体が加盟して結成。同年五月十九日、皇居前広場に約二五万人が参加して行われた食糧メーデーを主催した。

16 調一興氏は、社会福祉法人東京コロニー協会を創立、ついで結核回復者全国コロニー協会創立の中心的役割を果たした。その後、日本障害者協議会の会長をはじめ、多数の要職を務めた。二〇〇五年死去。

17 更生医療は、身体障害者がその障害を除去・軽減する手術等の治療によって確実に効果が期待できるものに対して、必要な自立支援医療費の支給を行うもの。
18　これは、二〇〇八年十一月二十二日の日本社会福祉学会中部部会の政策フォーラムでの山田昭義氏の発言をまとめたものである。山田（二〇〇九）所収。
19　わだちコンピュータハウスの詳細については、第Ⅱ部山田昭義氏の発言を参照。
20　川上武（一九六五）『現代日本医療史――開業医制の変遷』勁草書房、一三五頁。

参考文献

石坂直行（一九七三）『ヨーロッパ車いすひとり旅』日本放送出版協会。

今井誠他翻訳・児島美都子監修（一九八五）「資料紹介リニヤ・ガーデストレーム『スウェーデンの患者・障害者運動』」『日本福祉大学紀要』（六三）、八六–九八頁。

児島美都子（一九六七）『身体障害者福祉』ミネルヴァ書房。

児島美都子編（一九七七）『障害者福祉はいま』ミネルヴァ書房。

児島美都子編（一九八二）『障害者雇用制度の確立をめざして』法律文化社。

児島美都子（一九八四）『海外福祉を視る』全国社会福祉協議会。

児島美都子・佐藤進編（一九九一）『私たちの社会福祉法』有斐閣。

児島美都子（二〇〇九）「記念講演 人権としての社会福祉を推進したもの――自分史とかかわらせて」『社会事業史研究』（特集 社会福祉運動の歴史と展望）三六、一–一二頁。

山田昭義（二〇〇九）「障害当事者の立場から」『社会福祉学』五〇（三）、九六–九七頁。

児島美都子（こじま みつこ）………日本福祉大学、龍谷大学、青森大学、東京福祉大学を経て、現在、日本福祉大学名誉教授。博士（社会福祉学）。日本ソーシャルワーク学会名誉会員。日本社会福祉学会名誉会員。

第Ⅱ部　愛知における障害者運動

――労働をめぐるとりくみと現代的意義

2011年障害学会大会シンポジウム

第Ⅱ部は、二〇一一年十月に愛知大学車道キャンパスにおいて行われた、障害学会第八回大会におけるシンポジウム「愛知における障害者運動――労働をめぐるとりくみと現代的意義」（『障害学研究』8、明石書店、所収）を再録したものである。

「地域」に生きる人びとは、「一般的」な理念とそれぞれの地域の「特殊性」をすりあわせながら運動をつくり上げていく。それぞれの障害者運動団体は、地域の歴史・政治的状況、その地で活動している他の団体との関わりを通して――時には葛藤もしながら――活動を行っている。

シンポジウムでは、全国的にも先駆的なとりくみを行ってきた、愛知の三つの運動の担い手から、一九七〇年代および八〇年代の労働を中心とした活動内容をご紹介いただいた。それぞれの団体がもつ労働観、構成員との関わり、目指すところなどは、愛知全体の障害者運動の特徴の一面を示しているといえよう。

本シンポジウムの射程は、現在だけではなく未来にも向けられた。過去の積み重ねは現在の団体のありようを規定している。また、こうしたとりくみに対する考察を通して、現在の障害分野における様々な課題を解決するための手掛かりを得られるのではないかと考えた。

シンポジストは、愛知の障害者運動を牽引し、また全国の障害者運動の中心を担っている団体の方々である。順に、社会福祉法人ゆたか福祉会常務理事の後藤強氏、NPO法人わっぱの会理事長の斎藤縣三氏、社会福祉法人AJU自立の家専務理事の山田昭義氏による報告、また淑徳大学の山下幸子氏、愛知大学の樫村愛子氏からのコメントおよび討論もあわせて掲載している。司会は、時岡新と後藤悠里である（肩書はすべて当時のもの）。

なお、基調報告の「愛知の／愛知から　障害者運動概観」（渡辺克典氏）は本書序論で新たに展開しているため第Ⅱ部では割愛している。また、再録にあたり、一部必要な修正を加えている。

（後藤悠里）

「共同作業所づくり運動」とゆたか福祉会

後藤　強

はじめまして。「ゆたか福祉会」の後藤といいます。よろしくお願いします。報告する私自身の立ち位置を最初にお話ししておきたいと思います。

一つ目として、障害学会は当事者性を大きなテーマにしています。私たちの活動は障害の当事者や家族も含めていろいろな構成員の方たちによって成り立っていますが、私自身は職員という立場で、この活動にずっと関わってきました。今日は、そういった意味で、その構成員の一部である職員としての視点から見た私たちの事業や活動をお話ししたいと思います。

二つ目として、今日あとでお話をされる斎藤さんや山田さんは、それこそ事業の創設以来引っぱってこられた創始者の方々ですが、私自身はゆたか福祉会が一九六九年に事業をスタートしたあと、一九八三年に入職をしております。いわば、第二世代という世代に属します。三十年余り「ゆたか」の事業をずっと中で体験し、見てきた者として、ある意味創成期の理念を受け継ぎつつ、それでもやはり変えていかなければいけない課題が沢山あるなというふうに現在思っております。そういった立場で今日報告をさせていただきますので、よろしくお願いします。

テーマとして、「共同作業所づくり運動」とゆたか福祉会とさせていただきました。このテーマに掲げた「共同作業所づくり運動」という言葉は、一九七〇年代から一九八〇年代に全国各地にこうした小規模作業所づくり運動が広がっていった時期によく使われた言葉です。最近あまり使わなくなっていますが、この言葉は単に作業所という入れ物をつくる運動というふうな意味合いではありません。

私たちの仕事をどのように説明したらよいかということはありますが、非常にシンプルに説明をすると、障害のある当事者に対する働きかけを軸にして、その家族や関係者を巻き込みながら展開をしていく、そういう仕事だと思っています。言い方を変えると、当事者の抱えている問題のよりよい解決方法を当事者も含めて、幅広い人たちによってまとめ上げ、実現していく、そういう共同作業の過程ではないかといえます。地域や社会との関係性をも含めて、この共同の深まりや広がりをどれだけ築けていけるかによって、当事者個々の生活が変わるだけでなく、彼らを受けとめる社会のあり方も変わっていくものだと思っています。

また、この共同作業は、障害のある人を真ん中に置きつつ、人間としてのあたり前の願いや要求を実現していくプロセスを通して、そこに集う関係者、もちろん当事者も含みますが、関係者一人ひとりの活動の幅や共感関係を広げて、その人間的、人格的な成長を促していく、そういう側面をもっているのではないかと思います。一九七〇年代から一九八〇年代にかけて、作業所づくり運動が全国に大きく広がることになった原動力には、こうしたいわば共同の自己実現の自由と豊かさの獲得というものがあったのではないかと思っていますし、それがとても重要なことであると考えています。

こうした活動の総体を、私たちは「共同作業所づくり運動」と言っていまして、その理念や内実の重要性は時代が経過した今日においても変わらないものだと考えています。

さて、こうした活動の原型となったといわれるゆたか福祉会ですが、創成期の一〇年を経て、一九七九年に第一期の長期プランというものを策定しております。その中で、事業の理念の位置付けが三点にわたって整理されています。

これは当時の整理の仕方ですが、第一に、「権利の主体・施設の主人公としての仲間たちのゆたかな生活と発達の保障をめざして」、第二に、「民主的経営体の確立と施設の民主的運営をめざして」、第三に、「地域にねざし、障害者団体等と連帯した施設づくりをめざして」ということです。

この時に整理された三つの理念は、後に、一九七七年に結成された「きょうされん(旧称・共同作業所全国連絡会)」の運動の中でそれぞれ実践、経営、運動という形で定式化されてきました。ゆたか福祉会の中においても力点の置きどころや表現に対してそのつど修正をしつつ、現在の会の事業目的、理念として今日まで受け継がれているものです。この三つの理念、内容の特徴点についてシンポジウムの狙いを念頭に置いて発言をしたいと思います。

まず、一点目の「権利の主体・施設の主人公としての仲間たちのゆたかな生活と発達の保障をめざして」ですが、障害のある人の労働を賃金保障にとどめず、人間としての生存や発達の権利として捉えなおし追求したことや、労働に内在する目的意識性や集団性、社会性を重視して、働く中で逞しく育つ当事者像を提起しました。更にこうした活動の総体において、職員集団は、当事者集団に対して一方的に主導的な立場に立つのではなくて、相互の人間的人格の尊重を基礎にした対等平等な労働者、「仲間」という言葉に代表されますが、そのような関係性を重視したという点が一つの特徴として挙げられると思います。あとで報告があると思いますが、斎藤さんや山田さんのレジュメの中にあるように、障害のある当事者と職員との関係をどういうふうに考えるのか。あるいはその中で職員のはたす役割をどう理解するかというのは、事業や運動のあり方を大きく左右する分かれ目の一つになっているような気もしますので、その辺についてもっと議論を深めていくことが必要ではないかなと思っております。「ゆたか」の実践としていえることは、この対等平等な労働者としての関係性というのは、当事者に対する職員固有の主導的な役割を決して否定するものではありませんし、また当事者は、こうした職員の固有の役割に対して常に受け身的な受動的な立場に固定化されていたわけでもないということです。このような表現が適切かどうかはありますが、当事者集団は、職員集団のとりくむ活動の全体において、ある意味客体であると同時に主体である、そういう点に特徴の一つがあるのではないかというふうに思っています。

二つ目は、民主的経営、運営の問題です。「ゆたか」の創成期、まだ個々の善意に依拠していた時代に、利潤追求の至上主義や私物化の偏向というものが持ち込まれようとしていました。そうした中で家族や職員が中心になって、「柱一本、石ころ一つずつ持ち寄って、自分たちの工場をつくろう」という、共同財産、共同事業の理念を獲得したことに始まります。その後、事業の法人化とか複数施設化の過程で、経営管理機構の整備や労使関係の整理が必要とされてくる中で、いわゆる民主経営論というような形で展開されて、ゆたか福祉会三〇年の際にゆたか福祉会綱領というものが策定されていろいろな矛盾が、そこでもたされました。このことについては、今日は直接のテーマでないですのでふれません。斎藤さんや山田さんの活動と同様に、私たちの活動が他の運動団体と異なる点は、事業を通してその運動の目的を実現していくというところに特徴があると思います。ただ、その事業と運動は、決してイコールではありません。その重なる部分と重ならない部分をどう考えるのかとか、その領域をどういうふうに区画し整理をして考えるのかについては、これは実践的にも非常に難しいテーマであると思っています。そのようなプロセスを経ながら、未だに共同性や民主性の内実をどう捉えていくのかというところでは苦労をしているというのが現在の率直なところです。

最後、三つ目ですが、ゆたか福祉会の事業は常に財政困難との闘いであって、運動の力でそれを乗り越えてきた歴史でもあるといえます。さまざまな矛盾や困難を関係者による討議や学習を通じて克服しながら、同時に広く地域や行政に向かって運動として広げ前進をさせてきました。こうした活動は、財政問題の解決や制度の実現といった点だけではなくて、多くの理解者や協力者を広げるとともに、そうした中で法人としての主体性や自主性を獲得していく、そういうプロセスであったと思っています。施設づくりは、単なる箱づくりではなく、保護するための施設でもなく、当事者が社会の一員として、人間らしく生きていくための地域社会に開かれた施設づくりでなくてはならないと我々も思っています。運動のプロセスは、その中身を問い、基礎づくりをしていく大変重要な過程としての意味をもっていると思います。

資料（障害学会第八回大会ウェブサイトに掲載）にゆたか福祉会の四〇年の年表を付けていますが、私自身の率直な思いとしてはゆたか福祉会が、地域の諸団体と創造的な事業を展開しえたのはやはり一九八〇年代ぐらいまでの頃ではないかなと感じています。それ以降は、確かに事業規模という量的な拡大ははたしてきましたけれども、新しい関係を創造するという、そういう質の点ではむしろ今日シンポジストで立っておられる斎藤さんや山田さんたちの運動と事業の中に優れた中身があるのではないかなとも思っています。その違いがどこにあるのかについて、やはり我々としても真剣に考えていかなければならないと思っていますし、今日このシンポジウムに参加をしたのはそうしたことを少しでも深めることができればいいかなと思って参加をさせていただいたということですので、よろしくお願いいたします。以上で、報告を終わらせていただきます。

労働の場を通じた「共生」へ向けて――わっぱの会の実践

斎藤縣三

今、後藤さんからお話をいただきました。後藤さんとは今日初対面で、後藤さんに対しては、何の恨みも憎しみもありませんが、ゆたか福祉会を乗り越えようとして始まったのが、「わっぱの会」の活動ですので、どうしても辛口の言い方を「ゆたか」に対してしてしまうかもわかりません。その点はご容赦願いたいと思います。

山田さんとは、よく顔を合わせる仲ですが、こういう形でお話をするのは、初めてのことで、特に労働について、山田さんと話したことも全然なくて、今日山田さんの話も楽しみにしております。

それでは、始めます。わっぱの会は一九七一年にスタートをしたのですが、七〇年頃の障害者の労働をめぐる状況といいますと、一九六〇年に障害者雇用促進法ができていましたが、一般雇用についてはやはり障害が軽くないと難しいということで、一定以上の障害をもった人たちはなかなか働く機会というものはもてない時代でした。障害者福祉といえば、全て施設収容、施設中心主義が当時の福祉の実態でした。施設イコール収容施設という時代でしたから、当然労働なんていうことは、ほとんど課題にもならない時代でありました。そこで、ゆたか共同作業所の前身のグッドウィルが一九六九年に設立され、一九七〇年にゆたか共同作業所に看板を変えてスタートをしました。それに後れて、私どもの活動が始まっていきましたので、当初「ゆたか」には何回か見学に行かせてもらいまして、大変勉強をさせていただきました。ですから、非常に感謝もしているのですが、私たちがわっぱの会をなぜつくったかというと、収容施設が障害者を街から隔離していること、そして施設職員の管理下、監視下に障害者を置くというような福祉でいいのか、住み慣れた地で生きることができる、そして周りの人たちとともに一緒に生きていくことができる、それこそ本当の福祉ではないかと考えたことにあります。そういう場所がないなら、それを自分たちでつくらないかんと始めたのが、わっぱの会であります。最初は、本当にちっぽけな住まいを借りてですね、そこへ障害ある人、ない人が一緒に共同生活をすることから始めました。生活しようと思うと当然お金がいるわけです。当時行政の補助なんて一銭もありませんし、文字どおり自分たちで喰っていかないといけない。まだ今のような基礎年金制度はありませんでした。そうなると、障害のない人はアルバイトでも何でも勤め先を探して金を稼いでくることができるのですが、障害があると、さっきも言いましたように一定程度の障害以上だと、どこでも働きに行けない。これはもう自分たちで働く場をつくるしかないと、働く場をつくり始めたわけです。

そこで、「ゆたか」を見て、自分がかつて批判をしてきた収容施設とは違い、本当に地域の中に根づいて、そして仕事にみんながとりくんで、楽しく元気でやっている様を見て、素晴らしい場所だなと思ったのですが、同時に〝?〟がいつもありました。

何を疑問に思ったかといえば、先程後藤さんが、自分は最初に職員としての立場でしゃべるとおっしゃったのですが、まさにそこにつながることであります。何で障害をもってる人は収容施設や「ゆたか」で、職員としか一緒に生活し、働くことができないのか。先生と生徒、指導する者と指導される者、という関係にあるのは収容施設も「ゆたか」のような働く場も結局一緒じゃないかと。それではいけないのではないか。私たちが目指す、つくろうとする場は、障害があろうとなかろうと一人の人間として働くことにおいて協力し合っていける労働の場として、創造しなければいけないのではないかと考えました。冒頭申し上げたように「ゆたか」を乗り越えていくということを自分たちの一つの目標と定めることができました。

その当時の「ゆたか」の中心だったメンバーの方とよく話をする機会がありました。このことは私、ずっともう忘れることはないですが、「私たちは法や制度の枠の中からよりよいものにつくろうと変えていこうと努力している。あなたたち『わっぱ』の人たちは、法や制度に縛られない外から変えていこうとしている。最終的には目指すところは一緒なんだから協力してともに頑張っていきましょう」と言われ、「そうですね、頑張りましょう」という言葉を交わしたのを覚えています。

それから時代が変わり、わっぱの会も一九八七年に社会福祉法人格をとり、法の枠の中でいろいろ活動をすることと今はなっていますが、でも問題は法の枠の中なのか外なのかということではなく、最終的な像は一緒なのかどうなのかと、そこが一番問題だと思います。更に具体的にやる活動の中身、当面目指していくものは何なのか。そこでの違いは、今も昔も変わってないのかなと思います。

一九七七年、名古屋で行われた「全国障害者問題研究会（全障研）」の大会のときに「ゆたか」を出発点として結成された「共同作業所全国連絡会（共作連、現・きょうされん）」という組織がありま す。きょうされんにとって柱となるのが労働の問題です。二〇〇一年に、きょうされんが最近どうなっているのか、直に確認したいなと思って、長野まで大会に参加に行ってきました。その時、きょうされんは既に大きな組織になっていて、大会参加者も何千人というような盛大な大会でありましたが、そこでまた失望を感じました。なぜ失望したかといえば、たくさんある分科会の中で労働の分科会がほんの僅かしかなくて、しかも参加者もそんなに沢山いない。だからもう働くということや労働するということが、「ゆたか」に始まったきょうされん運動の中では、とても小さなものになってしまったのかなと、非常に寂しく思ったわけです。その中の三つぐらいあった労働の分科会の一つが高い賃金を目指すというテーマを掲げたものでした。そこで議論されている内容が、高い賃金といっても四、五万ぐらいを目指すという最低賃金の半分にしか満たないようなものしか目指さない議論でしかなかったことにも、非常に落胆をしたわけであります。人が人として働くならば、働いてちゃんとした生活保障されるということをやっぱり目指すべきなのであって、焦点や目指す方向がボヤケてしまっているという感じを抱いたことがあります。

わっぱの会ですが、偉そうに言ってみたものの、じゃあ現実にやっている仕事は何かというと、下請けの仕事だったりして、大した仕事がないから一生懸命やってもあんまり金にならない。夜なべ仕事もやりましたけれども、もう食べていくのに精いっぱいでした。そんな「わっぱ」が、なぜ成り立ったのかといえば、行政からの補助もない中で共同生活をやることが私たちの活動の軸でしたので、一緒に釜の飯を食べるという暮らし方でしたから、ちゃんとした分配ができなくても、何とか生活をしていけたのです。

しかしながら、徐々に障害がある人もない人も通いで関わる人たちが増え始めてきて、一緒に暮らしているから現金なんかなくてもいいんだなんていう話にはならんということになってきました。ちゃんと分配しなきゃいけない。

最初にわっぱの会の分配金制度がスタートしたときには、一律同額分配ということで、通ってくる人に月二万円の分配をしました。今の二万に比べたら大分価値はありますが、それでも世間の相場から見れば、遥かに低く、とても暮らしてはいけない。そんな分配では、将来がまったく見えない。障害がある人もない人も一緒に共に働くとことで職員―訓練生という指導する―されるという関係を乗り越える高い目標を掲げていても、現実にはみんなが貧しく細々と生きなきゃならないようなところを乗り越えなかったら、結局社会全体の中で差別されていることは何ら変わらないじゃないのかと。その反省の上に立って、次の活路を見出そうということの結果生まれたのが、一九八四年に始まりました無添加、国産小麦のパン、「わっぱん」の創造でありました。

これは、障害者が参加するパン作りとしては、しかも市場でパンを販売していこうというとりくみとしては全国で初めてのことでありました。今日のように、猫も杓子もパンや菓子を作っている時代から見ると信じられないかもしれませんが、その当時は全くそういうとりくみはなかったのです。本当に生産性の低いパン屋さんでありましたけれども、これが本当にヒットしまして、しかも無添加、国産小麦にこだわり安全性を追求することによって、競争しながら少しずつ前進をすることができました。

一定の金を稼ぎ出すことができて、そこで、私たちが共に働く「共働」ということがやっと見えてきた。私たちはそれまで漠然と「共に生き働く場」といった言い方をしていましたが、一九八〇年代の後半になって、「共働事業所」、共に働く事業所という言葉を創造しまして、それまでの「ゆたか」がつくった共同作業所という運動ということを名実ともに乗り越えることが、やっとできたのかなと思っています。

もちろん今でもまだまだトヨタ自動車と比べたらその足下にも及びませんけれども、「わっぱ」の分配制度を発展させることができました。また、この分配制度というのは、「わっぱ」にとって一つの根幹でもあります。一切能力は問わない、実績も問わない、とにかく参加して働けば等しく分配をしようということでありまして、仕事の内容とか、もちろん学歴とか資格とか、そんなことも一切問わないという考え方を貫いております。

でも、悩みは分配金がなかなか増えていかないことでありまして、もっと分配金が増えないのかと誰もがみんな思っております。金についての欲望はどこにおっても何をしとっても尽きることはありません。いかに巧みに自制しつつ共存し合えるかということが、最大の課題だろうと思っております。

今はパン作りから仕事も様々に広がりまして、この「共働」という言葉、共に働くという言葉は、私たちにとっては不可欠の言葉なんですが、では労働とは何かというのを問われると、ずっと永遠の課題だなって気がします。障害がある人とない人が、本当に協力し合って働くとは何なのかと。

私、今年（二〇一一年）の初め頃にデンマークに行ってきました。なぜ行ったかというと、デンマークは有数の福祉国家、世界一の福祉国家と言ってもいいかと思いますが、そんな国において障害者が働くということはどうなってるのかなと大変興味深かったからです。障害者制度改革の一環としての総合福祉部会の委員になったということもあって、これからの制度をどう変えたらいいかを考える参考として、是非とも直に見てみたいということで行きました。そこで、感じたことは、日本の以前の授産施設とか今の就労継続支援B型事業とデンマークの福祉施設とほとんど変わりはなかったんですね。一般雇用されている人は、障害者の中でも能力が高いできる人であって、それが難しい人は日本でいう授産施設と同じワークショップと呼ばれるところで仕事をしていて、一日に受け取るお金は、数百円程度なんですね。ですから、仕事の内容や工賃も日本の現状とほとんど変わりがない。

では何が違うのかというと、デンマークは豊かな福祉国家であって、手厚い年金制度が保障されていますから、別に工賃で稼がなくたってしっかり年金がもらえる。この年金自体が、一般の人が企業で働いてもらっている給料から税金引かれて残る金額とそんなに遜色はないわけなんです。だから、そういう保障がなされている国家としてのデンマークは素晴らしいですけれども、結局はみんなが共に働くということは実現してなくて、障害者だけが集められて僅かの工賃で作業をするということは日本と同じなのだということがわかったのです。

我々の目指すものはそうではなく、能力に関係する障害といったことを乗り越えて、人が協力し合って働くということを実現していくことです。我々はデンマークがつくり上げた福祉国家を乗り越えていくような実践をつくっていくんだと、そこで新たに決意をさせていただいた次第です。

最後になりますが、社会的事業所についてです。一九八四年にわっぱの会、そしてわっぱの会が同様のとりくみをしている共同体と一緒につくったのが「共同連（差別とたたかう共同体全国連合）」という組織ですが、この団体は社会的事業所を広げること、そして、社会的事業所促進法という法律をつくろうということを今掲げております。ヨーロッパ、そしてアジアでは韓国が先行して、社会的企業とか社会的協同組合がつくられています。障害者だけではなくて、いろいろな人たちが今社会的排除を受けて、労働の場から疎外されている。そんな人が、アジアでもヨーロッパでも世界中で増え続けています。それに対する一つの回答が、以前のヨーロッパでは、福祉国家という国が何とか面倒をみるということでした。しかし、ヨーロッパの財政も厳しくて、とてもできない。これ以上福祉国家を肥大化させることはもはやできないというなかで、新しい選択として始まっているのが、社会的協同組合とか社会的企業という一つの方法であります。

今、日本以上に厳しい経済状況にある韓国で、真っ先にこれを取り入れた制度ができました。日本には、まだその制度の「せ」の字もありませんけれども、実態として我々がやってきたことは、やっぱりそれに通じることだと、イタリアに行って学びました。単にヨーロッパは素晴らしい、日本は駄目だということではなくて、結局そのヨーロッパの社会的協同組合においても本当に重い障害者はなかなか入りきれてない。それに対して、我々がとりくんできた実践というのは、障害が重かろうと軽かろうと一緒に働くんだということです。ヨーロッパの実践よりも日本の実践のほうが、実態としては遥かに進んでいるところがあると確信することもできました。

これからその障害のある人、そしてない人が共に働く共働事業所から、様々な社会的に排除された人たちを包み込んで、みんなが共に働く社会的事業所づくりへと課題を発展、目標を発展させることになりました。私も参加した総合福祉部会の中で、障害者自立支援法を廃止し総合福祉法へ切り換える議論をしているときに、障害者の就労をどうしていくんだということを散々議論しましたけれども、明確な方向は出すことができませんでした。というのも、その議論の中心を担った人たちの意見は、結局賃金補塡論だったのです。福祉的就労だと工賃が平均で一万二千円とか一万三千円で、最低賃金との差は無茶苦茶あります。そこでこの差を全て国の保障、つまりは賃金補塡で穴埋めすることで、全ての障害者にも労働権を保障しましょうという論でありました。それは、きょうされんの人もそうだし、「セルプ協（全国社会就労センター協議会）」の人もそうだし、またそれ以外の人もそういう意見が多かった。

それでは、障害者が本当にみんなと共に働くということにならんじゃないか。福祉的就労という形で障害者だけ集められて働かせることを問題にするのではなく、ただお金を与えることで労働権を与えたということにすり変えてしまっているのではないかと強く思いました。私どもはあくまでも社会的事業所という発想にみられるように、障害者を集めて働かせるという発想を完全に捨て去って、社会の中で差別され、働く場を失っている多くの人たちと共働し、そして本当にいい働きの場を求める人たちも世の中にいるから、そういう人たちとみんなで協力し合って、今の営利を求め競争に走る企業ではない、助け合いと連帯の事業所を、つまり社会的事業所をつくる方向を取り入れて、福祉の発想を大幅に転換させる必要があると考えます。簡単にこれが福祉という枠の中では実現できません。

しかしながら、滋賀県を始めとしていくつかの自治体では、障害ある人もない人も共に働くという、新しい職場形態を育てようと自治体独自の制度をつくっているところもあります。私たちが今提起する方向というのは、障害者の労働権を保障することは軸ではありますがそれだけに留まらず、今の社会のあり様、働き方を変えていくという方向です。

四〇年前にわっぱの会を始めたときに「共同」(共に同じ)とか、「共生」(共に生きる)ということを言ったときには、「アカ」じゃないかという非難をずいぶん受けましたが、共生という言葉は一九八一年の国際障害者年を大きな転換として、今は誰でも、お役所も使う言葉になりました。しかし、言葉だけが踊っていて、本当に共生といえる中身があるのかということが今問われていると思います。

私たちは、労働の場を通じて共生を具現化していく。そのために社会的事業所づくりにとりくむことで、かつては時代のほんの少数者としてはじかれていたわけですが、今は、時代が私たちを求めているのではないかと、そんな自信と確信をもって、これからの時代を生きていこうと考えております。皆さんこれからもよろしくお願いいたします。ありがとうございました。

重度障害者による新しい仕事づくり ――ＡＪＵ自立の家のとりくみ

山田昭義

「ＡＪＵ自立の家」の山田でございます。まず、最初によく聞かれますので、「ＡＪＵ」という名の由来を申し上げておきます。ＡＪＵは「愛の実行運動」という極めて素朴な名前から、ＮＨＫ同様に頭文字を取っただけでございます。

私たちがゆたか福祉会とわっぱの会と大きく違うところは二つあります。一つは、それらの団体はどちらかというと知的障害者の人たちが中心になってきましたが、私たちは身体障害者が中心になってつくってきたことです。もう一つは、障害者のために何かしようなんて高邁な理想を立てたわけではなくて、自分が遊びに行ける所をつくりたい、ただこれだけだったんです。斎藤懸三さんがおっしゃったように、かつて日本の福祉は重度障害者イコール施設収容ということが、あたり前に言われてきました。私も病院を出たあとに施設に三年間収容されてきました。当時、収容施設というのは、公式用語だったと思うんですね。その三年間で、私たち自身は非常に奇異な体験というか、楽しい体験というかをしてきました。私自身もちょこっとお酒を飲みました。ちょこっとだけですよ。飲んで始末書を書いてきました。樫村先生がＡＪＵはカトリック教会と非常に密接な関係があるとおっしゃっておられますが、運動を担った僕と僕の相棒は、キリスト教信者と熱烈な創価学会信者がペアを組んでずっとやってきたっていうことで、組織としては非常に活用させてきましたけれども、カトリックオンリーではないっていうことも言えるんではないかと思います。施設を出て行ったら、この二百万大都市に車いすで使える、僕が使えるトイレがどこにもないということがわかって、とにかくそこを何とかしなければ遊びにも行けんぞと、こういうことから始まったわけです。

当時の時代の流れがあったと思います。それは、「ゆたか」の活動が始まり、「わっぱ」の活動が始まり、社会がそういう風潮になった。一九七三年に仙台市と北九州市が身体障害者福祉モデル都市事業の指定を受けたということがあり、時代の背景、時の利を得て、僕たちもそういう活動を始めてきた。しかし、それは僕らが、そういうことを知って運動を始めたわけではありません。ただ遊びたい。世の中を変えていくのは、とても大変なことだから、まず自分たちが変わって街へ出ようよ、まず自分をさらけ出そうよということでした。

当時、名古屋の繁華街である栄には、日曜遊歩道というのがありまして、そこで我々もみんなと一緒になって遊びに行ったんです。その原点になったのは、たまたま朝日新聞の紹介で、児島美都子先生がキャンプに講話をしに来てくださったことです。児島先生は「学習ボランティアをしましょう」とおっしゃってくださいました。僕はこのようなことを言ったのを覚えています。最初は、わっと来ても、足もなく、集まる場所もない、目処もない。だから、「だんだん人が欠けていって、最後誰もいなくなったらみっともないですけど、先生」って言ったんです。そうしたら、「一人になってもやってあげましょう」とおっしゃられて。僕は自分だけだったら続くのではないのかなという、あまり自信はありませんでしたけどそういうふうに始めました。そこから、先生の実習というか実践と学習、これを毎月第四日曜日に三十数年間続けてきました。運動実践論を毎回聞かせていただきました。

我々が育ってきたとしたら、その影響が大きいです。途中から、長宏先生も入っていただきました。

こういう中でのとりくみが、「愛知県重度障害者の生活をよくする会（よくする会）」、いわば福祉の街づくり運動ということからスタートしてきた。そして、今や、全国でいえば一〇万カ所を超える車いすで利用できるトイレができ、スロープがつくようになり、こうやって壇の前にもスロープを置いてもらえるようになりました。

僕が怪我をして、障害者になって五四年目です。三年間寝たきりでしたから。五〇年前のこの名古屋の街は、電車に乗ろうとしたら「何しに来た」と怒られるようなところでした。バスに乗ろうとしたら、「お前なんか乗せなくてもいいんだ」とお叱りを受けました。たいへん厳しい世の中だった。忘れられないのは、タクシーに乗って「車いすを積む」って言ったら、「降りろ」と言われたことです。理由を聞いたら「タクシーに傷がつく」と。そこまで来ると感情的になりますから、「弁償したるがや」と言ったが、「弁償してもらわんでもいいから降りろ」と引きずり降ろされた。それが当時の名古屋の街の現状だった。

街が変わらなければ我々は外に出られない、社会に出られない。そういう時に国際障害者年で「完全参加と平等」というテーマが掲げられ、障害は社会がつくり出したものだと、結果において「一部の人を排除する社会は脆くて弱い社会」だって言い切ってくれたわけですね。これが、私たちの大きな励みになってきました。

僕は、海へ自分で飛び込んで首の骨を折ったので、「アホなやつ」「ドジなやつ」って言われてきた。自分もそう思ってきた。でも違う。社会が障害をつくってきた。国連の障害者権利条約も環境が障害をつくったってことを明言した。また合理的配慮が必要であるということも言いきったわけでしょう。

だから、僕の場合は「僕のせいではない」ということから始まった。そして、ＡＪＵの働く問題については、児島先生から始まりました。国際障害者年の年、児島先生が「『自立』というテーマと『働く』というテーマで一年間、児島ゼミをやりましょう」とおっしゃいました。そこである障害者が報告をしました。授産所に行ったら、工賃三千円だった。行ったときは、「自分は一生頑張るぞ」と嬉々としたけれども、ＣＰ（脳性麻痺）のために両手の悪い自分が手作業しかできなかったときに、そして月三千円しか給料がもらえなかったときに、自分は働くことに挫折した。一生の仕事としてここにいることはできないということで辞めたというレポートを、僕は忘れません。

そのレポートを聞いて、児島先生が、「じゃあ、愛知県にどんな働く場があるかみんなで見に行きましょう」とおっしゃったのだと思う。僕も「ゆたか」に行きました。洗濯ばさみを組み立てて、紙の両側に一〇個ずつ並べて、最後に、これはゆたか福祉会が作ったものです、障害者が作ったものですと書いてある紙を挟むという作業でした。僕は、両手が悪いからただ見て帰って来ただけで、僕は「ゆたか」には馴染まんなというふうに思って帰ってきた。

じゃあ何があるかといったときに、コンピュータが出てきた。僕はコンピュータが苦手です。今でもそうなんですね。ワープロとマージャンゲームしかできない僕ですので、ＡＪＵのホームページも見たことがない。そのようなレベルの人間ですが、「ＡＪＵわだち作業所（現・わだちコンピュータハウス）」の所長になりました。理由は簡単です。みんなで集まる場が欲しいということと、働く場が欲しいという理由です。僕は、最初「嫌だ」って言いました。月三千円しかもらえなかったっていうあの言葉が耳に残っていて、「重度の障害者が集まっても」と思ったんです。だから僕は一つ条件を出した。「月一〇万円を目指すんなら、やってやろうじゃないか。みんなでチャレンジしようじゃないか」と。そうしたら、やるって言いました。

そこから、AJUわだち作業所が始まりました。「コンピュータハウス」ということで、一九九〇年に初めて社会福祉法人を取って、働くということより労働ということに私たちは力を注ぎました。そして、一九九七年に初めて平均工賃が一〇万円を超しました。それ以来、一年だけ達成しなかった年がありますが、昨年度も続いています。「コンピュータを知らない山田が所長だからできたんだ」と訳のわからないことを言っていますが、そういうことなんですね。自分が言ったのはこういうことです。コンピュータでも入力の仕事っていうのは、あれは肉体労働だからやめろと。障害者が働くというのは、管理職が一番適任だと、僕はこう言い続けています。最初に四万件の実態調査の入力の仕事がきました。名古屋工業大学や名城大学の校門で「入力してください」というビラをまいたら五人も六人も来てくれたんです。障害者はその管理、監督をすればいいんです。

AJUは、というよりわだちコンピュータハウスでは、一番給料が高い所員は障害が一番重い人です。食事介助やトイレ介助が必要な人ですが、その人が足の親指を使って、ソフトを作ります。今はゴルフ場のソフト一式を彼が作ってくれました。ゴルフなどやったことのない人間です。彼が出かけて行って、職員の聴き取りをしてソフトを作ったことが一つの誇りです。

そしてもう一つ、わだちコンピュータハウスは、コンサルタント業を行っています。これも自分からやろうとしたことではなくて、県の当時の課長が、「俺があと一〇年若かったら福祉のシンクタンクをつくる。労働と経済のシンクタンクは山ほどあるけれども、福祉のシンクタンクはないから、山田、お前がつくったらどうだ」とおっしゃったことがきっかけです。シンクタンクが何だかわからん山田でしたけれども、その時に高齢者福祉計画を全国一律につくるという政策がありました。「それは面白いぞ」と、「金になるぞ」ということで、参入しました。課長のところへ行って、「行政集めてセミナーやるから、あんた来て、言った責任上、講師をやってくれ」って言ったら、「俺は行かんけど、部下を送ってやる」ということで、送ってくれました。そして、十いくつの自治体から高齢福祉計画の仕事をいただきました。もちろん、AJUだけではできませんので、今日こういうところにおられる学者先生に各自治体の座長になっていただいて、基本的なところをまとめていただき、AJUが仕事をするという形をとりました。

一九九二年に大阪府や兵庫県で福祉のまちづくり条例ができ、愛知県にも当然できました。今度は、建築の方から「労働のコンサルタントはいっぱいおるけれども、福祉、街づくりと付いたらできるところはあれせんから、お前のところやれよ」と言われました。そしてそれが、中部国際空港のユニバーサルデザインや愛知の「愛・地球博」のコンサルタントにつながってきている。

でも、決して順風満帆ではなかったです。最初の頃は、やっぱり入力の仕事でした。ある会社から年間三千万円ぐらいのはがきの入力の仕事をいただいていましたが、三年ぐらいでゼロになりました。この切り換えを事業としてどう受けとめていくのかということが、経営者の手腕として問われてきた。もちろんその時僕は「わだち」の所長ではありませんでしたが、そういうことを何となく、あるいは必死になって切り抜けてきました。

そして、二〇〇二年から知的障害者の労働に参入しました。このきっかけはバブルが弾けたことです。バブルが弾けて、それまで一般就労をしていた知的障害者の人がリストラに遭った。「家におっても困るで、何とかしてちょうだい」ということで、AJUにかなりの人が飛び込んで来ました。当時、AJU自立の家は、知的障害者のことにはほとんど手を出してなかったのです。そう言ったら、

「ボランティアでいいから、とにかく一日預かってちょうだい」ということで、ポンッと置いていかれてしまった。そのうちにその人たちと我々がなじんでくると、その人たちの能力がとっても高い、私ごときではないということがわかった。理屈では高邁なことを言っていても、目の前の人に対して何ともすることができないっていうのはおかしいって言っていたときに、また時の利が落ちてきたんです。カトリック教会の多治見修道会の管区長から修道院のぶどう畑とワイナリーに年間一千万ぐらいの赤字がでていて、とにかく手を焼いておるということを聞かされた。そこでAJUでなにかしてくれないかという話が向こうから飛び込んで来たんです。僕は、飛びつきました。ぶどうというのは農作業ですから年間をとおして仕事があります。今は収穫の真っ只中で夜を徹して職員は撹拌しております。そういう仕事から、冬は剪定、あるいは木の保護といったさまざまな仕事があります。こちらの条件は、「ただで貸してほしい、お金を払うなら要らない」でした。あちらとしてはただで貸しても一千万円は浮くわけですからその条件を受け入れてくれた。そこから入りました。

ただ、やってみていろんなことがわかりました。一・二ヘクタールのぶどう畑しかないので、これで二〇人の生活を、一人一〇万円を支えるのはとても無理だということです。時の利もありましたけど、人の利もあって、作った時から名古屋で著名なソムリエの島さんという方が、ずっと指導をしてくださっていました。島さんが「世界の修道院からワインを仕入れてきては」とアドバイスしてくれたんです。「世界の修道院でもそんなにワインを作っているわけではない。しかし、歴史がある。そういう希少性と歴史性があるワインを売らない手はない」と言ってくださったんですね。現在、六カ所の修道院からワインを仕入れてきています。

労働に私たちがいかに力を注いできたかを示すエピソードがあります。平均工賃一〇万円を超したときにＡＪＵに税務署が監査に入りました。そして監査で、所員の給料が一〇万円を超えているのに税金を払っていないのが問題であると言われました。僕は「この問題に手をつけるとなるとたいへんだ」と税務署の署長に言ったのですが、署長は払えと言ってきたんです。そこで、我々は異議申し立てをして負けました。でも、実際には私たちが勝ったんですね。課税されることになったんです。いいじゃないですかね。最低賃金を超えた給料を払っているから課税される、当然のことです。ただし、所員は利用料を払っていてその上に税金をとられるのは二重払いです。「こんな馬鹿なことはない」ということでもう一度異議申し立てをしました。そしたら、実質的には負けました。つまり、課税しませんという結論が出ました。このことは、障害者が労働者として認められなかったということです。最低賃金以上の、一〇万円以上の賃金をもらっている人たちを労働者として認めていないということです。働く権利が認められなかったということで、これは一番大きな問題です。

でも、本当はもっと大きな問題があります。給与課税をされなければ、実は六〇万円以上が雑収入となります。だから、当然もっと税金がかかっていいのですが、今日本の福祉の関係者は誰も手をつけません。本当は収入が一三〇万くらいを超えたら当然税金を払わなければならない。しかし、一切問題にならない。つまり、労働者として権利が認められてないんです。税金だけ取られて権利がもらえない。そこで、労働三法で障害者の働く権利を認定することを目指す運動をしました。でも「障害者は福祉の世界にいなさい」という結論だったわけです。これが労働についての一番大きい問題だと僕は思っている。愛知県のリーダーにも相談しましたが、それには関与しないということでした。

僕は、目標として一人の労働者として働いたらそれなりに生活できる賃金を払うっていうのは、あたり前のことだと思います。ヤマト福祉財団の小倉昌男さんが、「一〇万円払うのは簡単だ、払えばいい」と言われています。そうですよね、払えばいい。なかなかそこに踏み切れない私たちがおる。気が小さい私たちがおる。能力のない私たちがおる。と、こういうことですよね。ですから、皆さんが今日帰って一月に一本ずつピアワインを飲んでいただいたら、あるいはＡＪＵのワインを飲んでいただいたら、ピアの仲間の給料は一五万円はほぼ間違いないです。難しいことではない。こういうものをＡＪＵが見つけたということが、我々の一番のプラスだろうと思っています。

最後に、三点ふれておきます。第一に、「共に」ということに関してです。ＡＪＵは、今一一〇人ぐらいの職員がおります。中でもパーソナルアシスタントが圧倒的に多いですけれどもね。嘱託も入れると職員としての障害者が二七人おります。障害者を職員として雇うとそれだけで、年間一千万円を超える補助金が出てきます。これは目標ではないですが、副産物としておいしい話です。ですから、やっぱり「共に」という言葉はよく使います。我々も「共に」と言います。「共に」っていう言葉をスタートして少したったときに仲間から言われました。僕はよう忘れません。第二に、ＡＪＵのもう一つの大きな特色としては、親との関わりをなるべく切りましょうということがあります。初期の段階は、やっぱり自ら進んで親から離れようとする人が多かったですけど、福祉の進展とともに本人が来るより親と一緒に来るパターンが圧倒的に多くなってきました。親には「年間一〇〇〇〇円の後援会費だけで十二分です」とこう言ってきました。ところがやっぱり親が来ると、「うちの子は」っていうことを言われます。第三に、地域移行についてです。ＡＪＵが最初に下宿屋を始めたときには二〇人くらいだったんです。次は、「四人か五人のグループホームだな」って言ったら、仲間から徹底的にたたかれました。もう障害者だけ集まって生活するのはご免だっていうことでね。

時間がきたのでやめます。ありがとうございました。

発題を受けて

一　愛知の障害者運動から学ぶこと――障害者の労働や「共同」の意味をめぐって

山下幸子

　淑徳大学の山下幸子です。今回コメンテーターというお役目をいただきましたが、シンポジストの皆さんはすべて障害者運動・実践を長く続けてこられた方々です。私からは、皆さんのお話をもとに、これまでさまざまな媒体にお書きになってきたものを使わせていただきつつ、あれこれと思うことをお尋ねしていき、勉強させていただこうと思います。

　今回のシンポジウムのテーマは「愛知における障害者運動」です。ここには冒頭で渡辺さんからもお話しされたように愛知県の地域性ももちろんあることと思いますが、同時にどの地域にも共通する障害についての論点が詰め込まれているという印象を受けます。例えばゆたか福祉会といえば発達保障論をベースにした障害者の働く場づくりを進めてこられましたが、「発達保障」という考え方、障害をいかにとらえるかというテーマ一つをめぐっても、障害学の中では考えるべきテーマになろうかと思います。

　また、わっぱの会の中では、能力主義や成果主義ではない、障害者と健常者の共同の働く場づくりを進めてこられましたが、「労働」、「能力主義」を障害問題にひきつけて考えるとき、どのようなことを語ることができるのか。これは障害者の労働・福祉に関する現行制度や仕組みを問い直すことであるとともに、「働くこと」の意味そのものを問い直すことでもあると思います。

障害学には、まだまだ積み残された課題がたくさんあると思います。障害学は障害のある人たちの実践から社会の仕組みを見ていこうという学であり、その点で今回のシンポジストのお話は障害学を深めていくにあたって意味のあることと思います。

私からは今回のお話を受けて、三つの論点を提示したいと思います。

まず一つは、「障害者が働くことの意味の多様性」という点です。

一つのまっとうな問いとして、障害者の労働だけがどうしてことさらに語られなければならないのかというのがあると思います。どのような程度の障害があっても、働くことは権利であると。それを前提としながらも、団体によって主義が大きく異なっているのが実際です。

わっぱの会では、経済的な力量を高め、障害者、健常者ともども経済的自立ができるようにすることを目標の一つにおいています。訓練を中心とする作業所とは異なり、最低賃金を上回ること、そしてその場が労働・生活・運動を結ぶ拠点となることが示されます。賃金を引き上げるという目標は、AJUやゆたか福祉会にももちろんあったことと思いますが、たとえばゆたか福祉会においては、必ずしも賃金保障のみを労働の目的とするのではなく、障害者の「発達の権利」を保障しうるような労働の場の必要性を重視し、事業展開がなされていきます。

また、どのように重度の障害があってもその人ができる役割を果たしていく、それを評価するというシステムが、各々でつくられていることと思います。個別性に応じて労働内容をアレンジすることや、賃金の分配をどうするかという難しさがありますが、その解決は各々の団体の理念や実際が反映されてのことだと思います。

障害者が働くことをめぐっては、生活との連動性、経済的な保障といった点や、働く場ということについては地域づくり等の複数の要素が絡み合って論じられるべき事柄です。そうした多様性を認めつつ、各々の団体が障害者の就労にどのような意味を見出すかという点についてお聞きしてみたいと思います。

二つ目は「現行の法制度をどう見るか」という点です。

各々が、独自の理念をもちつつ、組織とその経営を維持していく難しさがあることと思います。わっぱの会・共同連が提起する社会的事業所は、福祉的就労・一般就労とは異なる第三の道として示されていますが、現行の福祉的就労や一般就労にはどのような課題があるのか。ＡＪＵは当事者主体を第一に掲げた実践を行っていますが、当事者の視点から福祉や障害者雇用に関する制度施策を見ると、どのような課題が浮かび上がるのか。

三つ目は「『共同』の意味を再考する」という点です。

「共同」という言葉の使用には、人間観や社会への意識が反映されていることと思います。今回、事前に三名の発表レジュメを拝読し、一番気になったのはこの点でした。「共同」という言葉は後藤さんのレジュメにも斎藤さんのレジュメにもありますが、各々の団体の歴史を振り返れば、その言葉に込められた意味は必ずしも同じではないと思います。

ゆたか福祉会では、レジュメにもあるように障害者が「働く中でたくましく育つ」ことを目的に、障害者と職員との関係が結ばれていきます。ゆたか福祉会に集う人々のことを「仲間」と呼ぶように、障害者・職員間は対等平等の関係であることを目指しています。一方、わっぱの会では、そもそも障害・健常という垣根を取り払うことを志向しており、個々の成果や能力にとらわれない分配金の仕組みがとられます。ここには障害・健常という違いで分け隔てられることに反対するという考えが貫かれていることと思います。AJUは明確に障害当事者主体を掲げ、現在に至っています。そこにおいて健常者とのパートナーシップをどのように考えてこられたのか。

もちろん、何と何との共同かを考えると、それは障害者と健常者（職員）との共同というだけではありませんが、私自身の関心としてお聞きしてみたい内容です。

この三つは個別に考えるものではなく、相互に関連し合っているものです。シンポジストの皆さんの実践およびフロアの皆さんのご意見から、以上のような点を私は学びたいと思います。

以上です。ありがとうございました。

二　愛知の事例から見えてくる障害者運動の多様性と労働

樫村愛子

今日のテーマは「愛知における障害者運動」ですが、企画者は歴史的な観点でこの枠組みを立てようとしました。あとでも述べますが、自立生活運動のような新しい運動をベストのものとして、歴史的進化において運動を捉えようとしました。つまりゆたか福祉会とわっぱの会の活動を七〇～八〇年代の運動として、歴史的に前の段階のものとして分析しようとしたのです。でも報告された事業体の方々は、過去ではなく現在と将来を見ているので、運動類型や運動史に興味があるわけではない。だから運動よりも自分たちの現在に焦点化して話をされた。当然です。だから報告者の問題意識とテーマがうまく接点をもちにくいシンポになっていると思います。それについて私は、今日は、逆に障害者運動研究の近年の歴史観を批判的に捉える可能性がこの愛知の事例から見えてくるのではないかということを述べたいと思います。障害者運動研究の歴史観、すなわち支援者中心の運動から当事者運動が立ち上がっていったという歴史観を批判的に反省するということ、さらには支援者や健常者との関係が重要視されづらい近年の障害学に対し、一見古いとされる、健常者と障害者の共働を考えてきたわっぱの会の活動が、現代社会ではむしろ最も先端を行く運動になっているのではないかということを改めて提起したいと思います。そしてまた、三団体が一定の長い歴史の中で、自身のアイデンティティや世代交代、社会との関係の変容などをどう捉えていらっしゃるかを確認したいと思います。

　私のコメントは第一に、三つの団体について、まず従来の障害者運動研究の類型において愛知の運動を分析すること、第二に、第一で参照した近年の障害者運動研究の枠組みをはみ出す愛知の運動の事実性を、運動史の批判や書き換えの可能性として示し、そこにおいて愛知の運動の特性を考えること、第三に、障害者運動の歴史的文脈、特に七〇年代の共同体運動（コミューン運動）から現在の個人的・消費者的運動への転換の中での運動の変容の意味を考えること、第四に、事業と運動との関係を見ていくことといった点についてコメントしたいと思います。

　それではまず第一ですが、三つの運動体・事業体について、障害者運動史と類型研究から、それぞれとその差異について考察していきます。

　障害者運動の類型について、津田道夫さんの類型(注1)に依拠した高木博史さんの類型(2)では、障害者運動を三つのタイプに分けています。「互助連帯型」「権利保障型」「告発型」です。この三つの類型は歴史的にもこの順序で出現していて、あとのものが前を乗り越える形で出てきています。一つ目の「互助連帯型」は、「日本身体障害者団体連合会」や「全日本手をつなぐ育成会」のように、自民党に親和的な、体制よりの親睦型のもの。「日本脳性マヒ者協会青い芝の会（青い芝の会）」も初期はこの親睦型でした。二つ目の「権利保障型」は、それまでの障害者福祉のあり方に異議を呈し「発達保障」の思想を理念とした、「全障研」（一九六七年結成）に見られるような運動類型。全障研が加盟している「日本障害者協議会（ＪＤ）」もこの類型で、今日の報告では、全国に先駆けて作業所づくりをしてきたゆたか福祉会がこの類型に当たると思います。最後に「告発型」は、養護学校義務化問題を背景に障害者問題を差別問題として問題化して登場した、「全国障害者解放運動連絡会議（全障連）」（一九七六年結成）に見られる運動類型。今日の報告では、わっぱの会がこの類型に当たると思います。

今の三つ目の告発型の運動類型に対し、それを乗り越える四つ目の類型を示唆しているのが、太田耀子[3]さんや山下幸子[4]さんで、一九七〇年代の「告発型運動」（「青い芝」に見られるような）を乗り越える形での、一九八〇年代の「自立生活運動」「権利要求運動」という類型を提示されています。これについては倉本智明さんや立岩真也さんも同様の運動の変化を指摘しており、彼らは「被差別者としての主体像」から「利用者／消費者」ポジションへの移行が起こったとしています。また中西正司さんは「サービス供給者」への移行を指摘しています。また渡辺克典さんは「解放型」から「自立型」への移行を指摘しています。当事者主体の運動を展開してきたＡＪＵ自立の家は、この後者、四つ目の類型にあたるかと思います。

というように、近年の障害者運動研究は、障害者の自立を運動のゴールに設定した歴史的展開の文脈を設定しており、その文脈では、本日の三団体は、ゆたか福祉会、わっぱの会、ＡＪＵ自立の家の順で障害者運動として望ましい運動へと展開してきたという解釈がなされることとなります。歴史的にもその順で運動が起こっていますし、実際、わっぱの会は、この愛知において、ゆたか福祉会を批判する形で出てきています。

でも、単純にそのような進化論的類型で解釈しうるのかという疑問がここで湧きあがります。それは、第二の論点である、愛知の障害者運動の特性とも関わります。障害学会は障害当事者の参加が多く、今見た歴史的文脈を評価するのが主流だと思うのですが、障害者の当事者運動をあまりに主軸に置く議論では、わっぱの会が主張しているような、健常者と障害者の関係や連帯という問題は、置き去りにされてしまいます。また当事者性が発揮できる強い障害者はよいのですが、知的障害者のケースのように、当事者性を発揮するためにも健常者や社会のサポートが必要なケースもあり、健常者側からのサポートという視点も欠かせません。この点で、ゆたか福祉会のような、知的障害者に照準して障害者福祉制度を充実させてきた運動にも着目する必要があります。

そこで、愛知の障害者運動を主要に担ってきた三団体が、従来の障害者研究が描いてきた主流の物語、すなわち当事者が健常者の抑圧から単独で自立して運動を勝ち取ってきた、といった物語とは異なる側面をもつことを、そうさせた地域特性の背景と共に次に見ていきたいと思います。

そこで第二の愛知の障害者運動の特性ですが、まず第一に、従来の運動史や類型をはみ出す特徴として、初期からラディカルな当事者運動が見られること、それに対し障害者と健常者の共闘、有効な共同作業やネットワークがあること、それらの積み重ねとしての地域の豊かなリソースがあることがあげられます。従来では、健常者から単独で自立する形で障害者の自立運動があり、その前は健常者に抑圧される状態であったように記述されることが多いのですが、愛知の場合は、初期から障害者当事者の運動が盛んであり、健常者との共同作業において障害者の自立が支えられるケースが見られます。またこれについては荻原園子さん[5]が、従来の障害者運動研究史が初期のラディカルな当事者運動を歴史から掬い取れていないのではないかと批判してもいます。

障害者運動が初期から存在し、支援者と共闘できていたという指摘は、児島美都子さんもされており、児島さんのサポートによって支えられてきた（児島さんとの福祉の勉強会を続けてきた）ＡＪＵ自立の家の山田さんの著書にも書かれています。[6]例えば、一九七三年の車椅子市民全国集会の前身の交流集会のときに、各地のグループは、障害者は障害者、ボランティアはボランティアと分かれていたのに、愛知県重度障害者の生活をよくする会（ＡＪＵ自立の家の前身）では、健常者と障害者が一緒に参加したとされています。つまりよそでは支援者が主体で障害者が主体となっていない運動形態であったのに対し、愛知では、両者が連帯している運動形態があったということです。

私の住んでいる豊橋では、「やまびこの会」という運動団体を自ら主催していた、重度身体障害者の新堂広志さんのラディカルな運動がかなり初期からあり、それはゆたか福祉会などとも地域的つながりをもっていたようです。新堂さんは重度身障者でしたが「全障研」愛知支部福祉部長を務めていた。つまり当事者として運動の中心で活躍されていたのです。[7]

愛知に初期からラディカルな当事者運動とそれを支える先鋭な支援者が存在したからこそ、愛知には全国的にも影響を与える大きな運動体（作業所づくりの発祥となったゆたか福祉会）や事業体が出現し、そしてそこから本山市政に見られるような革新行政が生まれてそれがさらに福祉制度や福祉のリソースを充実させた（例えば、ゆたか福祉会への名古屋市からの土地の提供）という循環があるのかもしれません。ＡＪＵ自立の家もワイナリーをもてたのは設立当初からカトリック団体との繋がりがあり修道院のリソースがあったからです。

そのような愛知の特性ゆえに、すなわち、障害者とそれを支える支援者との良好な関係による運動の存在ゆえに、他地域では青い芝の会のようなラディカルな運動（障害者からの健常者への差別告発運動）が存在したのに、この地域では盛んではありませんでした。それが歴史的にも愛知の障害者運動に奇妙な空白の印象を与えているのかもしれません。さっき楽屋で、この地域の運動に古くから関わっている斎藤さんに、「青い芝」の運動がなぜこの地域にはないのでしょうかとお聞きしました。実は斎藤さんは、『さようならＣＰ』の上映会運動をわっぱの会を受け皿にやっておられたそうです。愛知にも青い芝の会自体はあったのですが、ご存じのように、青い芝の会は東京などでも最初は家庭が裕福な障害者たちの、親睦団体にしかすぎなかったわけです。それが急進的な運動を担うように変わっていくのに対し、愛知ではそうではなかった。斎藤さんが青い芝の会の人たちに上映会についてを声をかけてもあまりやってこなかったそうです。彼らは、上映会をやるような告発型の人たちは過激派だと見ていたとのことでした。ということは、これは推測ですが、当事者で先鋭的な意識をもっていた人たちは、よそに、つまりゆたか福祉会やわっぱの会に行っていたのではないかと思われるわけです。他地域ではそのような運動体がなかったので、運動は青い芝の会のような場所で先鋭化したのではないか。

このような愛知の障害者運動の特性の背景については、十分な分析や考察を行った先行研究はほとんどないのですが、渡辺克典さんと後藤悠里さんは(8)、運動の背景として日本福祉大学と本山市政の存在を挙げています。

日本福祉大学は、当時は全国の中でも数少ない、福祉を学べる大学だったようです。児島美都子さんも日本福祉大学に赴任するため愛知にやってこられた一人です。今日のゆたか福祉会の後藤さんも理想的な福祉社会を建設するため日本福祉大学に入学してこられました。こうして日本福祉大学は、教員や学生として全国から先鋭的な支援者を集めました。ゆたか福祉会は日本福祉大学のこのような教員や学生が中心となって始められたのです。

また、生産力が高かったこの地域に存在したさまざまな社会的リソースが運動に関与した可能性も挙げられます。ゆたか福祉会は、最初は、障害者雇用に理解があった片山起業会社の下請けから始まりました。また、その倒産時には、金融やガソリンの共同購入など全国的にも稀有なとりくみを行い社会的企業的性格ももっていた、名古屋中小企業家同友会（現・愛知中小企業家同友会）が障害者雇用を課題として（特に今井理事がコミットして）サポートします。のちには名古屋勤労市民生活協同組合（めいきん生協）とのつながりから廃油からの洗剤づくりも始めます。こうしてゆたか福祉会の背景には、日本福祉大学のみならず、豊かな経済を背景とした地域の中小企業組合などの存在もあったわけです[9]。

また豊橋の障害者運動を立ち上げた重度身障者の新堂さんは、豊かな家庭に生まれ、家庭や地域での多様な人間関係、特に新堂家に来ていて広志さんを小さいときからサポートした職人さんたちの自立的な職人文化に影響を受けていたようです。また豊橋は軍都で生糸工場があり、多数の在日朝鮮人が働いており、労働運動も盛んでした。新堂さんはそのような地域の環境の中で共産党に入党し、社会科学的な知識や視点を獲得しています（直接の入党動機は区画整理立ち退き問題ですが[10]）。

本山市政を担った本山政雄さんは「愛知県障害児不就学をなくす会」会長として、ゆたか福祉会の南部地域の障害者運動の中から出てきて一九七三年から革新首長になり、三期一二年務め、本山市政は福祉に厚い市政となりました。愛知県・名古屋市の民間社会福祉施設への補助金制度は全国的に見ても手厚いものだったとされます。それでもそのゆたか福祉会を批判して出てきたわっぱの会からいえばそれも不十分だったようです。斎藤さんに楽屋でお聞きした話では、わっぱの会はＮＰＯだった（現在は社会福祉法人）ので「うちは本山市政からの恩恵はあまりなかった」とのことでした。斎藤さんは、補助金を得るために本山市政に対してハンストしたらしいです。でも四八時間のハンストで解決したということは、本山市政だったからこそともいえるわけです。こうして全国的に見れば相対的に潤沢な、ゆたか福祉会のような場とそれを支える制度が地域にあったからこそ、そこで可視化された問題をさらにステップにして、わっぱの会など次の運動が生み出されていった。それを可能にした土壌があったのです。

一方、いまだに愛知は経済的豊かさと裏腹に、というかもしかしたらそのせいで（？）障害者の自立を阻害するような社会の保守性や文化の貧困性があることが指摘されます。二世代同居や三世代同居も多い。全国的には障害者の自立は施設からの自立としてあるのに、この地域では家庭からの自立が多いと、山田さんは先ほど楽屋で指摘されていました。豊橋にも自立生活センターが全然なくて、愛知は自立生活センターは少ないと指摘されています。

発達障害児・者をサポートするＮＰＯで、教員と専門家が大学生ボランティアを研修して参加させている、「アスペ・エルデの会」という先鋭的なＮＰＯがこの地域だけにあるのですが、なぜこの地域だけにそれがあるかというと、他地域ではさかんな自閉症児の親の会がこの地域では機能していなくてそれを補完するものとして出てきているようです。児島さんも斎藤さんもゆたか福祉会の後藤さんも、外から来て愛知で運動をつくったのですが、このように地域の保守性による問題解決の不全を埋める運動が新しくつくられやすいのかもしれません。

しかし一方、それは行政に取り込まれやすい（または潰されるケースもあり）。また地方によくありがちですが、東京のような大都市と比べて、資源は限られているので、いろいろなリソースやネットワークを利用しなくてはならない。とはいえ三団体が棲み分けられるだけの広さや豊かさはあるようです。

次に第三点として、愛知の障害者運動が古い歴史をもって持続していることから、七〇年代の障害者運動からの変遷の歴史的意味と、現代社会における運動との連続性、非連続性について、コメントしておきたいと思います。

皆さんもご存じだと思われますが、七〇年代の障害者運動はポスト全共闘運動の受け皿になったり、また被爆者運動も部落解放運動も同様ですが、社会党や共産党のみならず新左翼の草刈り場になってきました。つまり障害者運動に入ってくる支援者は当事者をサポートする運動というよりは政治運動の代理運動としてそこで活動していました。特に、その時代はコミューン思想が盛んで新しい共同体をつくることを理想としていました。わっぱの会や、この間、綱領教育問題が労使問題にもなったゆたか福祉会にもその側面は見られるようです。

それが、八〇年代以降、田中耕一郎さんがいうような消費者主義[11]、サービスを消費する当事者の観点を前に出していくことで権利を獲得していくという消費者主義は、このような共同体主義が一方で急進的に内部に向かったときに構成員にかける抑圧に対し、そこからの個人の解放、特に日本の場合近代的な民主的権利の確立が遅れている中での個人の権利の確立という意味合いももっていたように思います。

それから労働という観点でいうと、作業所づくりをやっていた頃は、労働力が足りず軽度の身体障害者を雇用現場は欲しがっていたという時代的要請がありましたが、今は健常者も仕事がない。また高度経済成長を背景に成立した福祉国家では、全体のパイの広がりの中で健常者と同じ権利を、排除されている障害者も同様に獲得し、彼らの生活水準を引き上げていくといった発想だったとすれば、現在は、健常者の側も生活が底割れしていて、社会的排除は社会の流動化・リスク化も伴って社会の全面に広がる普遍的問題となっています。差別告発運動（先の障害者運動の三つの類型の三番目の運動）でも権利獲得闘争（障害者運動類型の四番目の運動）でも限界があって、その意味ではその先の運動が求められている。この意味でわっぱの会の運動は、現在の障害者運動研究では古い類型に置かれていますが、むしろ最も先鋭な新しい類型だということが見えてくるのです。斎藤さんもおっしゃるように、健常者とも連帯した新たな社会構築の視点が必要となっています。そこで社会的企業論やサードセクター論も出てきているわけです。

思えば運動として始まった共同作業所も、高木博史さんが指摘[12]するように、職員は有資格者じゃないことが多く、また無認可ゆえ多種多様な障害に対応し、また地域とのコミュニケーションが求められました。すなわち新しい地域づくりの可能性が運動内部にあったわけです。また斎藤さんが今モデルとして参照しているイタリアの社会的協同組合は、単に公益性と企業性の両方があるからメリットがあるということではなく、企業性と公益性をあわせもつことで内部的多様性とその相互作用があることに重要性があるのだと田中夏子さんは指摘しています[13]。

こうして三団体は従来の福祉行政制度の枠組みを超える発想を目指す視点をもっていました。市場、公共性、コモンズを支えるコミュナルな空間の三つをつなげていく発想が今、求められているのに対し、それに応える潜在性をもっていると思われます。各団体それぞれは、このような社会的変化とそれに伴う事業体のあり方、運動のあり方をどう考えていらっしゃるのかをお聞きしたいと思います。

最後の論点は、事業と運動の関係です。皆さん、事業がうまくいって大きくなってきているのでとりわけそうだと思いますが、事業が制度化され組織化されていくと運動は弱体化します。田中夏子さん[14]は、アソシエーション的な土壌をもたない社会的協同組合は、多元的な展開が難しく、人々の凝集力も弱くならざるをえないと指摘しています。AJU自立の家ではよく「楽しくなければ福祉じゃない」と言われるそうです。運動が弱体化すると事業の維持も、特に人間関係のつくり方や維持の点で難しいのではないかと思うのですが、この点はどうでしょうか。例えば具体的に、AJU自立の家では、福祉法人化したことで、ボランティア体制が崩れ、資格の必要性が生じ、障害者相互の介助者のシェアができなくなったとされています。「わだち」の仕事関係以外では人間関係が広がらなくなってきたという当事者の声もAJU自立の家の著書に見られます[15]。ゆたか福祉会も普通の就職先として職員が来るようになり運動面は衰退していると指摘されています。講座や勉強会、お祭りやイベントなどをやるなど、皆さん、工夫はされていると思いますが、実態はどうでしょうか。また運動そのものについても、旧世代と新世代の運動のスタイルや言語の差異をどう考えられるのかなど、お聞きしておきたいと思います。

注

1　津田道夫（一九七七）『障害者の解放運動』三一書房。

2　高木博史（二〇〇三）「戦後日本の障害者運動」『立正社会福祉研究』五（一）。

3　太田耀子（二〇一一）「障害者運動における主体像の変容」『社会問題研究』六〇。
4　山下幸子（二〇〇八）『健常であることを見つめる――一九七〇年代障害当事者／健全者運動から』生活書院。
5　荻原園子（二〇一一）「戦後愛知県における障害者運動の展開」『社会福祉学研究』六。
6　ＡＪＵ自立の家編（二〇〇二）『地域で生きる――自立をめざす重度障害者の自分史から』中央法規出版。
7　寺田清子（二〇〇五）『やまびこに翔ぶ』光陽出版社参照。
8　渡辺克典・後藤悠里（二〇一一）「中部圏の障害者運動――一九六〇年代から一九八〇年代のゆたか福祉会、わっぱの会、ＡＪＵを中心に」韓国・国際プログラムポスター発表原稿。
9　金持伸子・秦安雄（一九九八）「社会福祉法人ゆたか福祉会に関するききとり（一）」『日本福祉大学研究紀要』九八（一）、「社会福祉法人ゆたか福祉会に関するききとり（二）」『日本福祉大学研究紀要』九九（一）、（一九九九）『社会福祉法人ゆたか福祉会に関するききとり（三）』『日本福祉大学研究紀要』一〇〇（一）。
10　寺田（二〇〇五）前掲書。
11　田中耕一郎（二〇〇五）『障害者運動と価値形成――日英の比較から』現代書館
12　高木博史（二〇一〇）「障害者共同作業所職員とソーシャルワークに関する一考察」『立正社会福祉研究』一二（一）。
13　田中夏子（二〇〇四）『イタリア社会的経済の地域的展開』日本経済評論社。
14　田中（二〇〇五）前掲書。
15　ＡＪＵ自立の家編（二〇一一）『当事者主体を貫く――不可能を可能に　重度障害者、地域移行への20年の軌跡』中央法規出版。

討論

後藤　強／斎藤縣三／山田昭義
山下幸子／樫村愛子／時岡　新

時岡：初めにコメンテーターのお二人からいただきましたコメント、また質問をシンポジストの皆さんに順にお答えいただきます。最初にゆたか福祉会の後藤さんからお願いいたします。

後藤：はい、山下先生から、「いかにして共同は可能か」という問いをいただいたんですが、その共同性の問題については、先程の報告で共同作業所づくり運動というのをどういうふうに我々が理解をしているのかというようなことの中に、我々の考え方が示されていると思います。

私たちは、人はいろんな人々やその社会との関係性の中で、自分自身というのを形づくっていると思いますし、当然それは障害のある方たちも同じであると。そうした関係性のあり方が、その人の個人格を形づくっていると思います。

発達保障についてもいろいろな議論があるんですけども、その関係性のあり方をよりいいものにしていくというか、喜びとか感動のあるものにしていこうということが発達保障というモチーフの中に私はあるのではないかなと思います。そのよりよいものにしていこうというその積極的なつながりの姿として、共同ということが、提起されていると思っています。そういった意味で、我々自身が考える「共同」というのは、ある意味非常にポジティブな部分をもっていると思います。

ただ、注意しなければいけないのは、一方で、こういうその関係性や共同性が、全ての領域で成り立つのかと考えると、決してそうではないなと。そういう関係性が成り立つある種の圏域みたいなものが、実際にはあることも事実だと思います。

元々お互いが他者として生きているというその違いを前提とするならば、そういうものは当然考えられて然るべきだと思うんですけども。決して全てに共同というものが成り立つことはありえないわけですが、ありえないことをありうるものとして、あるいは共同が成り立たなければならないものとして、そのことを追求してしまったというのが、我々で言えば三十周年のときに、ゆたか福祉会の綱領を作って、共同性をある意味絶対化をして、構成員に押しつけてしまったという、一言でいうとそういう誤りだったんではないかなと思っています。

この共同ということは、当然、樫村先生から言われた事業と運動っていうようなところにも、つながるものだと思っています。最初の報告で、運動体であると同時にその事業体であることの難しさというのを言わせていただいていますが、運動体というのは、どちらかといえば志とか理念という、ある意味人格的な共有関係を大事にしながら活動を進めていくというところがあると思います。これに対し事業という側面というのは、むしろそういうパーソナルな結びつきよりも、もっとこうルールとか規則だとか、そういったところが重視をされるような側面があると思います。

特に一九九〇年代後半以降のこの構造改革という流れが、社会福祉の領域にも訪れてきて、運動が共同ということを指向するとすれば、事業はその逆の効率っていうのを強く求めてくるような、そういう時代になってきていると思います。

実は、ゆたか福祉会も事業体と運動体をどう統一するかという点では、四〇年の歴史の中で、本当に試行錯誤を繰り返してきていまして、先ほど言ったその三十年周年の綱領の問題もあります。さらに一〇年遡ると、一九八九年の二十周年のときに協同組合構想というのを立ち上げて、その協同組合が母体にあって、その上に社会福祉事業をゆたか福祉会が営むという形で、運動体と事業体のあり方を構想したときがあったんですね。

結果的にそれは破綻してしまいました。その後綱領というものが生まれて、またその綱領の中身も今日破綻をしてきていると、そのような経過を辿ってきてですね。これからどういうふうに、運動体と事業体を維持しながら、なおかつそれを新しい世代につなげていくというところでは、本当にまだ具体的な先行きが見えないような状況があります。

ただ、非常に抽象的で理念的なことですが、我々がその綱領の時代の反省から得た一つの答えは、共同ということを予め前提としてもの事を始めないようにしようということです。そこから出発すると一緒にやれないということが許せないというか、一緒にやれない人を排除するということにつながっていくのではないかと。

そうではなくて、まずお互いが違う、ある意味異質な部分を持ちながらいるんだっていうことをしっかりと認め合った上で、その上でどういう共同ができるのかっていうことを、これからの時代やっぱり考えていかないといけないのではないかと思っています。質問の中にその三団体の共同がこれからあるのかという話がありましたけども、ある意味我々自身の限界として、そういう異質な部分との、異質って変ですけどね、違う部分との連携というか、つながりというものにやっぱり非常に未熟であった部分があると思っています。

今日ここにみえる方とは違う歩みを続け、違う一面を持ちつつ歩んできている。それでもやはり大きな意味で、障害のある人たちの社会参加っていうことを目指しているその団体との共同というものを真剣に考えていかなければならない、そんな時代にきているのではないかと思っています。
ちょっとまとまりませんけども全体として、ご質問の答えという形にさせていただきたいと思います。以上です。

斎藤：コメンテーターからはいくつもの論点が出ていて、とても語り尽くせませんが。第一に、共に同じ共同ということと、働く方での共に働く共働とについて、第二に世代間の亀裂や後継者育成、第三に、愛知における障害者運動は何なのか。そのあたりを簡単に話します。

わっぱの会は、出発のとき、大きな二つの課題、テーマを掲げました。一つは差別と闘うということ、二つ目には、共同体の建設です。差別と闘い共同体を建設しようというのが、わっぱの会が始まった頃のメインテーマでありました。

糾弾、告発というスタイルは、もはや世の中に受け入れられませんし、共同体ということをいっても、今のより新しい世代にはなかなかピンとこないという感じはあります。それでも、私たちは障害のある人とない人が共に働くということで、人と人との共同、共に同じというのは何なのかということをテーマとして取り上げてきました。

共同体といっても、古い封建制の共同体というような意味合いでは全くありません。むしろこれからの未来に向けた共同体というのは何なのかということを課題としてきました。東日本大震災が起きて、「社会の絆」ということが言われるようになってきています。その前から派遣労働の問題などがどんどん深刻化する中で、「孤族」というような言葉が出てきました。

私たちは古くから排除の対象であった障害者を、逆に社会の中心において、人と人がどうつながるかということが今日更に重要になってきていると思います。私自身より若い世代に対して、これからの未来に向けた共同体というものが何なのかということを発信していきたいと思っております。

今度十月末でもってわっぱの会満四十周年を迎えますので、その記念イベントを行います。記念イベントではメイン講演で、内山節さんという哲学者をお呼びします。彼は未来に向けた共同体の可能性を書いています。震災復興ということを考えたときに、どうしたら地域の中で、人々と人々が結び付き合った、社会建設ができるのかということが主要な課題だということを彼も言っています。私たちは共同とは、まさに現代社会が一層強く求めるものであり、そこにおいていわゆる最も排除されてきた障害者が、しっかり人と人を結びつける中心に置かれるべきだと思っています。

働くことについても、一緒に働くということが、共働と呼べるようにするために何をしていくのかということを考えていく必要があります。結局、生産性や効率を考えていけば、障害者は切り捨てられるというのは必然でして、たとえ手間暇かかっても、その人が、社会に参加するということを意識した働き方ということを大事にしていきたいと思っております。企業だとある生産性をもっている人が組み合わさって仕事をするということが、当然問われるので、それ以下の方であれば、健常者であれ障害者であれ切り捨てられています。しかし、そうではなくてそれぞれいろいろな人がいる。その人たちがどう結び合って一つの仕事が成り立つのかということを常に意識しながら、共働、共に働くを考えていきたいと思っています。

第二に、世代間の亀裂とか後継者育成という問題ですが、わっぱの会ももう四〇年の歴史があり、一番上は七十代、下は二十代で、世代間の開きが大きく出てきています。

この間、初めて昼間の会議をやりました。働いて金稼がなくてはいけない昼間に、のんびり昼食を食べながら議論をするなんてことはかつては考えられませんでした。しかし、何でそんなことをやったかというと、仕事が終わったあとの夜に、活動のための会議をやっても若い人が集まってこなかったためです。昼間にやったら、普段よりも二倍三倍の人が集まりました。私たちの会議は全て任意性、自発性に基づいてやるということにしてますから、そうなってくると昼も夜もやるという感覚が、若い世代にはもうない。私たちはそれがあたり前だと思ってやってきたけれども、それが通用しない。

わっぱの会は、例えば残業一つ、長時間労働一つやるにしても、本人がやりたければやるし、やりたくなければやらないということが徹底しています。ですから、一〇時間以上でも働く人もおれば、ピタッと時間になったら一分たりとも残業しないという人もおります。それは認め合うということが基本原則ですが、そこに金の問題が絡んできますと、多く働いていても少なく働いても賃金が一緒でいいのかという疑問が当然出てきています。

やむなく今、いわゆる世間でいう残業手当みたいなものを付けるというような仕組みを取り入れたところです。このあたりは、やっぱり世代間の違いに対する一つの改善の方法なわけです。ただ、一緒に必ず同じように動こうと、同じようにやろうというような発想は、共働を難しくすると思うんですね。それぞれの違いやそれぞれのやり方を認めて、みんなが全体として成り立つというような仕組みをつくっていかなければならないと思っています。分配金制度もそういう意味では、最初に少ない段階で同額からスタートしましたが、今は個人個人受け取る金額は違います。何が違うかというと、一番大きなのは、生活の違いです。今は生活保障という観点で、金が必要な生活をする人はたくさん出す、そうでない人にはあんまり加算しない仕組みになっているんです。そこから更にもう一つ別の第三の要素もあります。先ほど触れた分配金に付ける今の長時間加算もそうです。また、やっぱり仕事上の責任みたいなこともある程度加味したような仕組みとか、お金が沢山入ってこないとできないことではありますが、膨らみをもたせた仕組みで若い世代にも十分受け入れられるような改善を施していきたいと思っています。

来年ちょっと大きなビルを借りまして、わっぱ共生・共働センターをオープンしようとしています。そのビルの三階のスペースを研修の場としてつくり上げたい。以前わっぱの会で、福祉専門学校を立ち上げて、後継者育成をやろうと企画をしましたが、金がかかり過ぎてとてもできませんでした。借りたビルの一角を使って、研修を継続的に行う場をつくっていきたい。ただ、それは「わっぱ」単独でやるということではなくて、むしろ他の障害者団体や、そして市民団体にも門戸を開放しながら協力して講座ができるようになればいいと思っています。

私自身、もう六〇を超えましたので、いかに次の世代、「ゆたか」のように第二世代を育てていくか、ＡＪＵの方にも、新しい世代の育成をどのようにしているかについて教えていただきたいです。いつまでも前線に立って闘っている時期ではないということで、後継者育成に最後の人生を捧げたいと、考えております。

世代間亀裂とはちょっと違いますが、仕事と運動は私の中では一体なんです。どれが仕事で、どれが運動というのはないと感じていますが、今の若い世代の中では完全に分離していて、仕事をやろうと思うと運動はなおざりとなってしまう、あんまり関わることができなくなる人もいたりします。運動から出発した団体ですから、運動するのがあたり前みたいな感覚がありましたけれど、もはやそれは通用しないという感じももっています。当初あった社会運動的な機能はすごく弱まってしまっていると思いますが、そうした要素を少しでも取り戻していくためにも、しっかりした研修の場をつくって、いろいろな刺激を若い人たちに提供していきたいと思っております。

最後に愛知の障害者運動とはという話ですが、愛知県で「働く」というテーマを取り上げるのであれば、「ゆたか」の前途を切り拓いた実践であれ、また先程のお話にあったAJUの素晴らしいとりくみであれ、それから私たちのようなとりくみであれ、愛知県は、というか名古屋の運動は、素晴らしいとりくみだと全国に対して私たちは胸を張ってもいいんではないかと思います。

東京は働く場をつくり出すという運動はなかなか育ちませんでした。行政の制度が先行して、福祉作業所がどんどんつくられていって、補助金がどんどん出た。そして、一人ひとりの障害者にも手当てが付いたりしますから、あえて働いて稼ぐなんて発想が生まれなかった。これは今日まですごく影響しておりまして、今、共同連東京ブロックをつくろうとしていますが、悪戦苦闘しております。

関西はむしろそういう行政の援助がまったくなかったので、自分たちでつくろうという動きが生まれました。共同連の初期を引っぱっていったのは、関西、特に大阪の運動です。しかし、逆に大阪の運動は目先に走り過ぎるというところがあって、なかなかうまく伸びなかった。だから七〇年代から八〇年代にかけての勢いが今はもう二十一世紀になるとほとんど小さくなっている感じがいたします。

その辺り、地方の都市、名古屋は地方都市といえるかどうか知りませんが、名古屋だったり滋賀だったり札幌だったり、そういったところにこれからの運動の未来があるのかなと思っています。

最後に、他団体との連携についてです。一九九〇年代の終り頃に養護学校の体罰事件で、「ゆたか」の職員さんや「愛知県障害者（児）生活と権利を守る連絡協議会（愛障協）」の皆さんと一緒に活動をしたことがあります。これからは課題ごとに、一緒に協力できるものは是非握手をしながら広げていきたい。ＡＪＵとは、支援費制度や自立支援法ができる頃に介護保障で一緒に名古屋市と徹底した交渉を、うちに所属していいます斎藤亮人《まこと》議員が、中心になってやりました。その結果として、名古屋は全国的に見ても素晴らしい介助のシステムを作り出していると思います。労働についても、たとえば先程山田さんのお話にもあった税務署の問題の時など、我々としても何かできることはないかといろいろ相談させてもらったこともあります。

先程山田さん、一級のセールスマンのように上手に商品を売り込んでおりましたけれど、ワインばかり売らずにですね、「わっぱん」とＡＪＵのワインとのセット販売みたいなことでお互いが潤うようなそんな協力もこれからできたらいいと思っております。

山田：今、お二人の話を聞いていて、僕はＡＪＵという組織は、「共同」という言葉を使うことが少なかったのではないかなということに気がつきました。職員に対してもです。

ＡＪＵでは三つ大きなイベントがあります。一つは、三千人近い後援会の総会です。二つ目に、「わだちまつり」。これは地域にどうやって溶け込むかということからはじまったものです。三つ目として、十一月三日に行う修道院のワインフェスティバルがある。これは収穫祭ですね。この三つについては、日曜日、祝日だけど義務として手伝ってくれと言ってきました。だけど、あとは自由です。

ＡＪＵの事業としては、先程出たような、共同で何かをしていくとか、我々がもの事を考えて何かをしていくということは、なかったように思っております。

「じゃあ何を」というと、今目の前に困った人がいる。この人のために何ができるか、この人のために制度がなければつくればいいじゃないか、ということで我々はとりくんできました。だから、行政に向かい合っていかに例外をつくるかということにも腐心をしてきました。例外を一つつくると、あの人ができて何でこっちが駄目なんだ、という運動ができる。こういう手法で行政と向き合ってきたと思う。それが制度に一つずつ上乗せされて、ここまで広がってきたような気がしております。

そういう面で、高邁な理念を掲げるとか、斎藤縣三さんのように日本の福祉を底上げするなどというような、そんな大それたことを僕は考えたこともないんです。ただ、目の前にいるこの人をどうするか。実は、これは僕とってとても大事なことだろうと思うんです。

例えば、学会では障害者がひとくくりにされます。でも、労働ということだと「僕の」給料いくらくれるかと、こういうことだろうと思うんです。人のことではなく、自分が生活できる給料がもらえるかどうかということは、とても大きなことですね。あるいは、自立生活に関して言えば、「僕に」介助者がどれだけ来るかということが問題なわけです。ここに実は向き合ってきたんです。

先ほど司会の方から、「三団体で共同したことがあるか」と聞かれたのですけど、振り返ってみますと、僕らにはそれだけの余裕がなかった。目の前のことで精いっぱいで、「愛知県の福祉をこうするんだ」というような深い思いは特別になかったと思う。ですから、そういう面ではご理解をしていただきたいなと思っています。

もう一つ、世代の交代をどう受けとめるかについてです。ＡＪＵも徐々に第二世代に入りました。第一世代は高齢を迎えました。これからどうなるかについて僕はわかりません。それは次の世代が考えることで、僕がとやかく言うことではない。

もっと深く知りたい人は、ロビーで『当事者主体を貫く』という本を売っております。これは二十周年の二十年史として出しました。十周年のときにも、児島先生のアイディアで十年史として同じ出版社で『地域に生きる』という本を出版しました。児島先生がおっしゃるには、市長だとか知事だとか偉い人の「おめでとう」、「おめでとう」ばかり並ぶようなくだらん記念誌はやめましょう、と。AJUのやってきたことをきちっと整理して、本屋で皆さんに読んでもらえるような記念誌にしませんかと言われました。ですから、是非AJUのことを知りたい人は、この二冊を読んでください。

また、僕は一九九七年から二〇〇三年まで「DPI日本会議」の議長を務めました。一生懸命やってきました。本当は、前任者が五年だったから山田も五年という思いをもっていたのですが、丁度二〇〇二年にDPI世界会議の大会を札幌で開くということで、中途で代わるのは無責任だという理屈で六年間やりました。でも、僕の自慢はきちっと次の世代を見つけてきたということです。それも知りたい人は、DPI日本会議が出している『DPI』という雑誌があります。会員になって購読していただけると専門家にとっては、絶対役に立ちます。これは間違いありません。

それから、わっぱの会が「わっぱん」をワインフェスタで一緒に売りたいということでしたら我々は拒みません。是非来てください。場所代はいただきませんよ。昨年はワインフェスタに二千五百人くらいの来場者が来ました。二〇〇〇円ずつ会費をいただいて、今年は二五〇〇円に値上げしましたけど、一本おまけのワインを付けます。こういう形で、十一月三日に収穫祭がある。

でも、やっぱり知的障害をもっているから賃金が低くていいという理屈は、どうしても僕には納得できないんです。成り立たない。だから、自分たちのワイナリーをつくって一〇年後に予定どおり二〇万本にいければ、一五万円という数字は夢の数字ではないんですね。あるいは、もっといく可能性を秘めておる事業だと僕は思っています。

そういうものを見つけたっていうことが、AJUの得だと僕は思います。下請け作業だと、「平等で対等」と言われても、一番大事な生活の糧のところで平等でない。僕は、自分自身が障害をもって職員として働いている。また、二七人の障害をもった職員がいます。だからこそ一生懸命働かなければいけないだろうと思っています。二七人の障害をもった職員が、平等にそこで働く、働く意義があるんだということを僕は考えています。

是非そういう面で、『当事者主体を貫く』を読んでもらえるとうれしいです。僕はこの本には関わっておらず、中京大学の伊藤葉子先生が中心となってまとめてくれました。十年史は児島美都子先生が中心でまとめてくれました。僕は、ワイナリーのフェスティバルやろうとか、言い出しっぺをしているだけです。あとは常務理事の江戸が頑張っとると、こういうことで終わります。

斎藤：是非収穫祭、よろしくお願いします。山田さんがこれほど優れた営業マンだってことは、今日初めて知りましたので。

時岡：はい、ありがとうございました。クリスチャンスクールに勤めている私としましては、パンとワインと、更に書物の売り方までご教示いただきましたので、たいへん参考になりました。

実は今のリプライでは、コメンテーターの方から寄せられた質問に加えて、フロアの皆様から寄せられたコメントペーパーに書かれていた質問にも合わせてお答えをいただきました。紹介が遅れましたけれども、具体的には次のような質問をいただいております。「経営の第二世代、後継者の育成はどうなっているのか。創成期の理念や思い、当事者の思いをいかに伝えていくか、パネラーの考えを聞かせてください」。それから、「三団体の連係はありえないのでしょうか？」という質問をいただいておりまして、その質問にも合わせてお答えをいただきました。

また、全体で二〇件程のコメントペーパーをいただいたのですが、他には賃金と労働についてのコメント、ご質問を多くいただきました。例えばということで、二点ご紹介いたします。

一点目です。基本的な所得保障について、賃金補塡という考えは取らないという方もあったが、そうだとしても最低必要な収入を誰もが得られるようにするにはどうすればよいと考えておられますか。それから、二点目です。障害者就労の賃金を引き上げる上で、有効な方策はということですが……、ワインを飲んでもらうことだそうです、はい。簡潔なお答えをありがとうございます。

最後になりますが、今日ご発言をいただいた逆の順で、一言ずつではありますが、まとめ、あるいはご感想をいただきたいと思います。コメンテーターの樫村先生から順にお願いします。

樫村：今日、斎藤さんは、わっぱの会のとりくみはデンマークを超えていると言われましたこと、ちょっと感動しました。今後を楽しみにしていきたいと思います。また最近はわっぱの会に若い派遣労働者など新しい世代の人たちが来ていて、古い世代とつながりができてきているというのもとても面白いなと思いました。

斎藤さんが注目されているイタリアの社会的協同組合では、親密圏すなわち家族や親族を土壌としながらさらにそれより大きな広がりをもとうとしているもので、家族が土壌である点では日本と似ていると思います。後発資本主義国として社会福祉制度が遅れた点でも日本とは類似性があるので、今後もイタリアの動きは日本の参考になると思います。

そして先述したように、今後はネットワークの時代ですから、愛知にはこのような多様な三団体が共にあること自体が大きな強みだと思いました。

山下：今回勉強させていただいたことが沢山ありました。一つは運動であるとともに事業として展開していかなければいけないといったときの、そのバランスを一体どう取っていくのかというお話がありました。そういった点については愛知の実践に加えて各々の地域での実践というのを検討していく必要があるだろうと。

また、個人的には、共同ということに関して、その前提には、まず違いを認め合うことが第一なんだということ、そのことを改めて勉強させていただいたように思います。どうも、ありがとうございます。

時岡：それでは、山田さんから、ゆっくりで結構ですので十分なご発言を。

山田：三団体の連携がなかったっていうことですが、名古屋の大きな特色は名古屋市にみんな取り込まれているということがあるのではないでしょうか。「ゆたか」は、「愛障協」という一緒にやっている活動団体があります。「わっぱ」は、「共生福祉会」という社会福祉法人をもっている。AJUは、「よくする会」。これら全部、母体が障害者団体なんですね。あるいは、「名古屋身体障害者福祉連合会（名身連）」や「育成会」もそうですね。こういう形で、ある面では上手に行政に取り込まれているると僕は思っています。これは、よその地域ではないのではないかなと。名古屋市の特徴として、大きな団体に法人格を与えることがある。

それからもう一つ、今全国で「JDF（日本障害フォーラム）」ができました、全国に先駆けて「ADF（愛知障害フォーラム）」という組織ができました。これは、「愛障協」も入っているし、「ゆたか」も「わっぱ」もAJUも入っていて、みんなで力を合わせてこれからどういう運動をつくっていこうかっていうことが非常に大きな課題になっている。これは、これから我々に課せられた大きな問題です。特に知的障害者、あるいは発達障害の人、あるいは精神障害の人たちに対して、私たちが何を運動として掲げていくのかについて、ＡＪＵも一生懸命努力していかなければならない時期がきたというふうに我々は思う。

それから、大阪は自立生活センターが三〇近くあります。愛知県は、ほとんどないです。これも、愛知県の各地域に自立生活センターの種蒔きをしていかなければいけない。これは「よくする会」とＡＪＵが中心になってやっていかなければいけないだろうと思っています。そのための手始めとして、条例づくりということをしてきました。

ただ、ＤＰＩに関わって、僕は政治との関わりについて改めて思ったことがあります。ＡＪＵは政治と一線を画してきました。精神障害者の施設を開設しようとしたときに地域から反対を受けました。その時に民主党の市会議員に、ＡＪＵからは一度も呼ばれたことがないと言われたくらいです。呼んだことがないから呼ばれるわけがないですね。そのぐらい一線を画してきたんです。

ただ、僕自身ＤＰＩの議長として民主党と非常に大きな関わりをもってやってきた。これも事実だろうと思う。民主党オンリーではないですよ。公明党も、あるいは自民党とも時にはＤＰＩはつきあってきましたけれども、やっぱりその中心は民主党と一緒にやってきたっていうことはあると思う。

そういう面で、ＡＪＵも政治と一線を画してこれから進んでいける時代ではないかもしれない。関わりをもちたいという強い気持ちはないですが、そういう時代が来たのではないのかなと感じております。以上です。

斎藤：先程の会場の質問で、どうしたらみんなの所得保障が可能なのかという問いかけがありました。「わっぱ」では、稼いできた金をみんなに分け合うことで、どんなに重い知的障害の方であっても年金と合わせてその人の月間の所得保障は二〇万程度出るような仕組みをつくっています。だから、国の制度がもっと充実しなければどうにもならないということではなくて、しっかり自分たちで自分たちの制度をつくっていけば、可能なことは、ある程度広がるだろうと思います。

だから、AJUのようにどんどんワインを売ったら一気に儲けが倍になるんだという話もありましたので、そういうヒット商品を持つとか、いろんな工夫や努力が必要だと思います。

ただし、これをどこでもできるかといったらできない団体もいっぱいあるのですから、それを支えていくためには、国が民間企業にかけている発注の一部でもいいから障害者に回るようにしてほしいですね。

フィリピンでは、所得保障の仕組みが何もないから、公的機関の発注の一割を障害者団体に回すという法律ができています。できたけれどなかなか十分機能していませんが、そんな政策が日本でも必要であると思います。

それで、三団体との協働については、ある程度やってきた部分もあるし、全くできてない部分もありますけれども、「ゆたか」も第二世代に移られたということで、またAJUも「わっぱ」も変わっていって、次の世代になったらきっともっと連携できるようになっていくという期待を持っています。

本日は、ありがとうございました。

後藤強：はい、ワインとパンという話が出ましたから、うちは何かなというふうにちょっと考えたんですが、あまりパッとするものがなくて、まあ粉石鹸かなというふうに思ったんですが。ワインとパンと粉石鹸では、あまりにも取り合わせが不細工で、何か下痢を起こしそうな、そういう取り合わせだなと思ったんです。

実は、ずっとここに上がってからですね、おなかが痛くて下痢気味なんですよね。ものすごく私は緊張してまして、斎藤さんや山田さんの隣りにいるということで、本当に今日来ようかな、やめようかなとか最後まで逡巡しながら来たんですが。でも、本当にそういう意味では、今日こういう機会を与えてくださったということは私にとっても非常によかったなというふうに思っています。

十分な話もできませんでしたけど、またこれからにつながる場に少しでもなれば、よかったかなというふうに思っています。そういう意味で、こういう場を、設定してくださったことを最後に感謝したいと思います。どうもありがとうございました。

時岡：この大会シンポジウムですが、障害学研究会中部部会では、このシンポジウムのために長いこと、愛知の障害者運動の研究会を続けてきました。斎藤さんにも話しに来ていただきましたし、秦安雄先生、山田さんのお話に出てきた児島美都子先生にも話をしていただくという積み重ねがありまして、今日の企画はその成果の一端ということです。

また別の目的としては、愛知の、あるいは中部地方の皆様に障害学というものをもっと知っていただきたいとの意図がございました。ここに足をお運びいただいた方々には、これからも、障害学と関わりをもっていただきたいと思っております。

後藤　強（ごとう つよし）………社会福祉法人ゆたか福祉会常務理事。一九八三年入職、みのり共同作業所、ふれあい共同作業所等に勤務。二〇〇五年より法人理事。二〇〇一年よりきょうされん常任理事。

斎藤縣三（さいとう けんぞう）………一九七一年、障害ある人・ない人の共同生活を開始。翌年、共に働く場を立ち上げる（後日「わっぱ」と命名）。現在、NPO法人わっぱの会代表、NPO法人共同連事務局長。

山田昭義（やまだ あきよし）………社会福祉法人AJU自立の家専務理事。一五歳で頸椎圧迫骨折により四肢麻痺に。三〇歳で「よくする会」を発足。全国自立生活センター協議会代表、DPI日本会議議長を歴任。

山下幸子（やました さちこ）………淑徳大学総合福祉学部教員、博士（社会福祉学）。専攻は社会福祉学。著書に『健常であることを見つめる』（生活書院）、共著に『障害者福祉』（ミネルヴァ書房）ほか。

樫村愛子（かしむら あいこ）………愛知大学文学部教員。専攻は社会学、精神分析。著書に『ネオリベラリズムの精神分析』（光文社新書）、『臨床社会学ならこう考える』（青土社）ほか。

第Ⅲ部　運動と事業の四十年

——三団体のとりくみから

第Ⅲ部では、第Ⅱ部をふまえ、三団体のおおよそ四十年間の活動について、それぞれの特質に沿って記述する。ゆたか福祉会は、その歴史を一九七〇年代および一九八〇年代以降に大別し、それぞれ「一　障害者に働く場を」「二　働く場から暮らす場へ」と題してまとめる。前者は創成期の協力者・秦安雄氏から、後者は創設直後の入職者・鈴木清覚氏と八〇年代初めの入職者・後藤強氏からそれぞれ証言を得た。各氏とものちに法人の理事を務め、あるいは聴き取りの時点でその職にあるが、ゆたか福祉会を代表としてというよりもむしろ個々人の経験、知見にそくして語ってくださった。「一」は秦氏の講演（二〇一〇年十一月二十七日、愛知大学文学会・障害学研究会ワークショップ）の記録を、同氏の確認を仰ぎつつ時岡新が整理した。「二」は後藤悠里と時岡が鈴木氏、後藤氏に行った聴き取りを時岡が構成し、両氏に確認いただいた。

わっぱの会は、学生らを中心とした共同体運動がルーツとなっている。そうした会の活動の特徴を理解するため、会の歴史に関する話題と、運動の特色に関する話題とで構成した。本稿は「『わっぱの会』のあゆみ」（二〇一一年三月十九日、愛知大学文学会・障害学研究会ワークショップ）における、創設者の一人で現代表の斎藤縣三氏による講演をもとに、斎藤氏への追加の聴き取りで得られた情報を合わせ、伊藤綾香が構成したものである。構成にあたっては、わっぱの会はその歴史についての資料が少ないため、資料としての性格を重視し、もとの講演録および聴き取りの記録をできるだけ活かすという方法を選んだ。この講演および聴き取りは、斎藤氏の視点から語っていただいたものであることに留意されたい。

ＡＪＵ自立の家は、それ自体が障害者運動団体のように理解されることがあるが、この名称は「社会福祉法人ＡＪＵ自立の家」を指し、社会福祉法人化したのは一九九〇年である。その歴史をたどるときに忘れてならないことは、一九七〇年代から活動を開始した障害当事者の運動団体である「愛知県重度障害者の生活をよくする会（よくする会）」がその母体であることだ。本稿は、二〇〇八年十一月二十二日に伊藤葉子が日本社会福祉学会フォーラム「地域移行支援の現状と課題――身体・精神・知的障害をめぐって――」にて実施した報告（伊藤、二〇〇九）を基本とし、これに山田昭義氏（ＡＪＵ自立の家専務理事、よくする会初代会長）への聴き取り、および関連文献からの情報をくわえて伊藤が執筆し、確認・修正を複数回実施した。

ゆたか福祉会のなりたちと現在

秦　安雄

一　障害者に働く場を――「ゆたか共同作業所」設立前後を中心に

はじめに

障害学研究会中部部会から愛知の障害者運動について話してほしいとの申し入れがありました。いろいろ考えましたが「ゆたか共同作業所」設立前後の古い話をいたします。このようなテーマで話すことを要請されたのはある意味で初めてのことで、地道に学習を続けておられるこの研究会には敬意を表したい。ことがらの詳細は残されている文献なども参照する必要があると思いますが、今回の私の話が一つのきっかけになればと思っています。障害者運動にもいろいろな側面がありますが、当然ながら、私の視野に入っているところからお話しすることになります。

まず自己紹介をさせてください(注1)。私は二〇〇一年に日本福祉大学を七〇歳で退職しました。私が障害者問題にとりくむことになったそのきっかけは、日本福祉大学の前身である中部社会事業短期大学に就職したことです。社会福祉事業の大学に就職したということで、はじめは社会福祉の対象になる児童の教育心理学的研究を志向しました。たまたま大学の隣接地に八事少年寮があり、当時の呼称で「特殊学級」が併設されていました。その学級の先生たちと交流することができたのが、知的障害児を対象とした研究のきっかけとなりました。

八事少年寮は、一九三七年に名古屋大学医学部精神科教授の杉田直樹が知的障害（精神薄弱）児者を対象に設立し、一九四九年、教授が定年で東京へ帰るにあたってその事業を故・鈴木修学（法音寺の山首、社会福祉法人昭徳会の理事長、日本福祉大学の設立者、初代学長）が引き継いだ施設です。

やがて一九六〇年代、高度経済成長期を迎えますが、当時、知的障害の軽い人たちは労働力として役に立つということで障害児学級がどんどん増えてきた時代でもありました。ところが、増えた卒業生の進路が問題になってきました。その頃、大学としても養護学校教員養成課程を設置しました。私は障害児教育を担当することになりました。また学内の家庭児童相談室には、当時、障害児学級にも障害児通園施設にも受け止めてもらえなかった重度障害児の親から相談が増加してきました。私は個別相談だけではなく、学生ボランティアの協力で発達援助のために集団保育活動の形で療育活動をしていました。そうした一九六〇年代の終わり頃、あとにも述べますが、たまたま授産所のような施設をつくりたいと相談を受け、作業所づくりに私も協力することになったのです。

他方、一九六七年には、障害者問題の研究運動団体として「全国障害者問題研究会（以下、全障研）」が発足していました。権利保障研究運動の性格をもつ研究運動団体です。私は障害者問題に関心をもっていましたので、保育運動や教育運動に関心をもつ先生方と一緒に設立総会から参加しました。そうして私は作業所づくりの事業にとりくむ過程と並行して、全障研運動を通して多くの教職員、施設指導員、大学研究者、学生、障害をもつ当事者・家族などとの出会いを経験したわけです。それから私は全障研愛知支部の発足に参加し、支部長として関わってきました。後には全国組織の副委員長も経験し、現在は名ばかりですが顧問の一人です。

全障研発足準備の段階では特殊教育（障害児教育）が対象だったのですが、障害者の問題は医療・福祉等の問題とも関連があり、いろいろな領域の人が関わるようになっています。前に述べましたように、全障研は基本に障害者の権利保障「研究運動」の性格を持ちます。そうした研究運動と並行して、具体的に権利保障「要求運動」を行う団体として「障害者の生活と権利を守る全国協議会」（以下、障全協）が同じ一九六七年の暮れに設立されて今日に至っております。

先ほど「たまたま」という言葉を使いました。それはすなわち、授産施設のような施設をつくりたいと相談を受けなかったならば障害者運動には関わらなかったかもしれないということです。相談を受け止めた背後には、後から考えれば、八事少年寮の特殊学級に関わっていたこと、養護学校教員養成課程を担当していたこと、障害者の権利保障研究運動の性格をもつ全障研の設立から参加していたこと、その背後に民主的な研究運動に関心があったこと、とくに当時、一九六〇年代の日教組の教研集会で特殊教育分科会に関わったこと、大学では私立大学教職員組合連合（私教連）の運動が盛んであったこと等があり、大学教員の中には教育運動や保育運動、母親運動などに積極的に参加している方もあり、私は障害児者の権利保障運動に意義を感じていたことがあります。

2　ゆたか共同作業所設立の背景(2)

一九六〇年代は高度経済成長期で、若年労働者不足の状況にありました。三一六〇万人の需要に対し中卒者が二七五〇万人しかおらず、四一〇万人が足りないという状況でした。中卒者が「金の卵」と言われ、都会に働きに出て行く労働力移動によって不足を満たそうとしました。農山村から若手が都会に移動し、じいちゃん、ばあちゃん、母ちゃんが残る「三ちゃん農業」の時代といわれました。

当時の労働省は、中高年齢者・婦人・心身障害者が職場に出やすいようにする政策を行っていました。当時は厚生省と労働省は分かれており、それぞれは表面上、矛盾してみえる政策をとっていました。厚生省は子どもは母親が育てるべきだとし、「婦人よ家庭に帰れ」と働いている母親たちをやめさせるよう働きかけました。働いている母親は「ポストの数ほど保育所を」という要求を出していましたが。他方、労働省は一度退職した人たちを低賃金で雇うために「円滑なパート労働の促進」という政策をとっていました。

障害の状況によっては社会の役に立つ者もいるということで、人的能力開発政策の一環として、障害児教育においても「能力主義」が徹底されました。「障害児が社会に対する適応力を高め、社会的自立の助成をはかるため」という理由でありましたが、労働力として認められるものに対しては教育投資をするが、そうでない障害の重い人は経済効果の観点からは切り捨てられました。したがって、障害の重い人たちは卒業したけれど行くところはなく、再び在宅生活になりました。

3 ゆたか共同作業所設立の経過とその後

(一) ゆたか作業所の前史――豊職業センター(名古屋グッドウィル工場)から片山起業の倒産[3]

作業所づくりが始まるきっかけは、私のところに桜田中学の知的障害児学級担任の先生(日本福祉大学卒業生)とその中学の学級に通っていた生徒の父兄(名古屋市南区手をつなぐ親の会の方)が訪ねてきたことからです。知的障害(精神薄弱)者通所授産施設のようなものをつくりたいということでした。当時は名古屋市内には通所の授産施設はほとんどありませんでした。自分たちで働く場をつくると言っても土地も資金もないところからでしたので、まずはスポンサー探しから始めました。

一九六〇年代は、労働組合運動も学生運動もさかんな時代でした。東京都の美濃部知事、大阪府の黒田知事、京都の蜷川知事、愛知では本山市長など革新自治体が出てきた時代でもあります。私ははじめに述べたように、日本福祉大学に就職してから八事少年寮の特殊学級の先生方と交流をしていました。また学内の家庭児童相談室で、通園施設にも受け入れてもらえない重度障害児を対象に、学生のボランティアとともに発達指導教室などを開いていました。

最初の作業所はスポンサー探しの末、片山起業の倉庫を借り受け、その会社の仕事である輸出用ドラム組み立ての仕事を請け負うことになりました。そこでは「豊職業センター」（名古屋グッドウィル工場）として独立して運営をしていました。東京に日本社会事業大学の先生が関係していたグッドウィル工場があり、一時期この工場と連携をして事業を進めていました。そうして作業所がようやく軌道に乗り始めたところ、一年を経過しない前に片山起業が倒産し、改めて再出発のとりくみが始まります。そこからゆたか共同作業所づくりへと展開することになります。

親たちには、バラバラになるのではなく「柱一本でも持ち寄って」あらたに作業所をつくろうという意志統一のもと、新たなとりくみがはじまりました。給与の条件も全く何もなく始めたグッドウィル工場で、職員として指導にあたった日本福祉大学の卒業生の、献身的な努力の成果を親たちが認め、大きな信頼を寄せていたのでした。今度は革新的な中小企業同友会の企業家の支援を受ける形で作業所づくりが始まりました。作業所の名前も「ゆたか共同作業所」となりました。

親たちの信頼のみなもとは、作業所での職員たちのとりくみと、知的障害の仲間たちの発達的変化にあります。単に仕事のみではなく、課外活動のような機会も用意しました。一日のスケジュールは、日課として朝礼や終礼の他に反省会を持ちました。特に土曜日の反省会は一週間の労働生活の反省を

1969年、わが国ではじめての無認可共同作業所
ゆたか共同作業所が誕生

します。また時に応じて誕生会や若者会などを自分たちで組織し開催するように援助し、話し合い交流を進めてきました。また月一回定期的に日曜学校が開かれ、学生のボランティアも参加して、仲間たちの要求に応じた形で漢字や数字、ひらがなの学習、生花、料理、スポーツ、レクリエーション等、単に作業だけでなく、各種活動をプログラムとして組み込んで交流していました。おぼつかない表現でも自由になんでも話せるような雰囲気をもっていました。

（二）ゆたか共同作業所の設立（一九六九年）と社会福祉法人ゆたか作業所（一九七二年）の発足[4]

ゆたか共同作業所づくりは一九六九年、ゆたか共同作業所設立準備会を結成して具体化します。発起人の連名で建設趣意書をつくり、事業への賛同を求めて一口五万円の出資金をはじめ援助・協力を訴えました。

趣意書の中には、次のような内容が述べられています。

・満一五才以上のちえ遅れの青少年や成人に対して、社会の一員として生活し労働することを保障する国や自治体の措置が何ひとつないこと。

- 本人たちは、もし就職ができても周囲の無理解のため転職したり非行者の群に入ったり家庭にとじこもったりして、本当に自分のもっている能力を発揮できないまま社会の足手まといにされていること。
- 親たちは、この子らの将来を思うと夜も寝られない有様であること。
- そこで親、学級の先生たちは、助力してくれる理解者、学生たちと「この子らが人間として人格が尊重され、発達が正しく保障される職場」を求めて努力してきたこと。
- その努力の甲斐があって某中小企業の事業所の片隅にこの子たちだけの職場ができ、指導員と親たちの献身的な協力のお蔭で、この子たちはみるみる明るくなって子どもたちの家庭も本当に日が射し込んだ思いがしたこと。
- 言語障害の一語文しか話せなかった子が二語文三語文話せるようになり、てんかんの病気をもっている子は、その発作の回数も少なくなり意志の疎通も自由にできるようになったこと。

さらに続けて、趣意書には不幸にしてお世話になっていた中小企業が倒産してしまい、十数名の子どもたちと職員五名の職場が無くなってしまったという経緯が述べられます。そこで新たに作業所建設のとりくみが始まるわけですが、次のような反省の上に新たに運動としてとりくみを開始することになります。すなわち、助け合う協同の作業所が単にある企業の下請けであったり、また授産所のようなものであったりしてはならない。もっと多くの人の理解と協力の下に、この子たちの遠い将来にわたって希望に充ちた職場にしなければならないはずで、そのためには作業所は独立したもので、この子たちのための「共同」作業場であるべきだと述べています。

また運営について、対外的には対等平等、内部的には生活訓練、教育を含めた集団活動をし、作業所の運営は子どもたちを中心に指導員、父兄の外、学識者、医師、事業家の後援者が一体となって民主的な運営を行うべきだと述べています。

そして、これまでの準備状況を紹介して、下記の計画で共同作業所設立の協力願いをしています。

◎心身障害児のための共同作業所を設立します。
◎この共同作業所の名前をゆたか共同作業所として法人化します。
◎この作業所の建設資金として資本金五〇〇万円を集めます。
◎この事業にご賛同の方から出資金を仰ぎます。
◎出資金は一口五万円とし出資証を発行します。
◎出資金には銀行利子程度の配当を致します。
◎作業（仕事）は名古屋中小企業家同友会（二三〇名）の企業及び理解ある企業のご援助を戴きます。

そして最後に、ゆたか共同作業所設立にあたっての呼びかけに「今日心をよせあっている十数名の子と親たちだけのものでなく、広く心身障害者のための希望にみちた作業所へ発展させるべきでありその必要性、有益性を立証する実践の場であり又社会一般の無理解を啓蒙する一つのセンターで有りたいと思います」と結ばれています。

これは、今日のゆたか福祉会の発展、そして全国の「共同作業所全国連絡会（共作連、現・きょうされん）」へと発展・展開していく原点でもありました。

ゆたか共同作業所の実践のみちすじとして整理したことは次のとおりです。

一　基本的に対等な人間として尊重し、かれらの立場にたって対等な関係を切り結ぶこと。
二　彼らの「働きたい」という要求をみたす労働集団として組織すること。
（イ）その人なりに可能な仕事を用意すること。
（ロ）集団のなかで自由に自己表現できる雰囲気、自己主張、要求のだせる集団に組織していくということ。
（ハ）彼らなりの自治的な仲間集団を組織するよう働きかけること。
たとえば彼らの自治的な仲間集団、たとえば「若者会」などを組織し、誕生会など自主的に計画を立て実施する。一日の仕事始めに一日の目標を話し合って立てる。終業にあたって反省の機会をもつ。その他、文化活動、レクリエーションなど、行事を主体的に取り組ませる。共同して働く集団の組織を多面的に配慮し用意する。
三　集団の発展は、集団の決まりをつくり出し、労働の技術の進歩とともに、労働への意欲も確立する。
四　集団労働の発展の中で、他人とのコミュニケーションの必要性、作業の上での数の概念の必要性など知的欲求がめばえ高まる。例えば、製品を数える必要から数を学びたい要求や意欲が出てくる。
五　こうしたなかで親も変わっていく。職員と「共に育つ」という共感関係ができ上がっていく。精神薄弱（知的障害）の仲間も「精神薄弱（知的障害）」を感じさせない、いきいきとした人間像が創り出される。

ここに「いきいきとした人間像」とありますが、実際、見学に来た人から「誰が指導員なのかよくわからない」と言われたこともあったほどです。

公的援助の全くなかった無認可のゆたか共同作業所が発足して四年目、社会福祉法人ゆたか福祉会通所授産施設「ゆたか作業所」が、社会福祉事業法のなかの施設として、新たに発足しました。

それまでは公的な援助なく、工賃収入を職員と働く仲間とで分配していたのですから、職員が生活するに足る給料も出せず、運営が行き詰まっていました。市当局に言わせると、勝手にやっているということでした。親や職員が名古屋市当局に援助を要請に行くのですが、当初は全く相手にしてくれませんでした。度々の交渉の末、最後には、社会福祉法人の授産施設にするなら補助をしようということになり、法人化のとりくみが始まりました。施設をつくるには自己資金、土地、建物が必要です。これまで以上の関係者の援助と努力でゆたか作業所が設立されました。この時は「共同」という名称を使うことは許されませんでした。

二〇名の定員の通所授産施設ですので、希望しても利用できない人が出てきます。そこで直ちに地域の篤志家の厚意で土地・建物を借りて無認可の「みのり共同作業所」を発足させました。翌年に、みのり共同作業所は法人化施設に昇格させましたが、その時は「共同」という名称を使ってもなにも言われませんでした。その後ゆたか福祉会では、趣意書の精神に沿って可能な条件を探りつつ、要望に従って必要な施設の増設・拡充をしていきました。

(三) 地域の共同の力による「共同作業所づくり」運動の展開

ゆたか共同作業所では障害をもつ人を「仲間」と呼んでいました。作業所の職員、仲間は、全障研や障全協などの研究運動や要求運動にも参加しました。研究運動として共同作業所の実践を検討し議論し合うなかで、「働くこと」が人間の発達と結びつくこと、またそのような働き方をしなければならないことに気がついていきました。職員・関係者は知的障害の「仲間」の発達に共感しながら、共に自己発達も獲得していったのです。

全障研ではすでに「発達保障」論が討議されていましたが、ゆたか共同作業所の実践が報告されるまでは、幼児期や学齢期の実践の問題が主だったのです。しかし、ゆたか共同作業所発足の四年後、社会福祉法人ゆたか福祉会が設立され、ゆたか福祉会のとりくみが報告されてからは、障害者の青年期、成人期の問題も多く取り上げられるようになりました。教育だけではなく福祉や医療分野との交流もあり、障害者問題へと広い視野で問題を捉えることへつながりました。

発達保障論と実践との関係について詳しく話してほしいと要請されていますので、それにお答えします。私は発達保障論について、発達論と（発達）保障論とに分けて考えています。心理学的な「発達の筋道」としての発達論と人間的発達を保障する「社会的条件」としての保障論をわけて把握し、両者を統一して発達保障論と自分なりに理解しています。

私は、京都大学の故田中昌人先生の発達論を学びながら、実践の中で知的障害者の発達を確かめていました。知的障害児であろうとなかろうと、発達の道筋は基本的に共通であるという考え方や、当時、タテの発達、ヨコの発達という表現をして能力と人格の発達の側面を考察していたことなど、知的障害者の人間的発達を保障する支援のあり方を現場実践の記録・現象を通して確かめていったのが実際です。当時の職員の話を聞きながら話し合い、確認してきたことは事実です。相互に学び合い共に育ってきたように思います。ゆたか福祉会の実践は、全障研大会の分科会で討議されました。

さて、先ほど少しふれたとおり、ゆたか共同作業所の実践が知られる大きなきっかけとなったのは、一九七〇年の全障研第四回大会（東京大会）での報告でした。『ゆたか共同作業所で働く仲間たち――働く権利の保障をめざして――（Ⅰ）』というテーマの冊子を作成して職員が報告しました。これによって脚光を浴び全国的デビューを果たしました。

以後、各地の共同作業所づくりが労働分科会で取り上げられ、討議されるようになったのです。一九七五年『ゆたか作業所』（ミネルヴァ書房）という本も出版しました。これは、作業所での実践のバイブルだと言う人もありました。ゆたか共同作業所に月平均七〇名くらいの見学者があった時期もあります。一九七〇年代以降、とくに共同作業所全国連絡会が発足して以降は、作業所づくりが野火のごとく全国に広がり、展開していくことになったのです。

全障研発足の初期の労働分科会で、公的責任をどのように考えるかということで議論が行われました。当時、蜷川府政下にあった京都の参加者からは、行政が授産施設など働く場をつくるのが公的責任で、無認可作業所を自分たちでつくるのは行政の肩代わりで、公的責任を遅らせるものになると意見が出されました。愛知県政と京都府政の違いを強く感じました。京都の会員は、当初は京都与謝の海養護学校づくりの運動の経験から、府がつくるべきだという運動の展開をしましたが、結局のところ福祉の部局は施設をつくりませんでした。そうして京都では遅れて共同作業所づくり運動が、京都北部の一市一〇町で始まりました。

その後、作業所づくりと補助金要求の全国的な運動により、都道府県ごとに、認可施設の条件を満たさない小規模作業所にたいする補助金制度ができました。従って補助金の額や支給の仕組みは同じではありません。当時、社会福祉事業法にある授産施設をつくる条件のない場合、自己資金や土地のない場合や二〇名以下の規模の小さい作業所の場合には、都道府県別に独自の補助金をだす制度の中で援助を受けながら運営していたのです。

当時、養護学校等の卒業生が増えてきていました。卒業生の「働きたい」、親・関係者の「働かせたい」という要求があったのに、就労の場がほとんどありませんでした。したがって無認可小規模の作業所つくりが広がっていく条件がありました。一九七七年に一六カ所の作業所を中心に共同作業所全国連絡会（共作連）が結成され、共同作業所づくりの拠点ができ、作業所づくりの運動は全国に広がっていったのです。その後多くが社会福祉法人を設立し認可施設となり、さらに作業所ばかりでなく、地域の要望に応える形で、知的障害ばかりでなく身体障害、精神障害の方を対象にした必要な各種の施設を併設するようになっていきました。従って、名称も作業所ばかりではないので、今日では「きょうされん」としてひらがな書きにして運動を展開しているのです。

（四）「共同作業所づくり運動」から学ぶ――権利としての要求とその保障のために――

既存の利用できる制度がない場合、新たに制度の改正や創設を要求する必要が出てきます。しかしその際、単に制度をつくってくれと要求するだけでなく、自らサービスをつくり出して実績を示すことが有効です。まず現行制度の活用を検討する、活用する制度が不十分かない場合は制度の拡充や改善、制度化の要求をすると同時に、過渡的には自らサービスを創造して試していくことです。炭谷茂氏が「コミュニティ・ソーシャルワーカーの仕事」の中で述べられているとおりです(5)。これと共通な視点はすでに一九七〇年前後、ゆたか共同作業所時代からゆたか福祉会を設立して以後、とりくんできた運動的実践の視点・方法と共通点をもっています。ようやくこのような視点が一般化するように時代になってきたのでしょうか。まず実態・ニードの把握と現行制度を活用していくこと、足りない場合は自らサービスをつくり出していくことと同時に、内容によって当然の権利保障の視点から必要な新しい制度を創造していく運動を推進していくことが必要だと思います。

（五）研究者としてのかかわり方

ここで、ゆたか福祉会と私自身のかかわりについてもお話ししておきます。

ゆたか共同作業所の発足した初期の頃、作業所の職員第一号で、後にゆたか福祉会の副理事長を務めた鈴木峯保さんがいつも大学へ私を迎えに来てくれました。私は当時、車の運転はできず、また自家用車もなかったので一人では行きませんでした。南区にあったゆたか共同作業所につく間、車の中で現場の様子を鈴木さんからいろいろ聞きながら作業所に向かいました。迎えに来るから一緒に共同作業所へ行く、そして作業をしている現場に参加し、何となく観察していました。実践記録をまとめた『ゆたか共同作業所で働く仲間たち（Ⅱ）』の「序にかえて」という文章で、不充分ですが実際の様子や実践記録をみながら、整理し考えたことをまとめてあります。

はじめての経験で、きちんとした考え方があって、それに基づいて指導するという段階ではありません。作業所で実践に関する話を聞いたり、作業に参加をしたり、ああだこうだというかたちで話し合って、お互いに学んできたように思います。今でも「ゆたか」の発足当時の「障害をもつ仲間」は、私を見ると「ハタ先生」と呼んでくれる人もいます。初期の頃はそうやって一緒になってやっていた。そのなかで学び、自分なりに考えたことをまとめたように思います。

総じて言うと、計画的にということではなく、何となく一定時間、一緒に作業場に参加しているという感じでいました。日曜学校など学生と一緒にその場に居合わせている感じです。研究者は、第三者的に観察はするが、現場との関係はあまりなく、実践との関係が表には出てこないという場合があります。その点、私は、一緒に作業所を創っていこうという気持ちがあったのではないかと思います。客観的科学的観察法などという形式張ったやり方ではありませんでした。

3　一九七〇年代の社会状況と愛知、名古屋における障害者運動

（一）障害者運動としての共同作業所づくりとゆたか福祉会

これまでの話と重複するところもありますが、あらためて一九七〇年代の社会状況のなかにおいて、また愛知、名古屋の運動として、ゆたか福祉会の動きをまとめてみます。

愛知や名古屋の障害者運動が運動体としてまとまってきたのは、研究運動では一九六七年十月に全障研愛知支部が、翌一九六八年に要求運動団体として「愛知県生活と権利を守る懇談会」が結成され、一九七〇年には名古屋市と交渉をもっています。

ゆたか福祉会の設立に関して、本山市政との関連ですが、革新本山市政の発足は一九七三年で、ゆたかは前年の一九七二年に法人化しています。本山先生には、市長になる前から「不就学をなくす会」の会長をお願いしていました。名古屋大学の教育学部におられた時代から、私は、障害児教育の研究で共同研究を一緒にやっていた経験もありました。教育学会などでも一緒でした。その点で、ゆたか福祉会のことはよく理解していただいていました。

市民活動や「産業」「労働」についてどう考えていたかということについてですが、私はそれをとくに意識していませんでした。中小企業家同友会の方は考えていたかもしれません。「労働」の概念

みのり共同作業所であいさつする本山名古屋市長

や意味については、知的障害の仲間たちの人間的発達を考察する中で、古典の文献学習をしながら深め確かめてきたように思います。また、全障研活動やきょうされん活動の中でも議論し深めてきました。

他方、私は障害者運動の中で、要求を実現することの課題については意識していました。「働きたい」「働かせたい」という当事者の要求があっても、障害児学級を卒業しても就職ができない社会的状況がありました。当時、高度成長期の労働力不足対策や「特殊教育」振興策による障害児教育の発展もあり、障害児学級の卒業生が増えていたのです。たまたま障害児学級の担当教員と障害児の父兄が通所の授産施設のような施設が欲しいということがきっかけで始まり、その後の経緯は先に述べたとおりです。

当時、中小企業の下請け作業から得られる収入は少なく、その少ない工賃収入を職員・指導員が三万円、知的障害の仲間は一万円前後と分け合っていました。職員は当時といえども三万円では生活できません。それでは行き詰まり、親たちとともに名古屋市に補助金を要請に行きました。名古屋市の当局者は、はじめは「お前たちが勝手にやっているのだ」とか「近くに市で施設をつくるからそこを利用すればよい」と言って、職員のことはどうなろうと問題にしなかったのですが、そのうちに、社会福祉法人化して施設をつくるのなら援助しようということになって来たのです。

その過程のなかで、当時、無認可の共同作業所には身体障害の方もいて知的障害の方と混合していたのですが、法人化して「精神薄弱」の授産施設になるのであれば、肢体不自由の人は利用できず外されるということになりました。今日ではご承知のように障害者自立支援法の下では共同利用ができるようになっているのですが、当時は法律で障害別がはっきりしていました。

法人化すれば公費として一人あたりの措置費が、たとえば月に十数万円前後入るということで、その措置費で運営できるので安定します。そのときに障害の重い人は別と言うことはありません。ゆたか作業所は最低規模の二〇名で発足しました。

しかし、利用したい障害者は二〇名だけではありません。働く場所の問題は解決せず、すでに述べたとおり、すぐにみのり共同作業所が建物を借りて無認可で出発しました。こちらは二年目に条件を整え、二番目の通所授産施設として発足させました。その後、条件ができ次第、三番目のなるみ作業所を増設していきました。もともと要求（ニーズ）を実現するために、お金を持っている個人が事業としてではなく、多くの人々に理解を求め共同し連帯して運動として施設づくりを展開してきました。

当初は、個人や団体を対象に理解を求めました。中小企業家や公務員・教員などの労働組合の組織や個人など、多くの人たちの支援・援助を受けました。当時、名古屋勤労市民生活協同組合（めいきん生協）も同じ時期に出発しています。めいきん生協や南医療生活協同組合との連携もあり、役員の方に、ゆたか福祉会の理事や評議員に参加してもらっています。

権利保障運動と同時に、たとえば全障研の労働の分科会で報告するなかで「働くこと」について、古典のエンゲルス著『猿が人間になるについての労働の役割』などから「労働」の概念を理解し引用したりしていました。しかし、単に働くというのでなく、どのような労働の仕方が発達に結びつくか、労働からの疎外という現象もあるので、そんな視点で発達と労働の問題について、私自身はいろいろと考えたりしました。

(二) 他の障害者運動とのかかわり

ゆたか福祉会は知的障害者を対象にしていました。後には身体障害者の療護施設を設置しましたが、全障研では全障害者を対象にしていますから、当然視野に入っていますし、障害者運動の領域ではともに協力して運動しています。

ゆたか福祉会の職員は、初期、労働分科会などで作業所づくりの経験や実践報告をしています。名古屋で全障研第三回全国大会や第十一回大会を開いたときに、大会開催の中心的働き手として責任を果たしています。一九七七年の第十一回大会が開催されたとき、ゆたか共同作業所づくりの影響で作業所を作ってきた労働分科会参加の、全国一六箇所の作業所の関係者で共作連を結成しました。その時の中心的役割を当時、みのり共同作業所長の鈴木清覚さんが果たしています。その後、他の職員も含めて、今日の「きょうされん」運動の中心を担ってきています。ゆたか福祉会としては、その職員・関係者が全障研や「きょうされん」の運動を通じて他の障害者団体とも連携して運動を進めていますが、特に国際障害者年は、その点で大きなきっかけとなっていると考えます。

障害者運動の発展の中で、今日、日本障害者協議会（JD、加盟団体・現在六〇団体）が組織されています。ゆたか福祉会の職員はその組織の中の「きょうされん」をはじめ、(福) 全国社会就労センター協議会、全国障害者問題研究会、障害者の生活と権利を守る全国連絡協議会に参加することを通じて活動しているといえます。また、その中で役員として運営を担っているものも多くいます。また、全国および都道府県市町村に社会福祉協議会という組織があります、JDの加盟団体でもある全国社会福祉協議会等では、作業所関係の部会に役員として参加しています。

運動的性格をもって発足したゆたか福祉会ですが、社会福祉法人としては、全国的な障害者団体の組織の中で連帯して、制度改善や制度創設の運動に積極的に参加することになります。その後のゆたか福祉会のとりくみを理解していただくために、一九七八年以来、ゆたか福祉会の会報として広報を出しています。この二〇一〇年十一月で三三四号になります。この間、ゆたか福祉会の二十周年（一九八九年）を記念して『障害者のゆたかな未来を』（ミネルヴァ書房）を出版をしていますが、その後は、まだまとめたものはありません。

〔構成：時岡新。ワークショップ当日資料のコピーは渡辺克典「病者・障害者の当事者運動に関する比較研究」（平成二十一～平成二十二年度科学研究費補助金（若手B）研究課題番号：二一七三〇四一〇研究成果報告書）に収録されている。〕

注

1 秦安雄（二〇〇二）「私がこの道を選んだ理由（わけ）」セルフサポートセンター東樹『橡《つるばみ》』三二号、六一七頁。

2 一九六〇年代の労働力供給源の切り替えの問題については、次の資料、文献等も参照されたい。経済審議会（一九六三）『経済発展における人的能力の開発の課題と対策』一四〇。労働省（一九六八）『労働力不足とその現状について』。労働省職業安定局（一九六七）『精神薄弱者職業適応の検討』、七―八頁。秦安雄（一九七九）「四　社会効用・経済効果第一主義」真田是・児島美都子・秦安雄編『障害者と社会保障』法律文化社、一〇―一一頁。

3　当時の様子が「重度精薄児に朗報：市内に職業センター」（一九六八年二月二九日中日新聞）、「精薄児の職業センター開所：胸打つ懸命さ」（一九六八年四月二日付『毎日新聞』名古屋市内版）に紹介されている。またあわせて「ゆたか共同作業所建設趣意書」（一九六九年三月一四日）も参照されたい。

4　前出「趣意書」の他、当時発行された冊子「ゆたか共同作業所で働く仲間たち（Ⅱ）――働く権利の保障をめざして――」（一九七一年九月）の「序にかえて」（秦安雄、二―三頁）、秦安雄（二〇〇九）「四〇周年を迎え今想うこと」『ゆたか福祉会広報』三二〇、秦安雄（二〇一〇）「四〇周年を迎え今想うこと（二）」『ゆたか福祉会広報』三二五、も参照のこと。

5　炭谷茂（二〇〇六）「地域における新たな「つながり」の構築――ソーシャル・インクルージョン――」『人間福祉学会誌』第六巻第一号、二〇〇六年十一月、九―一〇頁。

二　働く場から暮らす場へ――一九八〇年代以降のゆたか福祉会のとりくみ

話し手　鈴木清覚・後藤　強
聴き手　後藤悠里・時岡　新

1　一九八〇年代から二〇〇〇年代までの概観

後藤（悠）　シンポジウムでは後藤強さんに一九七〇年から八〇年くらいまでの話をしていただいた

ので、今日は一九八〇年代以降のとりくみからうかがいます。

後藤（強） いろいろな流れがあって一概に言うことはできないですが、「ゆたか」が〝暮らしの場〟の事業を展開する、その一番の出発点になったのは一九八二年の「ゆたか鳴尾寮」の開設です。親なき後の問題がクローズアップされて、親が亡くなっても安心して暮らしていけるような場がほしいというのが事業の出発点でした。精神薄弱者通勤寮という制度がすでにあったんですが、それは一般就労していて年限は二年という条件でした。そこで、七九年にできた国の福祉ホームの制度を活用して八二年にゆたか鳴尾寮をつくります。

ただその福祉ホームもやはり一般就労が条件で、まだ作業所に通いながら暮らす場がなかった。そこで名古屋市にたいしても運動を展開して、八七年に名古屋市が単独で、全国に先駆けてグループホームの制度をつくる。それが八七年の「鳴尾ホーム」の開設につながります。国の制度は二年後れて、八九年にグループホームの制度ができます。そういう土台の上に九〇年代には毎年のようにホームをつくっていった。地域のなかで生活を築いていくという大きな展開の時代でした。

もう一つ、八五年に「デイサービスみなみ」が開設されています。これはとても重い身体障害の人たちを対象とした事業なんですね。なぜデイサービスみなみができたのか。八三年に「リサイクルみなみ作業所」が開設されていますが、これは名古屋市から委託を受けたビン・缶選別事業で、比較的軽度の人たちでないと仕事がなりたたない。そういう仕事ができない重度の人たちをどう受けとめていくのか、という意見があったり。また八〇年にはゆたか福祉会としては最初の暮らしの場である「ゆたか希望の家」が開設されているんですが、そこにもなかなか入れない重度の人たちをどうしていくんだという、そういう議論のなかでデイサービスみなみが開設される。重度の障害をもっている人たちの課題が大きなテーマになってきた。ただ実際には、その後の実践がどれだけ深められたかということについてはクエスチョンのところもあるんですが。結果的に、強引に結びつけるとするならば、九八年から九九年に「設楽福祉村キラリンとーぷ」を開始して、この事業もいろいろな流れがあって結実しているのですが、その一つに、九〇年代の暮らしの場の実践を土台として、でも地域のなかでホームで暮らすことがなかなか難しい重度の人たちの親なき後をどうしていくのかというテーマのなかで、九〇年代後半に「キラリンとーぷ」が建設されていったと言えないこともないかな、という感じがします。

そのようにして八〇年代後半以降、暮らしの場をどう支えていくかという事業の領域がかなり拡大していった一方、「ゆたか」が最初から大事にしてきた〝働く場〟という実践は、八三年「つゆはし作業所」、八九年「さわやか共同作業所」、九一年から始めた名古屋市の資源回収事業、九四年「リサイクル港作業所」までは比較的高い工賃の作業を提供しようとしてきたのだけれど、残念ながら、そのあと目に見えるような大きな事業展開にはつながってきていない。なぜそうなったのかという理由の検討はしなければいけませんが、一つには事業の領域が働く場にくわえて暮らしの場に広がって、当然そこに人材も配分していかなければいけないという事情もあったでしょう。

二〇〇〇年代になってからもいろいろなことがあるんですが、移転、改修などが事業の中心でした。ゆたかとしては綱領問題(1)の時期、その後の混乱の時期であり、制度的にみれば利用契約制度の時代に突入して大きな変化が生まれてきていた。内部的な混乱や課題のなかで、経営環境の変化に応じて新しく展開するという余力がほとんどなくて、かろうじて、古くなったものを新しくするという事業に終始していた。やがて少しずつ内部的にもおちつきを取り戻していって、二〇〇〇年代の後半からは高齢化の課題が大きくなってきています。身体障害者のデイサービスを高齢者のデイサービスにふりかえて、二〇〇八年の「デイサービスなぐら」を高齢者介護事業に移行したのが最初ですが、他の財団法人のもと有限会社でやっていた高齢者デイやグループホームの事業を引き継いだり、二〇一三年には福祉村に居宅支援介護事業所を新たにつくるなど高齢化に対応した事業を進めてきました。

地域で暮らすというときに、ホームをつくればそれでいいというわけには、だんだんとならなくなってきて、それは高齢化という問題も含めてですけれども。二〇〇二年の「緑区障害者地域生活センター」から始まって二〇一二年には相談支援の事業所を一カ所開設する、二〇〇七年の「居宅介護事業所あかつきはなキリン」から始まって二〇一二年度からは名古屋の南部で本格的に居宅支援の事業を開拓する、というように、二〇〇〇年代後半から高齢、居宅、相談という事業領域が少しずつふくらんできている。ざっくりと言うと、働くという日中活動の場としてスタートしたゆたかの事業が暮らしの場に広がっていって、いまは高齢、居宅、相談という領域にさらに広がりつつあるという状況がみえるのではないかと思います。

2　共同ホームづくりの運動

時岡　一九八〇年代はじめからの「共同ホーム」づくり運動の過程について、詳しくお話しください。

鈴木　この問題は、一般的には最初から存在していたんですね、作業所づくりが出発した頃から。それが現実問題としては、親子ふたり暮らしであったスミ子さんのお母さんが七六年に亡くなったのが大きなきっかけですね。そこで、一般的にあった要求をどう具体化していくかということが親の中でも職員の中でも大議論になっていくわけです。親の中では、当時は愛知県コロニーが軌道にのりはじめたというような時期でもあって、なんとかしてそういうところに入ることができたらという意見も一方であったり。二四時間面倒をみてもらう施設に。ところが実際に役所の窓口に相談に行きますとね、ものすごく待たないとダメですよ、何年もかかりますよ、という話になるわけです。もう一方で、彼女は市営住宅に住んでいましたけれども、そこに一人でおいておくのは不安だという意見も地域から出てきたりして、八方ふさがりだったわけですね。

その頃、われわれは二四時間の生活施設をつくっていこうということで「希望の家」づくりの準備に入っている時期でした。そこに入るという考えもあったんですが、これは私自身が思っていたんですが、スウェーデンなんかの実践をみて、入所施設よりは地域でのグループホームづくり、地域のなかで少人数で家庭的な暮らしができるような場がつくれないだろうかという発想がもう一方ではあったんです。とはいえ、それはすぐにはできないわけで。名古屋市とも何回か交渉して、当時、一番近い形態だったのは通勤寮で、通勤寮のようなところを建設してそういう人たちを受けとめられないかという議論もしたんですよね。しかし、そこに暮らして作業所に通うということはできなかった。通勤寮というのは一般企業に就労している人たちの自立訓練の場という位置づけで、名古屋市の担当者からは「通勤寮をつくったからといって、具体的なスミ子さんのねがいにはこたえられませんよ」と言われたりね。これはやがてその一〇年後の「ゆたか通勤寮」の開設につながるという側面もあるんだけれども、そういう議論をしてきた経過はありますね。

そうして現実的には、地域の中で暮らしの場をつくろうという「共同ホーム」づくりの運動として展開していくわけです。一方では二四時間の本格的な生活施設づくりという流れ（希望の家）と、もう一方では地域の中でのホームづくり、当時はグループホームという言葉はありませんでしたからみのり共同作業所の近くのアパートに若い職員とスミ子さんと隣同士で暮らしてもらって、当面をのりきると。そういう対応をしながら、いろいろ検討したり学習したりしていくなかで、「福祉ホーム」という七九年十月に新しくできた制度をとりあえず使おうということになっていくわけです。「共同ホーム」と言っていましたが、みんなで力を合わせて暮らす場という意味でね。そこで、

時岡　そのゆたか鳴尾寮（八二年）の五年後に、「鳴尾ホーム」（八七年）が開設されています。

鈴木　それらはまったく別物です。すぐ隣にあるんですが、鳴尾寮は国の「精神薄弱者福祉ホーム」の制度を使い、鳴尾ホームは八七年に名古屋市の「精神薄弱者グループホーム」の制度ができて最初のホームです。それは国の二年前（国は八九年）にできたものですが、ホームづくり自体は東京都や神奈川県が先行していました、自治体単費でね。名古屋市も市の単費でそういうホームをつくろうということで、その最初が鳴尾ホームです。市の担当者が、制度をつくる過程から相談に来られていましたね。

もう一度それぞれの制度を対比させて言うと、当時の議論の最大の焦点は二重措置という問題でした。通勤寮は昼間は一般企業に行っていて夜は寮にもどる。昼と夜、どちらかだけ福祉が使える、と。今はそんなことはないのだけれど、当時は昼間も福祉を使って夜も使うことはできない、その障壁がものすごく大きい。そこをなんとか外せないかと。昼間に作業所に行って夜の暮らしはグループホームで、というのがわれわれの主張した最大の論点でした。福祉ホームの制度にもとづいた鳴尾寮のときはそれを崩せなかった。そういう制約を突破できたのが、鳴尾ホームの、制度的に見ると一番大きなところでしたね。

時岡　スミ子さんは希望の家ではなく鳴尾寮に入られたのですね。

1987年、鳴尾ホーム 「ゆたか」初のグループホーム

鈴木 本人のねがい、要望としては、自分で初めて出会った作業所に通い続けたいと。それにどうこたえていくか。希望の家は二四時間の暮らしの場なんですが、そういうことではなくて、作業所に通い続けたいというねがいをベースにした。ただ先ほど言ったとおり、当時の福祉ホームは作業所ではなくて企業に勤めることが前提にあった。だから彼女は鳴尾寮で暮らすと同時に企業就職にもチャレンジするという、そういう努力をして実現していったという過程ですね。

時岡 八九年にはゆたか通勤寮が開設されています。

鈴木 通勤寮という制度は、知的障害の人たちの、就職している人たちの自立訓練、生活の訓練をサポートする制度なんですね。これはたいへん意味があったと思うんですが、今は無くなってしまった。これは「ゆたか」が内部で構想したというより、名古屋市が、全国に通勤寮ができはじめて市としてもつくっていきたい、ついては「ゆたか」さん、やりませんかというふうに、市のほうから提案された施設づくりだったんですね。それは先に言ったとおり、七〇年代にわれわれが提案していたこともあって。市のほうが具体的に、土地や地元の説得もふくめて前面に立って建設されていった。

時岡　やがて九〇年代末には設楽福祉村キラリンとーぷが開始されます。

鈴木　間違いなく、七〇年代後半からの運動、経験が、ゆたか福祉会をあげて議論したわけですから、家族、親のみなさんとか職員のみなさんに広がっていったことは事実です。それが土台になって各作業所を中心に要望が広がり、独立して暮らすという実践も始まったり、いろいろなことが展開しながら九〇年代に次々とホームが開設される。市や国の制度の裏打ちもあって。

キラリンとーぷの建設はちょっと別な流れがありまして。法人の専務理事をやっておられた西尾晋一さんの、脳性まひでとても障害の重い子どもさんが生涯安心できる暮らしの場をつくりたいということがいちばん根っこにあったんですね。私も一緒にいろいろまわりましたが、一定の土地を確保したいということがあって。想定したのは療護施設。そして地域と結びついてゆったり暮らせるような、本格的な〝村構想〟という議論がずっと進んで、具体化したのが「キラリンとーぷ」。「生涯安心して暮らせる場をつくろう」「障害の重い人たちも二四時間受けとめられるような暮らしの場であってほしい」などいろんなことが要望として集約されていった。実践的には希望の家とのつながりと言ったほうがいいかもしれませんね。

違いは、一つはね、いまは変わってきているんですが、希望の家は知的障害者の入所更生、われわれは「生活の場」と言っているんですが、比較的動ける、身体障害というよりは知的障害を中心にしたところが意識された決定的な違い。もう一つは、「キラリンとーぷ」は構想のなかで中山間地の問題、地域の課題と福祉を結びつけて〝村おこし〟みたいな発想もあったり、地域経済への貢献、地域課題への貢献という、なかなか簡単ではなかったんですけど、ようやく最近ね、高齢化問題に着手することによって徐々に地域のねがい、要望、福祉課題にこたえつつあるかな、と認識しています。スタートの頃はたとえば障害者のデイサービスを構想してつくっていったんですが、何年か後には高齢者のデイサービスに切り替えるわけですね。そういう点で地域の高齢者のねがいを掘り起こしながら、地域の中に入っていく。ようやく地域の福祉課題にこたえ始めているというところです。

3 働く場も、暮らす場も――ふたつの課題

鈴木 八〇年代から九〇年代の特徴としては、ゆたか福祉会の長い歴史のなかで、働く場から暮らす場への大きな転換がありました。

後藤（悠） それぞれの課題や当時の議論を教えてください。

鈴木 八〇年代にリサイクル事業を拡げていくんですが、その一方で、障害の重い人たちから「私たちの問題はどうするのか」という悩みが持ち込まれる。「ゆたかは障害の重い人のねがいにこたえるとずっと言ってきたじゃないか」と僕もずいぶん言われました。「私たちを切り捨てるのか」と。リサイクル事業では大量の廃棄物をリサイクルするための施設を造らなければならない。市から「仕事ができる」という信頼をどうしても勝ち取っていきたいという思いもあって、一定の仕事のできる人たちだけが集まる。けれどもやはり運動のなかで、重度、重複の人たちをあいまいにできない、問題解決に当たたろうという思いやねがいもあって、デイサービスみなみを開設します。

このデイサービス運動に結集した中心的な親のみなさんというのは、もともと養護学校義務制実施、名古屋でいうと「不就学をなくす会(2)」の中心メンバーだった。そういうメンバーが障害の重い人たちの日中の活動の場をつくってほしいと願う。当時、名古屋大学の教授だった本山先生が市長になって、

一緒にやってきたグループなんですよ、なんとかこれを実現しなければという市長の思いもあったかもしれません。それで実現したのがデイサービス。そうして知的障害を中心とした比較的軽度の働ける人たちから、うんと重度の人たちにシフトしていったのも大きな流れですね。これがやがて福祉村の療護施設につながっていく。

もう一つは、本格的に働いていくという課題。毎年、今でもやっているんですが、障害当事者のボーナス交渉ですよね。障害者のみなさんの自治会と所長さんを中心に現場で交渉するわけです。そこではたとえば「職員は認可施設になって給料も安定した。障害者は無認可のときと変わらない。一万円前後で。給食は出るようになったけれど、給料も何とかしろ」というねがいも出されて。われわれとしても、一万円前後でいいというわけではないと考えた。高い給料を要求できる、思いきり働ける場をつくろうという視点をもちました。

それから当時、大変に議論したのは環境問題。社会的な問題としてあった環境問題と障害者の働く場を結びつけるという視点で、リサイクルみなみでは、地域で毎日ごみを整理している保健委員さんたちの運動と、それを集めている市職員の労働組合運動と、「ゆたか」の障害者運動が合体してリサイクルを実現する。また、つゆはし作業所。われわれが学んだのは琵琶湖に生活排水や工場排水が流れ込むのを防ぐため、廃食油を集めて石けんに作り替える運動だった。そこから学んで、「めいきん生協」の幹部のみなさんの協力も得て新しい運動、仕事をつくっていこうという流れがあった。一方では障害の重いところに焦点をあてながら、もう一方ではうんと働いて稼いで自立に向かっていく。そういう事業が八〇年代から九〇年代にかけて展開していったと思います。

それらの働く場と暮らす場をつなぐ動きとして、地域の中のグループホームづくりがあります。作業所に通えるところをつくっていきたい、そんな親のみなさんの切実なねがいがずっとあって、そのためであったらお金を出すという話もあったり、協力していこうという人たちもいて。各施設ごとに運動がとりくまれて、九〇年代にはホームが急速に発展を遂げました。今では二三カ所になります。利用者数でいうと百二十人以上、うちで持っている入所の施設ぜんぶよりも多いんですよ、地域のグループホームで暮らしている人たちが。そういう展開がありました。

　働く場から暮らす場へというのは僕は必然だと思うんですね、障害者にとって、あるいは家族のみなさんとつきあっていればね。全国の共同作業所運動を見ていても、どこでもそういう課題にぶつかるわけです。ねがいとしてはとても切実な問題で。そのねがいに寄り添う、ねがいを受けとめるようにしてわれわれの運動が発展してきたということができるでしょう。

後藤（悠）　並行していろいろな議論があり、そのいろいろな方向にそれぞれ目を向けてきた、と。

鈴木　並行してありましたね。現実の要求がそこにはあるわけでしょ。一つ解決すればすべて解決するという話ではない。リサイクルの運動をやっているなかで重度重複問題が見えて、要求が出てきた。だんだん領域が広がっていった、それがさらに制度の貧困さとぶつかっていく。はっきりしていることは、いろいろな場面でいろいろな意見が出され、それ自体がゆたか福祉会に大きく影響を与えてきたということ。われわれに余裕のようなものがあったわけではないですよ、ただ要求が切実で、それ自身がエネルギーを持っているわけですよ。福祉村をつくるときにも二十億を動かすような事業が本当にできるのかという不安は当然あるわけです。でも求めている人がいる、推進しようと決意した人たちがいる。資金的にもまったく余裕はなかったし、共同作業所をつくるときからそうですよね、見通しやお金があったから始めた事業ではないですから。

時岡　ゆたか希望の家（一九八〇年）、ゆたか鳴尾寮（八二年）、鳴尾ホーム（八七年）、ゆたか通勤寮（八九年）はごく短期間のうちに開設されています。

鈴木　年表に並べてみてそう言われるのはよくわかるんですが、渦中にいたわれわれから言うと、一つひとつ越えるのに時間もかかったし、悪戦苦闘というかね。土地の確保、親との合意形成、行政とのやりとり。膨大な議論や運動や資金づくり。当時は知的障害の施設として、近ごろ民営化した「希望荘」(3)という名古屋市立の施設があったんですが、愛知県下の他の施設でもすべて、国の基準、八畳に四人が暮らす生活施設なんですよ。カギをかけて管理されている。それはおかしいじゃないかと新しい理念を掲げて、人間らしい暮らしの場を、六畳と三畳ふた間に二人、そういう暮らしの場をつくった。これは膨大な自己資金を投入しないとできない、そういう資金づくりが必要でした。福祉村は完全個室、小舎制、これも当時は大変でした。そんな運動が背景にあって、名古屋市の制度、国の制度ができて、今度はそれが追い風になってそれぞれの事業所ごとにホームをつくる運動が高まっていった。通勤寮は名古屋市からの提案でしたが、市の職員労働組合の努力もあったと思いますけれど、当時の基準で二人ぐらいの職員だったのが三倍の七人の職員で。地元住民からは障害者の人が暮らすんだったら夜の態勢をちゃんとしてくれとか、あるいは火事の心配とか、住民説明会でそういう声がいっぱい出てきてね。それにもこたえるということで、基準の三倍以上の職員を配置する市の短期助成が実現したりね。

経験のなかで、障害者のねがいや権利を実現していくのには、現在ある制度を活用しながらどう改善していくかが鉄則だ、ということがわかった。もう一つ、なければ制度を創設する。制度に基づかないといろいろな展開はできないですから。制度をよく検討し、学び、それを活用する力を身につける。同時に制度の枠のなかで事足れりとせず、それをどう打ち破っていくか、改革していくかが大きなテーマだと思っています。

4　地域や関係団体とのつながり

鈴木　ゆたか福祉会の三十周年に向かって全力を挙げたテーマは福祉村づくり。内部からも言われたんですが、ゆたかでやってきたことと違うんじゃないか、コロニーのような施設をなぜつくるのかと、そういう話がずっとあったのは事実です。

一つには先に言った西尾さんのねがいがある。ここではもう一つの話をしましょう。それは日本の現実、過疎化や衰退がものすごい勢いで進んでいく、そういう地域で福祉とつながって〝まちづくり〟ができないかという強い思いがありました。この前も、「キラリンとーぷ」のある設楽町の町長と話していて、非常に深刻な高齢化。中心部では高齢化率が二十数パーセント、ちょっと周辺に行くと四割、五割。仕事ももちろんない、生活もしづらい。生活の基盤がどんどん切り崩されている。「コープあいち」(4)が入り込んで買い物などの対応をしてくれているのだけれど。それに福祉が貢献できないかという発想があって、全国のたくさんの仲間から支援を受けながら具体化していったのですが、なにせ土地の購入費から建設費から含めますと二十億近く投下するわけだから、われわれの歴史からみてもやったことはないわけで、大冒険だったなと。十年近くたって、ふり返りと今後どうしていくかという議論をしました。

建設前は西尾さんが中心になっていっぱい夢を語ったものだから、一緒に行った親御さんのなかには「騙された」という話もありますが。医者を連れて行って診療所をつくろうとか、名古屋との連携をして輸送手段を確立しようとか。制度的保障もないし、無医村に近い状況になっているわけです。もちろん個人のお医者さんはいるわけですが、福祉村の中に診療所をつくることは実現していない。あらためて現実的な可能性を探ればいいわけですが、どう経営するかとか人をどう確保するかとか、大問題です。とりあえず、当時考えついたことでやれることはやった。高齢化に対応した居宅相談事業、高齢者のみなさんのねがいにこたえてデイサービスを始めたり、ぼちぼち手を打ち始めているのが現在の状況ですね。

「ゆたか」は出発のときからそうなのですが、最近あらためて、地域や関係団体と協力し合うことの大きさを感じます。初代理事長の今井保さんは「名古屋中小企業家同友会」(5)の役員をやっておられた方で、そこでは企業家運動と共同作業所という連携があったのですが、福祉村づくりのなかでは全国からいろいろなご協力が、団体としては消費生協との協働がものすごく大きかった。「めいきん生協」は二年にわたって福祉村応援商品を売っていただいて、福祉村に利益を二千万か三千万くらいつくっていただいた経過がある。名古屋市の南区では医療生協とのつながりもずっとある。そういう歴史でした。

後藤(悠)　地域や関係団体とのつながりは、どのようにできていったのでしょうか。

鈴木　たとえば同友会も「めいきん生協」もスタートはゆたか共同作業所と同じ一九六九年なんですよ。そういうこともあって、同友会にはむこうから来ていただいて参加いただき、生協とはあちらのリーダーとこちらの幹部との人的なつながりがありました。

今井さんが私に話した範囲で言うと、「同友会」では企業家倫理の議論があった。企業家というのはある程度お金は自由になりますし、持っていますから、それで遊びや悪いことばかりやっている面もあるわけですよ。そういうあり方はおかしいんじゃないかと。それを障害者問題に支援することで何とかならないかという視点があったというのは、今井さんから直接、聞いた話ですね。うちの話が新聞に出て、「同友会」として力を合わせてこういうところを応援してみようと常任の役員でいろいろ議論したと。一口五万円の出資を集める運動をやり遂げて、「ゆたか」の初めのプレハブが建つわけですね。それが「同友会」運動自身のなかから議論されて生まれてきた。

医療生協とのつながりは、障害者問題はまさに医療問題でもありますから、地域にあった診療所、病院と作業所のつながりでずっと応援してもらったり、今でも医療のバックアップをしてもらったりというつながり。

コープあいちとのつながりは、まさに人的なつながりですね。うちの西尾さんとあちらの田辺準也さん。いつも「『ゆたか』とともに」と言ってくれていました。ただ、きっかけはきっかけであるんですが、大事なのはその後なんじゃないかと。たとえば市職労とのつながりでいえば、うちや「きょうされん」がカレンダー販売とか物資の販売を、たとえば清掃支部の事務所に行って協力してもらうわけですね。そういう姿を見ていた幹部の人が、障害者の働く場がないといつも訴えを聞いていて、それならば働く場をつくる運動と環境問題へのとりくみがつながらないかという発想をもってリサイクルの相談に来られて。それが大きな市民運動につながっていくわけですよね。いろんな機会はふんだんにあるわけですけど、それが実際に共同運動になったり事業をつくるところまで来ることで、しっかりとした関係がつくられていく。きっかけは些細なことだったと思うんですよ、お互いに。われわれの側で言えばいろんな人の協力や応援をいつも求めていたし、そういうものがなければ今日はなかったと思いますね。福祉村でも、もともと土地の紹介はコープあいちの幹部のみなさんでしたからね、「ここでやったらどうか」と。その後、福祉村の意義をくり返し話して、福祉村応援商品を組合をあげて売っていただいた。

また、「ゆたか」は十年ほど前に不正常な時代を経験しているんですが、その時にいちばん力を発揮してくれたのは周辺団体ですね。生協にしろ市職労にしろ、いろいろ心配をしてくれて。大学の研究者のみなさんももちろんですけどね、意見をいただいて。うちではそういう団体の代表に理事会、評議員会に集まっていただいてますので、そこでちゃんと問題提起をしていただいた。「ゆたか」のあり方についてね。それぞれの団体とのつながりが、まさに「ゆたか」の今日の再生をつくったと。もちろん内部の努力もありますけど、そういう影響というのはやはりあるし、これからも大事にしていかなきゃいけないなと思っています。

5　〝貢献する福祉〟

時岡　先ほど福祉村づくりのお話のなかで、〝福祉とつながるまちづくり〟、地域に福祉が貢献する、という言葉がありました。

鈴木　私の意識のなかにあったのは、障害者施設、福祉施設をもちこんで過疎を食い止めるとか。北海道などでもそういう発想はいくつかあったんですね。そのような〝福祉でまちづくり、まちおこし〟というやり方は、社会貢献という面もあるし、「ゆたか」の歴史のなかではずっとあるんです。先ほどの「同友会」との関係や、新しい仕事をおこしていくときに環境問題への貢献というか、その解決に向かって、という。私がいちばん実感したのはリサイクルをやったときですね。住民と労働者運動と障害者運動、障害者福祉事業とのコラボというか、連携のなかでつくられていく。当時の市職労委員長の言葉で言えば「一石三鳥だ」と。ゴミを減らす、環境を改善していく。そういう大きなテーマに挑戦し、もう一つ大きいのはそれを通じて障害者の働く場を創設していく、と。地域づくりと、環境問題や資源問題に住民の意識を高めていく。当時としてはめずらしいですが、名古屋の商工会議所に行って講演するなんてことが現実にありましたし。社会問題とわれわれの事業のリンクというか、貢献という意識をしたわけではないのですが、地域の問題、社会の問題に社会福祉事業がどのようにつながり、役割を果たしていくのか。これは日本の障害者福祉や社会福祉全般を考えていく際にもたいへん重要な視点ですね。

後藤（強） 私たちは地域の福祉課題というスローガンをずっと掲げてきています。福祉村のある設楽町の場合、その地域の特性のなかで社会資源としての福祉事業体というのは一定のポジションを得て、地域からの期待値も高い。対照的に言えば名古屋市のようなエリアですと、正直、地域と言ってもどこを、何を意味するのかはっきりしない。もちろん名古屋でも地域は大きなテーマです。われわれの実践でつくってきたのは、リサイクルの事業、石けんの事業、そういったことを地域の住民や自治体の労働者の人たちと一緒にとりくんできた経過はあります。ただそれは事業の初期の頃であって、それ以降、地域ということで見たときに、一定の場所を舞台にした、障害のある人、職員、地域住民とが一緒になってとりくむ事業の展開は、残念だけれども目立ったものはできていないですね。

設楽の場合は地域そのものが過疎とか高齢化という共通テーマをもっていますよね。そこをなんとかしなきゃいけないと、行政もふくめて大きなテーマになっている。名古屋も様々な課題、テーマはあるわけですが、たとえばゆたか作業所のある名古屋市の南区で、ここで生活をしている人たちのあいだには何かしらコミュニティがあるのかもしれませんけれども、われわれ自身がそのなかに入り込

1998年　設楽福祉村キラリンとーぷ

めていない。だからこの地域の人たちがどんな共通のテーマ、地域の課題をもち、抱えているのかというところまでは見えていないというふうに、正直、感じています。

　福祉村では、一番大きな接点である高齢化問題が共通の課題で、福祉村への期待値も非常に高い。去年一月には障害に関する相談センターも立ち上げた。それから今度は、今まではあのエリアの子どもは隣の豊橋市にある特別支援学校に通っていたんですけれども、福祉村の近辺に特別支援学校の分教室が設けられることになったんですよね。じゃあその子どもたちが学校を卒業した後の進路の問題をどうしていくか。福祉村の、相談をふくめた活躍の機会もあると思います。

　とはいえ、初期の十年あまりは事業の維持、発展という内部問題に四苦八苦して、外に出ていくということはできなかった。やっとここにきて、居宅介護事業や相談事業を立ち上げるなかで外に出ていくことができる。そうすると今までとぜんぜん違って、地域の中にどんなニーズや課題があるか、どんどん、ダイレクトに入ってくる。そういう状況にやっとなりはじめました。

また設楽は行政区が小さいものですから、地域の課題が行政の課題にストレートに結びつきやすい。行政もその課題を共有しながら、もちろん「ゆたか」とだけ一緒にやるわけじゃなくて、地域のいろいろな関係機関もふくめてその問題にとりくみましょうという議論ができるんです。名古屋の場合は、住民の全体からみればほんの一部の課題というふうに拡散してしまう。名古屋市の行政としてわれわれと一緒にとりくんでいこうという展開には、なかなかならない。実は名古屋市でも相談事業を立ち上げたんですが、名古屋市の補助金制度もたった二年で変わってしまったり、そこで働いている職員自身が展望のなさに疲弊している。福祉村の場合は、地域の共通課題がダイレクトに把握されて、それにたいして、こんな期待値があるからそれにこたえていかなければ、と踏み出す原動力になりやすいんですけど、名古屋の場合は山積する諸矛盾や諸課題のなかに相談員が埋没し、押し潰されかねないような状況かな、今はね。

6 利用契約制度と共同性

後藤（悠） 二〇〇〇年代以降の課題についてお話しください。

後藤（強） やっぱり利用契約制度に変わってきたことには両面が、よい面もあれば難しくなった面もあると思いますね。個別支援計画をちゃんと立てなさいということで、要するに利用者が何をしたいのか、どういうことを希望しているのか、聴き取りをしながら一年間を計画する。支援のあり方が〝サービスを提供する〟という関係に変わってきたわけです。たとえば強い偏食のある利用者がいる。その人に給食でどういうものを提供するかという支援計画のなかで、この人は偏食が激しいからあんまり無理に食べさせなくていいよ、と。家でも必要なものを食べさせていますから、みたいな計画を作成するとしますよね。そうすると計画書でそう書かれているから給食に野菜類が出たときは食べなくていいですよと、たぶんなっちゃう。でもその人の健康状態とかこの後のことを考えると、やっぱりちょっとでも食べてほしいというようなこともあるわけです。利用者の〝ニーズ〟とその人の命とか健康だとか、〝将来〟などが一致したかたちで支援計画が作られているということには、なかなかならない。だから、ともすると利用者が求める〝サービス〟の断片的な切り売りみたいなことが自分たちの仕事なんだというような意識が、個別支援計画ができて以降、どんどんと広まってきているかな、と。その人のライフコースのなかで今、どんな力をつけていくことが大事なのか、どんな支援が必要なのか。時間軸のなかでその人をトータルに捉えて、今必要な支援のあり方を考えていくという発想が職員のなかにだんだんとなくなってくる。そういう意味で、専門性の退化とでも言いますか、そういう傾向が利用契約制度のなかで進んできているなと思います。

一方で、職員の考えを「ああしなさい、こうしなさい」と押し付ける、そういう事業ではないというように大きく切り替わってきたわけです。どちらかというと昔は、現場の中では職員が中心で、職員のいろいろな考え方にもとづいて事業所や施設が組み立てられたり、そういう時代があったわけですけど、利用契約に変わってくるなかで基本は利用者の求めに応じていく、利用者のねがいをベースに対処していかなければならない、そうした考え方が前面に出てこざるを得ないわけだから、前進といえば前進というか……。

鈴木 私は、対等平等性、当事者性の前進ということはあるにしても、一番の問題は共同性の破壊だと思っているんですよ。措置制度のときは、今話された弱点はあるにせよ、「ゆたか」の歴史で言えば親、家族、当事者、職員が一緒になって事業をつくり、実践するという共同性が特徴だったわけですね。契約制度で対等平等を強調するということは、ある意味では対立関係じゃないですか。対等関係というのは独立したものが対峙するわけですから、共同性の破壊なり後退なりということが非常に表に出てきた、全国的に見るとね。

後藤（強）　たしかに共同性の破壊という部分はあるんだけど、一方で、利用契約というお金を通じての関係になったということは、ある意味では人格的には自由になる。昔ならたとえば「ゆたか」に世話になったらずっと「ゆたか」と一心同体で、運命共同体のようになる。それはある種の共同性をつくっていくよさでもあるわけだけども、考え方としては今、利用契約という関係である以上、いやだったら別のところと利用契約をむすべばいいというような、ドライな関係になってきた部分はなきにしもあらずで。お母さんのなかにも、そんなに多くはないですけど、どうしても「ゆたか」の現場の職員とうまくいかないとか、こうして欲しいということをやってくれる施設があるからということで他の事業所に移られる方も何人かみえます。違う選択肢があって、新しいところを選んで決定していくことができる可能性も生まれているという点で、必ずしも利用契約制度が全部マイナスということでもないのかな、という見方が私のなかにはあるんです。

後藤（悠）　共同性についてうかがいます。愛知の障害者運動ではわっぱの会も共同性について多くの議論を展開しています。鈴木さんが話された親、家族、当事者、職員の共同性とわっぱの会の掲げる共同性の違いについて教えてください。

鈴木　それはみなさんが整理してくれればいいんですけれども、どうでしょうか。「わっぱ」は障害者を真ん中において主に職員との共同性を言っていて、親なんかは否定しているんじゃないかな、と。どうなんですか？「ゆたか」の場合はね。当事者を真ん中においてだけれども、親と職員がまさに力を合わせて事業をつくってきたというのが、歴史的に見ると一番大きなことだったと思うんです。そこがあって、当事者も含めて社会の周辺の団体に訴えてきた、と。トータルな共同性だと思います。

後藤（強）「わっぱ」の共同というのは、〝差異を持ち込むな〟という、そんな感じが私にはするんですけどね。健常者と障害者との間に差異を持ち込むな、と。だから障害者ということを特別扱いすることも差別だし、間違いだと言う。違いそのものをもうけることを否定するというか、そういう意味での共同というイメージ。「ゆたか」が使っている共同っていうのは字で言うと「共に同じ」なんだけれども、むしろ協同組合の協同という、力を合わせるというほうが近いかなあと思う。それぞれがそれぞれの立場で、違いはあるけれども、障害のある人たちのために一緒に力を合わせようという、そういう意味での共同性というのがわれわれの使っているイメージ。そういう（「わっぱ」との）違いはなんとなくあるかなという感じがしますね。

7　当事者性と専門性

時岡　利用契約制度をめぐって、支援者の専門性が退化するのではないかとの指摘をいただきました。当事者性と専門性について、わっぱの会やAJU自立の家の実践とも照らしあわせながらお話しください。

鈴木　たとえばAJUの実践論、自立するために障害者みずから頑張るべきだという発想にもとづく援助実践は、われわれは知的障害への支援もあって、いろいろなことで手厚くというふうに思いますから、彼らを見ていて学ぶこともあります。障害をもった人たちを主体にしてどこまで支援するか、迷うところなんですね、支援者としては。たとえば買い物という具体例で言うと、「それは自分で行くべきだ」という主張と行ってあげてしまう援助がある、簡単に言えばですよ。ＡＪＵは、そんなの自分でやるべきだ。われわれなら、それが大変ならじゃあ私が行こうか、となる。自立生活運動の土台にある障害当事者としての発想だと思うんですよ。僕が一番驚いたのは、彼らは、自分の生活を支えるボランティアが必要なら自分で集めなさいと言う。私たちはそんなこと、とても障害者にたいして主張できないし、言えないなと思うんですが。ボランティアをどうやって一緒に集めようか、という発想になると思うんですね。ＡＪＵは突き放して、自分なりの自立の手だてを努力させるという発想ですよね。そういう実践上の問題について、考えさせられることがありました。

「わっぱ」の平等主義は、職員も障害者も平等だと、それはそのとおりだと思うんですが、売り上げも全部平等に分配するというわけでしょ。でも実際には、住宅なり子育てなりの手当は別にあるわけですよ。それでなきゃ勤められないですよ、職員も。あの平等主義はどんなものかなあ、本当の平等なのかなあと考えさせられることがあります。平等を理念におくことはいいですよ、もちろん否定しない。でも現実的にそうなのか、と。それぞれの社会基盤が違うし、専門性も違うと僕は思うんですね。職員と利用者はかかわり方が違う。それをちゃんと認めた上でやらないと、単なる平等主義で押し切れるのかと僕は思う。職員の専門性も、そんなことでは育たないのではないかと思うんですよね。

後藤（強）「わっぱも」ＡＪＵも当事者性というのが一番前にきますので、それにたいする専門家の専門性については警戒心をもって、専門性が権力に転化する、そういう危険を秘めているんだという問題の提起は共通してもっていると思います。指摘されるような側面が決してないというわけではないですから。いわゆるパターナリズムのように障害者を支配してしまう、そういう援助に陥る危険はあるわけだから、つねに、専門性と当事者性のはざまにある解決できない問題というか、そこをふまえながらこういう仕事にあたっていくことが大切だと思います。彼らはどちらかというと当事者と専門家は相容れないという主張が強いのかな。われわれは当事者じゃないものですから、専門家として仕事に就いているので、専門性を全部否定されればわれわれ自身すべてが否定されてしまうということに、極端に言うとなっちゃうんですよね。彼らが言う専門性が権力に転化するという指摘を一方で受けとめつつ、そのなかで、専門家として何が必要なのか、専門性をどう発揮できるのかという議論をしていかざるを得ないですよね。

時岡　三者の〝理念と実践〟の絡み合いはだいぶ違うという印象を受けました。

後藤（強）　僕の受ける印象としては、「わっぱ」もAJUも、やっぱり当事者が軸なんですよね。われわれの事業は、もちろん当事者を中心にしてやるんですが、事業の軸は圧倒的に職員なんですよね。ですから絶えず、当事者性との間にある種の〝すきま〟が生まれることは避けられないので、それをどのように受けとめながら、当事者性を大切にしつつ職員としての専門性をどのように発揮できるのか、なかなか解決できないその難問にちゃんと向き合いながらやっていくことが大事なんだと。これが「ゆたか」全体の理念になっているかどうかはわかりませんけど、たぶん現場で支援をしている職員は誰もがそういうことに毎日、直面していると思いますね。

8　職員集団と仲間たち

時岡　職員集団と仲間たちの関係性についてお話しください。

鈴木　とくに一番障害の重い人たちを想定するとはっきりするんですが、その人たちが生活し、生きていくためには、支えていくスタッフが必要ですよね、家族以外に。そういうスタッフの専門性の、あるいは事業、制度の発展がそういう人たちの命を支えてきたことは事実でしょう。障害が軽くても同じようなことが言えるんじゃないでしょうか。障害者と職員が〝対立関係〟にあるというふうに捉えてしまうのは、妥当でないと思います。私たちは、それぞれのポジション、利用者、当事者とそれを支えていくスタッフという関係で成り立っています。それぞれの専門性や立場性はある。そこは尊重しあうなかで、関係と協力の発展があると思います。

ただし、事業者、スタッフの側がどのような立場で仕事や専門性を深めていくかということは、かなり決定的だとも思いますね。たんに利用者の支援をすればいいという関係でみてしまうのか、その利用者の心情や立場をふまえて、それにこたえていこうと、共感関係などとも言われますが、そういう関係を築きながら仕事をする、自分なりの仕事を深めていくのか。事業者、スタッフにも二通りあると思います。入所施設などでよく議論した例で言うと、職員には労働時間があり九時から五時までだと。そこをちゃんとやることが職員の責任だと。それも正論でしょう。しかし九時から五時までのなかに収めようと思うと、たとえば夕食は四時ぐらいから始めて、お風呂は朝からとか、そういうローテーションを組んでいくことになる。人間らしい生活のあり方としては、そうではないだろう。夕食を六時、七時に食べる、そう食べられるように工夫や努力をする、勤務の時間をずらしたりとか、そういう仕事のしかたをするか否かというのは、決定的に違うと思う。あまり抽象的な表現をしてもいけませんが、たとえば〝障害者のねがいにこたえる〟というのはそういうことでしょう。障害者のねがいや実態によりそって、共感をもって、ね。

最初のスタートは、学校を卒業しても行き場がない、働く場がない。それにどうこたえていくか。

あるいは暮らしの場で言えば、親が亡くなってひとりぼっちになった仲間の暮らしの場をどうつくっていくのが一番いいのか。それは本人のねがいが土台なわけです。さらに深く考えていけば、食事の時間、食事の内容、あるいは福祉村でもまだ十分に実現していないんですが、外出することが強いねがいなんですね。それにはなかなか、こたえきれていない。

後藤（悠） まず理念ありきではなくて、とても現実的に、まず問題があってとりくみがあり、悩みながら、迷いながらきたという印象を受けます。

後藤（強） どこまでいっても「私たちは当事者にはなれない」っていう部分はつねにありますよね。だから〝ねがいにこたえる〟とか〝障害のある仲間たちとともに〟という考えにたいして、どこかの誰かが「そんなのきれいごとだよ」というふうに受けとめている気持ちも、わからなくもないですよね（笑）。これもやっぱり、世代の違いもあるかもしれません。私より上の世代は、ねがいにはどこまで行っても届かない、というふうにはあまり感じていないかもしれません。そもそも、そういう問題の立て方をしないのかな、と思います。ねがいにこたえる、〇〇とともに、という理念にストレートに自分自身を同化できる世代なのかもしれません。その世代はまさに、障害のある人たちの問題は社会の問題を映す鏡であるし、その問題を通して自分自身の生き難さの根っこを掘り下げていったりする、そういう時代だったのかなあと思います。

そういう人たちが礎をつくってきているんですが、この同じ組織の中でも、やっぱり世代とともに、そういう認識、受けとめ方は微妙に変わってきているかなあと感じます。だから今、ほんとうに入りたての若い人たちが障害のある当事者にどういうスタンスで向き合って、この仕事の意味をどこに見出しているのか。僕らにもまだつかめていないですけど、私たちの世代ともまた違ってきているところがあるかなあと思いますよね。

でもそういうなかで言えること、共通していることは、やっぱり、どこまでいっても私たちは、当事者と一緒にはなれない。ただその当事者たちの生きている姿とか、その気持ちに自分が共感しながら、そこにふれて自分ができることとできないことの見きわめをしながら、この仕事にとりくんでいくしかないのかな、という感じもしています。

僕自身について言えば、「わっぱ」とかAJUの、当事者性によりどころをおいたかれらの活動にすごく魅力は感じるんですよね、一方で。それは僕らにまねのできないスタンスだし、「わっぱ」は「わっぱ」なりに首尾一貫して追求している。われわれ自身の、どこまでいっても当事者にはなれないという、弱点というわけではないんですけども、そういう側面をかれらの活動を通して気づかされたり学んだりっていうことは少なくないと思います。

でも、彼らと同じ活動ができるか、われわれに求められても、もう明確にそれはできませんよね。われわれは当事者にたいする職員としてのかかわり方、職員としての事業体というのが成り立ちの中心ですから、同じ活動はできない。でもそういう当事者性にわれわれがどこまで近づいていけるかという意味で、ねがいにこたえる、○○とともにというのは大切な価値観、目標として、どういうことがあってもぶれないように軸に据えてものごとを進めていかないといけない。そこをなくしたら一挙に崩壊する、そういう危機感はありますね。

9　今日的課題

時岡　ねがいにこたえる、○○とともに、の他に大切なことがあればお話しください。

後藤（強） やっぱり、ここで働く職員のねがいとかおもいも大切な軸です。ひょっとすると「わっぱ」やAJUとは少し違うところなのかもしれないですけれど。働いている職員のねがい、おもいを仕事や事業のなかでどう実現していくか、とても大切な側面ですよね。僕が入職して数年経って、こういう職場で働き続けていくために必要な要素は何だろうかと職場内の学習会でまとめたことがあるんです。非常に単純なことなんですが、一つは仕事をやっていて楽しいこと。障害のある当事者の人たちと毎日仕事してて、ばかなことも言い合いながら、仲間たちと一緒に生きていく、仲間との共感関係がまず大事だよね、と。もう一つは、ただ単に共感というだけではいけなくて、その仲間たちがどんな課題を抱えていて、自分はどんなことをやらなきゃいけないのかという、そういう意味での職員としての専門性をどれだけ育てていけるかということ。三つめは、それはやっぱり一人でやれることではないから、自分が困ったときに支えてくれる職員のチーム、集団がとても大事になる。四つめは労働環境、労働条件というか、適切な給料や労働時間の確保が大事ということで、これらは今でも同じようなことが言えると思います。それをどういうふうに職場のなかでつくっていく、育てていくのか。だから何かものごとを進めていくときには必ず、現場から意見を出してもらって、議論を重ねて合意形成をしていくためにかなりな時間をもつようにしてきました。

初期の「ゆたか」は人数が少なかったし、この仕事をやりたいんだっていう職員が集まってきた、そういう時代だったから、侃々諤々の議論を通じて事業もダイナミックに展開できた。私たちの時代に入ってきた職員の多くは、大学の四年間を通じて、理念的な部分をああでもない、こうでもないって、現場で活動しながら学生特有の激論をする、ここで働く準備を四年間したうえで入ってくる、そういう学生が主流でしたよね。入った時点である程度、共通の土台ができているわけで、ある意味では即戦力で仕事を任せてやってもらえるようなところがあったんじゃないかと思います。今は、そもそも学生が活動できる現場がすっかり狭められていますし、あったとしてもどちらかというと、現場の中で利用者なり障害をもっている子どもとどう関わりをつくっていくのかというところが活動の中心で、広くそれをとりまく地域や社会という枠組みの中で個別の問題を考えていこうとするようなことは、あまりされない。そうして入職してくる人たちが増えていますから、土台となる理念の共有や育成というのは、なかなか難しい状況ですね。

後藤（悠） 最近は侃々諤々の議論をしないということですか。

後藤（強） ないですね。そういうことをやる時間も、今はなくなっています。もちろん今でもケース会議はしますが、昔は、たとえば一日のケース会議に向けて準備のために膨大な時間を費やして臨むわけですから、その場が白熱して、激論になるという場面もありましたけど。今は、とくに自立支援法以降は、ケースをしっかりまとめる時間的な余裕もなくなってきています。極端に言うと、作業所を一日閉鎖してケース会議を一日やると、その一日は収入が何もない時代になったわけですよ。昔はそういうことも含めて仕事の一部として給料が入ってくる仕組みだったのが、今はそれをやってしまうと一日収入なし、でも人件費は払わなくてはいけないという構造。それでもうちは月に一度はケース会議をやっていますが、やはり自立支援法がらみでいろいろと、時間をとって議論などをする余裕がなくなってきているという背景はありますね。

後藤（悠） 職員の数も多いですしね。

後藤（強） 今は組織も大きくなって、職員も五百人を超える。ものごとを決めるのにも時間がかかりますね。小さな船ならさっと動けるけれど、大きな船は旋回するにもぐーーーっとね、ゆっくり

ゆっくりしないといけない。その間に他のところはどんどんどんどん、先に進んで行ってしまって（笑）。しかもいろいろな領域に、知らず知らずのうちに手を拡げてきたし、これからも拡げていかなければならない。そうするとヒト・モノ・カネが分散してしまう。うちは綱領問題があってヒトが出て行ったことの影響も大きいのですが、人材難のなかでどう事業を継続させ、発展させていくかが課題です。「わっぱ」にしてもＡＪＵにしても、当事者性、理念を前面に出して事業展開をしていますが、われわれは当事者のねがいだけではなく家族や親のねがいにこたえてきたことは否めないですよね。そうしていろいろな事業をやってきてしまった。「わっぱ」やＡＪＵはバランスが取れているというか、強固な理念や考え方をベースにしながら、規模もふくめて、理念が貫徹できるような事業体を維持しているイメージがありますね。われわれももちろん理念を大切にしていますが、五百人の規模になると、それは相当に難しいですよね。

鈴木　理念の徹底、共有には、濃淡がありますね。

後藤（強）　綱領問題のときに、理念の希薄化について、もう一度そこをかためなおそうとして、手法などをふくめて大きな失敗を経験したことがあります。だからどのような理念を、どのような手法で一致を図っていけばいいのか、率直に言って、課題を抱えていますよね。

鈴木　綱領問題の後、「多様な価値観の包摂」という意識がわれわれの中に生まれました。同時に、共通した価値観、考え方をどうしたら共有できるか。明確な理念があったとしても、それがどこまで浸透し、共通の財産になっているか。そういう点で、われわれには絶対的なリーダーがいるわけではないものだから、それぞれの力がどう発揮されていくのかが今後のテーマですね。

聴き手追記

ゆたか福祉会は名古屋市内外において多くの事業を展開する団体である。本書で取りあげるわっぱの会やＡＪＵ自立の家が、程度の差はあれ、ゆたか福祉会からの影響を受けていることからわかるように、名古屋市内外において大きな存在感を示している。その理念や事業のあり方は、時には批判の対象となってきた。しかし、批判のなかで相手の姿は単純化されることが多い。そこで、ゆたか福祉会の活動について、関わってきた人たちがいかなる点に重きを置いているのかについて描きたいと考えた。

インタビューのなかでは、「議論」という言葉が多く語られた。ゆたか福祉会の職員の間で「侃々諤々の議論」が行われた。制度をめぐって名古屋市との議論が重ねられることもあった。現在は、他団体からの批判を受けるなかで、ゆたか福祉会なりの答えを提示しようともしている。ここから見出されるのは、ゆたか福祉会の活動が、議論に開かれるなかでつくられてきたということである。「理念」や「事業」だけに還元されない、ゆたか福祉会のもう一つの側面を示すことができたのではないかと思う。

（後藤悠里）

構成者追記

インタビューにはこのほか、両氏の個人史にふみこんだ場面もあり、あるいは他の二団体とのかかわり方について挿話もまじえて話される時間もあった。たとえば後藤氏がゆたか福祉会に入職したのは、大学で「たまたま入ったサークル」が同福祉会の支援にとりくんでいたためで、「真っ白な状態で入っていきますので、サークルの活動領域、考え方によって［その後は］かなり方向づけられちゃいますよね」という回顧。またたとえば鈴木氏が事務局長を務めた全障研の第十一回大会［一九七七年、この時共同作業所全国連絡会（現・きょうされん）――が結成されている旨は秦安雄氏講演録のとおり］に際し、大会開催阻止を訴えた斎藤縣三氏（わっぱの会）の活動とのあいだに生じたできごと。もしかするとこのような述懐を、何かしらの興味、関心をもって受けとめる本書の読み手がいるかもしれない。けれど今回、構成の過程でこれらはわきに措いた。本稿を史料としてではなく、論点の一覧とするべく努めたからである。

すでに第Ⅱ部「シンポジウム」で示されているとおり、われわれははじめ、「労働」をキーワードにして愛知の障害者運動に接近した。これはあまりに壮大な計画である。何となれば、「労働」概念それ自体、十分に我が物としていないから。それでもなお、現に存在する事実から出発し、その事実の解明にふみだそうとして、かならず、活動を続けてきた当の本人に聞（訊・聴）き、かれらの意味世界の粗描を重ねてきた。こうして得られたゆたか福祉会における一九八〇年代以降の照準すべき論点は次のとおりである。

一、障害者が「暮らす」ことは、働くことと同じく「ことさらに語られなければならない」（「シンポジウム」山下幸子氏のコメント）テーマである。ゆたか福祉会は直接には作業所に通う仲間のねがいからそれにとりくみ始めたが、実践はそのまま「暮らす」ことの意味を追究する過程であった。いったい、〝安心して暮らす〟とは何だろうか。重度障害者の生活施設は是か非か。すでにそこに生きる人びとの経験を、今後の議論の起点としたい。

二、事業は真空の中では展開されない。たとえば愛知県設楽町に建設された設楽福祉村キラリンとーぷは、その地域特性を前提に開始され（土地の確保）、かつ地域特性ゆえに変化してきた（高齢者介護事業への移行）。障害者運動は、とりわけその事業実践は、それぞれの「地域」とのかかわりのなかで理解されなければならない。ここで言う地域とは、〝施設から地域へ〟のスローガンで言われる地域とは含意が異なる。考慮すべき個別性としての地域特性について、検討を続けていきたい。（さらに言えばこの〝地域特性〟には時代や人物も含まれる。「シンポジウム」コメントで樫村愛子氏が指摘したとおり、わっぱの会が補助金を得られたのは「本山市政だったからこそとも言えるわけです。」）

三、ゆたか福祉会の活動のみから見出される論点ではないが、三団体がともにあった愛知（名古屋）で障害者が生きること、について考えることもできる。利用契約制度は事業所の選択を可能にしたというが、それ以前から、ここには複数の労働の場があった。しかもそれぞれは成立の過程から一定の緊張関係を保っていた。遠い国の話でなく、ときに激しくぶつかり合いながら、ともに障害者の働く場であったこと。それが愛知（名古屋）で生きる人びと（障害者、ではなく）に何をもたらしたかは、じゅうぶん一考に値する。

（時岡　新）

（インタビュー日二〇一三年十月二十五日、二〇一四年二月十九日・六月二十四日　構成：時岡　新）

注

1　ゆたか福祉会三十周年記念事業の中心課題として一九九九年に策定された「ゆたか福祉会綱領」と、その後の「綱領教育」をめぐる混乱。本文中で鈴木氏が「十年ほど前に不正常な時代を経験し」たと語ったのもこれにあたる。理事会は二〇〇六年、執行上の誤りと責任の所在を明らかにした上で「綱領」を破棄したが、さらに二〇〇七年、「『ゆたか福祉会綱領』及び『綱領教育』についての総括」を確定した。総括全文は『ゆたか福祉会広報』二九三号（二〇〇七年六月十日）に掲載されている。

2 一九六七年八月の全国障害者問題研究会（全障研）結成、同十月の全障研愛知支部結成以後のさまざまな支部活動の過程で設立された関係団体の一つ。文献、資料によって「愛知県障害児の不就学をなくす会」または「愛知不就学をなくす会」と表記される。一九七二年三月結成。初期の活動は、全障研愛知支部事務局サークル（一九七三）「障害者の教育保障をめざす運動（I）――愛知からの報告――」『障害者問題研究』一、四一―一六頁、全国障害者問題研究会、および大泉・藤井・斉藤他（一九七四）「障害者の教育権保障運動についての試論――愛知県障害児の不就学をなくす会のとりくみに学んで――」『障害者問題研究』二、八八―九四頁、に詳しい。全障研愛知支部の活動との関連については、全国障害者問題研究会愛知支部（二〇〇六）『愛知の障害者運動の歴史　一九六六年から二〇〇五年』、同支部発行、を参照のこと。全障研の活動の全体においてみる場合には、荒川智・越野和之＋全障研研究推進委員会編（二〇〇七）『障害者の人権と発達』全国障害者問題研究会出版部発行、を読まれたい。

なお「不就学をなくす会」はその後、一九七四年に「障害児の教育と保育をすすめる会」へと改称、また一九七九年の養護学校義務制実施とともに「学齢児の地域生活」活動にとりくんだ（『愛知の障害者運動の歴史』三三三頁）。

3 希望荘とは、一九六八年六月に開設された名古屋市で最初の精神薄弱者援護施設である。当初六〇名定員、その後九〇名。一九九八年当時までの活動は、名古屋市希望荘開設三十周年記念誌『きぼう』にみることができ、その「資料編」からは入所者の障害の重度化、高齢化、入所期間の長期化等の傾向が知られる。およそ十年後の「平成二十年度　事業概要」（二〇〇八年度）によれば、年度末在籍者は男性四七名、女性三〇名。平均年齢は男性五二・七歳、女性五〇・七歳。在所期間は、二五年以上が総数七七名のうち四八名。本文中にあるとおり、二〇一四年四月から社会福祉法人による管理運営に移行された。

4　コープあいちは、二〇一〇年、愛知県尾張地域で活動する「めいきん生協」（一九六九年設立）と三河地域の「みかわ市民生協」（一九七四年設立）が合併して誕生した。共同購入センター、店舗のほか、デイケアセンターやヘルパーステーションなど一八の福祉事業所をもち、職員数三一九八人（いずれも二〇一四年三月現在）。豊橋市から委託を受け、地域包括支援センター内に地域福祉の相談窓口を設置するなど、福祉分野で特徴的なとりくみを展開している。詳細は、森政広（二〇一二）「コープあいちの取組み報告――福祉の視点で事業を見直す――」『協同組合経営研究誌　にじ』六三七号、一四一―一四九頁、協同組合経営研究所、および朝倉美江（二〇一三）「地域福祉型生協への展望――コープあいちの実践から――」（小木曽・向井・兼子　編『未来を拓く協同の社会システム』日本経済評論社、所収）を参照されたい。

5　名古屋中小企業家同友会は、一九六二年創立、一九七六年より「愛知中小企業家同友会」と名称変更して現在に至る。東京、大阪に次いで全国で三番目に組織された同会は「①経営環境の改善、②経営体質の強化、③組織強化」に重点をおいて中小企業家運動を展開してきたが、その最初期から授産所建設運動にとりくみ、ゆたか福祉会の設立、運営にも大きくかかわってきた。一九六四年、第五回常任理事会で「知的障害者のための授産所建設運動の発起人となる」旨を決定。一九六九年のゆたか共同作業所建設にあたっては「資金の面や、仕事を確保する上で、もっとも力づよい大きな支えとなった」とも言われる［清水・秦　編（一九七五）『ゆたか作業所』ミネルヴァ書房］。

「ゆたか共同作業所建設趣意書」には設立準備委員会代表および発起人の一人として同会の常任理事二人が参加し、代表の今井保氏はゆたか福祉会の初代理事長となった。同会のあゆみについては、愛知中小企業家同友会五〇年史編集委員会　編著（二〇一二）『道なきみちを――愛知中小企業家同友会五〇年史――』同会発行、を参照されたい。

※「ゆたか福祉会のなりたちと現在」本文中の写真は、いずれも『ゆたか福祉会四十周年記念誌　笑顔かがやく明日へ』に添付された「ゆたか福祉会四十周年記念データ集」（CD-ROM）より一部修正の上転載した。

秦　安雄（はた やすお）………一九五五年名古屋大学大学院修了。日本福祉大学、中部学院大学名誉教授。ゆたか福祉会顧問。著書に『障害者の発達と労働』（ミネルヴァ書房）、共著に『ゆたか作業所』（ミネルヴァ書房）ほか。

鈴木清覚（すずき せいかく）………社会福祉法人ゆたか福祉会理事長。一九七二年入職、みのり共同作業所、ゆたか作業所等に勤務、理事・専務理事等の役職を歴任。その他、きょうされん理事長、セルプ協副会長等を務める。

後藤　強（第Ⅱ部参照）

わっぱの会のあゆみ

斎藤縣三

一　わっぱの会の四十年の流れ

1　「共に」を目指して

先ほど、この勉強会で秦さんをお呼びしたと、ゆたか福祉会の話が出ました。わっぱの会はある意味、その実践とは違うものをつくり上げようというのが出発点にありました。というのは、「ゆたか」が、一九六九年に前身である働く場をつくり、七〇年代に今の名前をつけましたが、それは私たちが運動を始めた時期とまったく重なっています。具体的にできた「ゆたか」の共同作業所の中身を何回も見に行きましたし、確かにそれまでの施設とは違う良さがあるということはよくわかりました。ですが、やっぱり施設ではないか、というところが非常に疑問に感じました。

明らかに、職員と仲間たちという、その二分された組織構成。そのなかで、どこまでいっても施設的な体系の中に留まってしまっていました。当時としては本当に、一般的な施設とは違い、働くというところにしっかりととりくもうとしてはいるんだけれど、やっぱり障害者は生徒さんであるというところを乗り越えられない。それが一番の問題点として私たちの目には映りました。なので、いかにそうでないような、要するに、「共に」ということを実態化するのか、「共に働く」というところを追求するのか。そういう意味ではゆたか福祉会のようであってはならないという、反面教師としての勉強にはなりました。

同時にまた、働くということの中身をどうつくるか、というところで、ゆたか福祉会は石鹸づくりやリサイクル事業という展開をしていまして、それこそ刺激になりました。例えば「ゆたか」で言えば洗濯バサミを一番最初に象徴的にやってきていました。ですが、その後洗濯バサミじゃダメなんだといって、せっけんやリサイクルなどへの展開はしたんですけど、それがそれ以上に進まなかった。そこで、いかに仕事をつくりだしていくかという課題を、その時に学ばせてもらいました。

私たちは、「共同体をつくるんだ」、「施設じゃないんだ」ということを言ってきました。だから、「ゆたか」をこうなってはいけないという見本としてきました。当時は、施設・隔離、コロニーの時代でした。一九六五年に政府は社会開発懇談会でコロニーをつくるという方針を打ち出し、翌年、最初のコロニーである国立高崎コロニー〔群馬県〕(注1)ができました。施設はそれまでも少しずつつくられてきており、戦後、日本の障害者福祉といえば施設づくりでした。それが極点までいったのがコロニー建設です。昔、植民地をコロニーと言いましたが、それは、一つの新しい場所・地域をつくって、そこに障害者を集めるというものでした。当時はそれが非常に素晴らしいものと考えられていました。家庭の中で放置されて一切福祉の手が届かない障害者を呼び集め、自然の中、緑豊かな環境の中で、彼らを理解する人たちに囲まれて暮らせば幸せになる、というのがコロニー思想の考え方なのです。そして、名古屋近郊では、一九六八年に春日井コロニーがつくられました。

2　FIWC東海委員会の活動を通じた障害者問題との出会い

私たちは当時［一九六九年］、ワークキャンプ運動(2)に参加していました。ワークキャンプとは、日本語に直せば労働合宿です。社会問題を抱えるところに出かけていき、労働を通じて問題を考え、貢献していこうというものです。私がそれに参加したころ、徐々に成人の知的障害者施設が各地にでき始めてきていました。千人規模の大きなコロニーをつくるだけではなく、五十〜百人程度の規模のものをつくることが始まっていました。そういうところに私たちは出かけて行きました。当時はまだ福祉に回るお金も限られていたこともあり、道を直すとか花壇を整備するとか、素人でもできるような肉体作業によって施設を援助することが大歓迎されました。

その中で春日井コロニーもでき、また整備が十分にされていない時期に私たちは出かけていきました。当然、施設の人々からは歓迎されました。そこで「いいことやってるな」と思っていれば済むだけの話なのですが、我々はやっているうちに疑問に思うようになりました。というのは、どの施設でも、私たちは好きなときに出かけて、一週間か二週間活動したら名古屋に帰ってきます。ところが、その人たち［入所者］はそこに永久にいなくてはなりません。児童施設であれば大人になったら出ていくこともありますが、成人施設ではそこに死ぬまでいるという話になります。お盆と正月くらいは親のところに帰れることがありますが、それ以外はそこにずっといなければなりません。さらに、帰れる家がない人はお盆も正月もなく、ずっと施設にいるという状態だったのです。そのため、私たちの中から、そういうところでお手伝いするということは、施設の人々に「ごくろうさん」「ありがとう」と言われながらも、結局は障害者の隔離収容施設を助けているだけではないか、という反省が出てきました。一番それを感じさせたのは、いつも私たちが帰るとき、そこにいた人たちが、施設の入所者が外に出られないよう設置されたフェンスにへばりついて、私たちが帰っていくところを姿が見えなくなるまで見送ってくれたことです。一週間二週間いると、初めての出会いであっても、私より年上の人でも「お兄ちゃん」「お姉ちゃん」（これはこれで問題！）と、こちらと親しく言葉を交わしてくれます。そういう人たちが見送ってくれる。そのこと自体がまさに隔離収容を象徴することだと思いました。

3 「共同体」へ

そこから、自分たちはどうするのかということになりました。お手伝いをやめて問題が解決するわけではありません。町中にいる人をそういう場所に追いやっている社会があるのです。社会の中に、そういうことをしなくても生きられる場をつくればいいのでは、と思うようになりました。家族だけに責任を負わせて、家族が責任を背負いきれなくなったところで施設に入れるという仕組みですから、それを変えようとしました。結果的に、共同体をつくろうということになっていきました(3)。

なぜ共同体かというと、施設は単に障害者を隔離収容しているだけでなく、そこにいる人間の関係が、「障害者」と「職員」に分かれています。職員はすべて管理者、指導者、つまり刑務所の職員と変わらない要素があります。そういう関係の場所では、いかにその場を良くしようとしても結局は一緒だと考えたのです。つまり、施設がもつ、施設内での人間関係や組織のありようそのものが間違っているということです。では、障害のある人もない人も、どういう関係性で付き合えばいいのか。そう考えたときに出てきたのが、共同体でした。一人ひとりが構成員として認められて、助け合うよう

街頭活動（撮影年不明）

な場です。ヒントになるもの[4]を奈良県で見たことが大きなきっかけとなりました。そこはもともと、宗教上の問題で共同体として生活が営まれていましたが、行政からの依頼を受け、知的障害者を受け入れるようになりました。ですが、他の施設とどこが違ったかというと、もともと共同体として暮らしていたので、入っていく知的障害者の人たちを障害者としてではなく、一人の新しい村民として受け入れるのです。そこで人々が全員同じように働き、同じように暮らすというスタイルを貫いていたところにびっくりしましたし、われわれもこうやってできるんじゃないか、と気付かされました。そこから共同体建設ということを目指すようになりました。

同時に、差別する社会というのがあるからこそ施設が必要になるのだから、差別をなくしていかない限り、自分たちがいくら生きやすいものをつくろうとしてもうまくいかないということで、差別は差別として許さず、それは間違っているということを社会に訴えつつ、自分たちはそれに代わり、生きやすい、施設ではない暮らしの場をつくろうと、「差別と闘い、共同体を建設する」ということを考えました。

先の話に戻ると、ゆたか共同作業所は、それまでの福祉施設とは違い、隔離収容ではなく街の中で通って働くことができる場所でした。障害者の権利を守っていく、というところは大賛成なのですが、職員がいて障害者がいて、という施設としての性質を全く否定せず、むしろ当然のことのように考えています。彼らは障害者のことは「仲間集団」、職員は「職員集団」と、集団を二つに割って関係性をつくっていこうという捉え方で、それは全く理解できないというのが私たちの思いでした。

4　わっぱの会の立ち上げ――生活する場から「働く場」へ

そこで具体的に始めたのが、一九七一年。[5] 後に「わっぱ」という名前を付けるわけです。この「わっぱ」という名前は、輪のようにつながる「輪」の意味と、子どものことを「わっぱ（童）」といいますが、要するに、純な気持ちでつながり合っていこう、ということで付けました。

最初は名無しで「共同生活体」とか「共同作業所」というのをつくっていたのですが、名無しじゃまずいだろうということで名前を付けようとして、いいものが浮かんでこなかったので、公募したのです。「ひまわり」とか花の名前では気持ち悪いといって、残ったのが「わっぱ」でした。なんだかよくわからないけれど、これしかない、これにしよう、とつけましたが、一九八四年にパン屋を始めることになって、『『わっぱ』が作ったパン」ということで「わっぱん」となりました。だからこれは、パンを作るために神が与えた名前だと解釈して、それ以来「わっぱ」という名前を気に入るようになりました。ですが、最初の頃は「『わっぱ』って何だ、気持ち悪い」と言ったりしていました。

さて、具体的に自分たちが共同体をつくるときに、金も技術も何にもありませんでした。とにかくまず暮らしの場をつくらなければ、ということで、一軒家を借りて共同生活を始めました。そこで、

わっぱ共同作業所

「ここで暮らしたい人寄っといで」、「障害をもっている人も寄っといで」と呼びかけましたが、なかなか誰も来ません。当たり前です。若者が集まって「理想の関係の場をつくるんだ」と宣言したところで、誰も信用しません。しかも、一九七〇年代の初めなので、まだまだ若者が集まって何かをすると、「過激派だ」というイメージがありました。公安警察に私たちもずいぶん睨まれましたが、そんな時代ですので、寄ってきません。[6]

一方、障害者にとっての問題は、暮らせないことだけではありませんでした。暮らしの場をつくってから、障害のない人は働きに行くことができ、金を稼いで暮らしを成り立たせていました。[7] ですが、当時生活体に若干名いた障害者は、働きに行こうにも仕事がありません。どこにも行けないのです。その当時障害者が働ける作業所は「ゆたか」しかありませんでした。仕事は全くないのです。そこで、生活の場も大切ですが、生活の場を維持しようと思ったら仕事の場をつくらなければならない、ということに気が付きました。そうしてつくったのが、「わっぱ共同作業所」[8]でした。「ゆたか」が「共同作業所」という名前を付けていたので、それをそのまま真似してつけました。結構長く使いましたけど、早く変えたいと思っていました。ずいぶん前からこの言葉は一切使いませんが。そうして仕事の場をつくったのですが、生活は何とか細々とできても、ちゃんとした仕事がないと、お金になりません。

5　坂本硝子の糾弾

私は当時、坂本硝子［愛知県岩倉市］というところに勤めていました。もらってくるお給料は当時のお金で四万円くらいでした。それを全部生活体に入れて、一緒に暮らすということをやっていました。生活体や共同作業所には、徐々に仕事のない障害者が仕事の場と生活の場を求めて加わり、「わっぱ」の最初の核が、一九七二年から七三年にかけてつくられていきました。さて、そのころ、坂本硝子である問題が出てきました。

私の勤めていた職場は、知的障害者を一六名雇っている小さな町工場でした。高度成長の時代、みんな大企業に行きたがりますので、中小零細企業は人手不足でした。その時、社長が福祉関係者と出会って、障害者に仕事がないということを教えられ、彼らを受け入れて工場をつくっていました。私はそこで指導員的な役割を期待されて入っていきましたが、見ているといろんな問題があります。工場長とか何人かの障害のない人が障害者に暴力を振るう。トイレに行かせないためおしっこをもらしてしまう、休日もいろいろ制約を加えて自由に外出もさせない、など色々なことがありました。これは何とかしなくては、と思いながら結局はできないまま私はクビになってしまいました。その後、そこにいた障害者たちが、そうした状態がひどくなるからなんとかしてほしいと私を頼って来るようになりました。最終的に私は、法務局の人権擁護局にその本人と出かけて行き訴えを起こしました。すると、人権侵害があるという形で新聞にも取り上げられたんです。

でも、結果は全然よくありませんでした。私たちはその会社を働きやすい会社にしたいと思い、会社側と話し合っていたのですが、本人たちを送り込んだ施設や学校の先生たちが、働いていた障害者を全員引き揚げさせてしまいました。そんなところに入れた自分たちの責任になってしまうということでした。結果、工場はつぶれてしまいました。その後障害者が行くところがあればいいのですが、当時は簡単に行くところなんてありません。施設か家庭の中に押し込めるかしかないのに、福祉関係者や教育関係者はそういう選択をしてしまいました。いくら私たちが何を言ってもどうにもなりません。親たちは先生たちに従うので、私たちが「働きやすい場所に新しくつくり直しましょう」と言っても寄ってはきません。法務局の人権擁護局という行政機関は、私たちが訴えてからほぼ一年後に、人権侵害に対する改善勧告を出しましたが、工場そのものが数カ月前につぶれてしまっていました。ですから、人権侵害があったと工場に言っても何の意味もありませんでした。

この事件を通し、行政のやることはそんなものかと痛感しましたが、そこからわっぱの会の活動は転機を迎えました。今ある場のもっているいろいろな差別、それを変えたいけれど、一直線的に非難したり攻撃したり、問題を提起しても、それを柔軟に受け止める社会がない以上、結局問題はうやむやにされて、隠され、あるいは消し去られていきます。だったら、そうならないように自分たちで「こんなふうにできる」というものをしっかりつくらなければならない、と考えるようになりました。[9]

6　土地を求めたハンスト

そこから、頭の中で理想論を言っているだけでは仕方ないんだということになりました。自分たちは、ない金をはたいて狭い場所で身を寄せ合ってやってきましたが、[10] それではみんなが来たくなるような場所には絶対できません。ちゃんとした場所を確保したいと思っていたときに、名古屋市に、「街中に余っている土地を、私たちに使わせてほしい」という申し出をしました。金がほしいとは一切言わないで、「とにかく土地を貸してほしい」、「建物は自分たちでつくりますから」と。ですが、名古屋市は、「任意団体でしかない『わっぱ』という団体に公共財産を貸すことはできません」という一点張りでした。

当時の市長は革新市長といわれる、「福祉と教育の」本山さんでした。そういう人だったら私たちの声をきちんと聞いてくれるのではないか、ということで、市庁舎前でハンガーストライキをやり、市長と話し合いたいという申し出をしました[11]。すると、初めて市長が出てきて、「改めてちゃんと話し合う場をつくります」ということになりました。その上で、結果的には、補助金を出すという形での解決になってしまいました。

ただし、当時、自治体の中でも作業所に対する補助金制度を始めたところは数少ない時代でした[12]。さらに、私たちは単なる作業所助成ではなく、「共同体をつくるためのお金」という性格の制度にしました。障害のある人もない人も共に生き、共に働く場を育てる場への資金援助、という性格でなければ私たちは受け入れられないと強く主張しました。行政は、在宅重度障害者の通所訓練事業としたかったのですが、私たちは「訓練事業などやっていない」と突っぱねました。当時、補助金の対象は私たちだけでしたから、こちらが突っぱねたらいつまでたっても成立しません。結局、市長が援助しろと言ったので、市の幹部も折れ、こちらが望むような仕組みとなり、障害ある人／ない人が共に働き共に生きる、そういう場を育成するための援助となりました。だから全然制約はありません。唯一の制約は「そこに障害者を五人以上含みなさい」というものでした。「障害者」というのが誰のことをいうのかについての規定も、このお金をどう使うかという規定も一切ありません。当時だからこそできた制度だと思いますが、それを勝ち取ったのです。自分たちはそのお金を使わずに、プールして次の発展につなげていった[13]のです。

当時、ゆたか福祉会にはじまったとりくみは日本中に広がっていき、親の会など色々な団体や、社協とか行政も含め、各地に働く場・作業所づくりが進んでいました。わっぱの会がそことは違ったのは、「共同体」という精神が最初からあり、あくまで障害のある人もない人も「共に」であり、職員がいて、障害者が通ってきて訓練をする作業所とは違うんだ、というのが大きな違いとして最初からありました。そしてそれが今日までの展開につながっている、といえると思います。

7 自前の事業をつくる

そうして得たお金で、初めて自前の仕事場をつくりました[14]が、仕事自体が下請けの作業中心では、働いても働いても金にはなりません。障害者が集まっているからではなく、誰がやったってお金にはならないのです。例えば、私が根を詰めてやっても一時間二、三百円にしかならない仕事で、ましてや手が不自由であったりすれば、もっと稼げません。ちゃんとした仕事をつくり出さない限りは、いかに共に働く場をつくるといったって、かけ声だけになってしまいます。そこから生み出されたのが、一九八四年に始まる、「わっぱん」というパン作りです[15]。

わっぱの会が社会の中に生み出したものはいくつかありますけれど、一番大きなものがパン作りだったと思います。それまで全国どこへ行っても、障害者の関わっているパン屋さんはありませんでした。ごく一部の施設で、職員や親が食べるパンを作っているところはありましたが、初めて一般市

「ベーカリーハウスわっぱん」滝子店オープン

場の中で、市民を相手にして、仕事として、商売としてパンを作ることにとりくんだのは、わっぱの会が初めてです。

もちろん、「わっぱ」だけが広める役割を果たしたわけではありません。それ以後、少し遅れて西の方でも東の方でもそういう場所が生まれてきましたので、時代がそれをつくり出したのかなとも思います。それでも、先鞭をつけたことに間違いはありません。瞬く間に、［障害者就労の世界には］パン屋さんやお菓子屋さん、クッキー屋さんといったものが増え、いまや定番になっています。でも、数はたくさんあっても、わっぱの会と何が違うのかというと、それを仕事としてやろうとしているかどうかです。他のところでは施設の授産科目、作業科目とするところが大半です。ですから、朝はゆっくりスタートし、朝九時から一六時までという枠の中で作業をするのです。そんなものでは仕事にはなりません。特に、パン屋さんというのは朝早くからパンを焼き、お客さんに買ってもらうのです。それができなければ、毎日毎日作ったものを売らないことには、商売にはならないのです。そういうサイクルを作り、仕事としてやらなければ、障害者がいようといまいと話にはなりません。

わっぱの会は「パン屋さん」をやるという形でスタートし、成功するところは、そういうふうにやるから成功するのです。私の知っているパン屋さんで、極端なところでは、夜中の二時からパンを作っているところもあります。規模が大きいので、そこまでやらないと顧客の需要に追い付かないのだと思います。わっぱはそこまでいかず、早くても午前五時、六時スタートで済んでいますが。

以上のように、「わっぱん」を始めることで、わっぱの会のあり方も大きく変わってきました。いかに理念として「共に生き共に働く」と言い、みんなが対等に関わろうとしても、お金も稼げず、仕事も成り立たず、結果的にカンパや外で働いている人に頼らざるを得なかったのが、製パン事業を始めることで、みんながそれぞれ持っている力を出し合って稼いでいく、みんなで経済的に自立していくという道が開かれていったのです。(16)

8　社会福祉法人への道

一九八〇年代、自前の事業をつくることを目指すと同時に、社会福祉法人格の取得も目指すことにしました。というのも、当時、会には開所当初とは違って障害者の割合が増えていました。そこでどれだけよい仕事をつくっても、売り上げをみんなで割れば、社会の中では少ない額しか稼げないということは明らかです。それを埋め合わせるには、行政から「ある程度まとまった補助金をとっていかなければ」と考えました。(17) 市との以前の交渉時には独自の制度（心身障害者共同生活・共同作業事業補助金）をつくらせることになりましたが、それは微々たる増え方しかしていません。まとまった額を得ようとすると、今ある制度を利用しなければなりません。

しかし、「会の」初期だったら、制度を利用しようとするとそこに飲み込まれることになってし

ワークショップすずらん

まったでしょう。当時は福祉法人化するということは施設をつくるということです。「施設はだめだ」というところから始めたのに、福祉施設をつくったら、最初の理念とは違ってしまう、ということが十分に考えられます。

ただし、すでにその時、十数年の歴史や実績がありました。そのため、「仮に福祉法人化しても、実態は変えずに制度は制度として利用すればいいんだ」というふうに開き直って考えることができました[18]。

ですが、役所側には、今まで施設に反対していたわっぱの会が施設をつくると言い出したことを怪しまれまして、なかなか順調にはいかず、ずいぶん時間がかかりました[19]。われわれとしては、制度は制度としてとどめて、実態は実態として、自分たちが共同体として目指したものをそのまま貫いていこうと思いました。結果的には、それは大きく成功したと思います。ですから、現在も全国のどこの施設とも違う独自の形態を大切に保ち続けています。しかしながら、それではすべて良しかというと全然そうではありません。やはり福祉施設をつくったということは、周りからもそういう目で見られたりします。それに、実際に自分たちの中でも、自分たちで仕事のしっかりした中身をつくっていく前に行政の金を目当てにしまう、目当てにしようと思わなくてもお金がついてくる、ということが、非常に問題だと思っています。

9 障害者を市政へ

以上、「わっぱん」作りと法人化という二つの大きな展開をすることによって、わっぱの会の大きな転換が生まれていきました。その一つが、「障害者を市政へ」という展開です。自分たちの働く場、生活の場をつくるということだけではなく、「社会と闘い、社会を変えていく」という思いを実現していくには、広がりのある展開をしなくてはならないということで、障害者議員を市政に送り込もうということでした。障害者団体というのは、一貫して行政にお願いする立場、行政に要求する立場でしかなかったからです。自分たちもそうしてきましたし、それでは世の中は変わっていかないだろうという思いがありました。また、二十年近くわっぱの会をやってきて、少しずつ力もつき余裕も出てきたということもあったのです[20]。一九九〇年、名古屋市議会議員に「わっぱ」の斎藤亮人《まこと》氏を擁立するために「まことと共に名古屋を変える仲間たち」を結成しました。運よく、六月に補欠選挙がありました。これは当時の市議会の議長がロサンゼルス空港で万引きをやって捕まったことによって補欠選挙となり、市会議員に当選することができました[21]。

それから二〇年。ちょうど支援費制度や障害者自立支援法という大きな時代の転換のときに、市会議員の中に障害当事者がいることで、名古屋市は全然違いました。われわれ障害者団体から要求をすると、行政は「難しい」とか「無理だ」といつもはねつけます。ですが、議会の議員さんが言うと、そういうわけにはいかないんです。行政というのは一貫して、議員にはご機嫌をうかがって、市民には冷たく接するというのが大体のところですから。市民と議員とで手を組み交渉を頻繁に行って、結果、この流れの中で、今までの介助のあり方ではだめだから、しっかりとやっていこうという話になりました。行政もその気になって、全国でも介助保障はトップクラスの自治体になりました。名古屋市が障害者福祉で抜きん出ることは今までほとんどありませんでしたが、それが変わったのです。

例えば、国の制度では障害児・者の通学や施設への通所［ガイドヘルプ］を、単発では認めるけれど継続では認めないという方針を採っています。各地の自治体もそれに沿っているのがほとんどです。ですが、名古屋市では、市独自でそれを認める制度ができました。毎日通うことが大切なことなので、一時的な介助保障では、毎日の生活は成り立ちません。それを名古屋市は認めて、通所、通学している限りずっと介助保障を使えるということが実現しています。

二〇年前の私たちの、障害者議員をつくろうという動きが、ようやく二十一世紀になって具体的に実を結んだのかなと思っています。

10　就労援助事業とヘルパー派遣事業への着手

そして、もう一つは「障害者就労援助センター」や「生活援助ネットワーク」をつくる、ということです。障害者就労援助センターは、一般の企業に障害者が勤める、就職できるように応援していくものです。働きたいという障害者の希望に応じて、いろいろなところに勤められるように応援していきます。生活援助ネットワークとは、地域で生活するにあたって必要な介助をいつでも提供できるような仕組みをつくっていこうということでした(22)。

どちらの仕組みも、これまでのわっぱの「働く場をつくる、生活の場をつくる」というのとは違って、社会の中に広がりのある活動を進めていこうということでした。

同時に、働く場や生活の場もどんどん広がっていきました。働く場においては、パン作りだけではなく、農業[23]やリサイクル[24]といった業種の広がりも生まれていき、二十一世紀の初頭には、現在の「わっぱ」の骨格が整ったといえるでしょう[25]。

二　わっぱの会の現在

1　現在のわっぱの会のとりくみ

現在、わっぱの会で働いている人、生活している人は約一八〇名〔二〇一一年時点〕です。障害のある人はそのうち半数を超えますが、その他、就労援助機関を経て一般就労に送り出された障害者は何百人といますし、生活援助ネットワークで介助を受けている人もいます。こうして、会の事業は大きく四つの事業に分かれています。

まず、共に働く場、これを「共働事業所」と呼んでいます。「事業所」というのは、「作業所」ではなくて、ちゃんとした事業として経済的に自立できるところとしてやっていくためです。この言葉は九〇年代の初めくらいから使い出しました。

次に、一緒に暮らす場、「共同生活体」です。障害者だけを集めて暮らす、いわゆるグループホームやケアホームではなく、障害があってもなくても共同の暮らしを求める人が暮らせる場所という位置付けです。介助が必要な人には、当会の生活援助ネットワークが介助者を派遣しています。生活の場にいる障害のある人とない人は、一緒に暮らしあう共同生活者です。

そして、三つ目が就労援助で、現在二つの機関が生まれています[26]。一つは、職業訓練校としてのなごや職業開拓校です。一年か二年間通学し、その間は国から手当をもらって、卒業したら就職するというものです。もう一つは、なごや障害者就業・生活支援センターです。職業安定所では、昔に比べてずいぶん前向きにはなりましたが、すべての障害者に対応できる状態ではありません。仕事を求める障害者に、職安に代わって随時登録してもらい、就職先を見つけていくのです。随時、一般企業の中で実習先を開拓し、就職につなげていくという活動です。

四つ目が、介助や相談事業です。一つは、介助派遣事業所としての生活援助ネットワークです。家事、援助などの介助を地域で暮らす障害者の求めに応じて介助者派遣を行います。障害者自立支援法（現・障害者総合支援法）の範囲に含まれない介助も自主的に担っています。また、「共同生活対応援機構」として、生活体で暮らすメンバーの、金銭、健康、余暇など生活面全般の応援も行っています。もう一つが相談支援センターです。地域で暮らす障害者の様々な生活面の課題に応える活動です。あわせて、障害者支援区分認定調査や、サービス利用計画の策定なども担い、限られた社会資源の中で悪戦苦闘です。

以上の大きく分けて四つの事業があって、今のわっぱの会は成り立っています。

2　次世代に向けた動き

（一）高齢化問題への対策

わっぱの会が始まってから四〇年がたちます。人が一気に増えてきたのは八〇年代以降ですが、それから二五年たって、そうした人も、高齢化の問題がより明確になってきています。

ただ、「高齢者向けの施設をつくった」「ゆたか」とうちが違うところは、「ゆたか」は、みんなが通ってくる働く場をつくるというところしかなかったのに対して、「わっぱ」の場合は初めから共同生活をするということがもう一方の軸としてずっとありました。そういうスタイルを貫き通すのがどこまでやれるのかが問題だとは思っています。加齢とともに、働くという比重が弱まり、働くということがしんどくなってきている人たち。中には癌になったり、脳卒中を起こしたりとか、そういう人が四十代くらいから出てきます。障害自体が重度化するのは当然のこと、知的障害の人に身体障害が生じて重複障害になっていくなどもあり、もともと働くことに困難を強いられている人たちが、さらなる困難をかぶせられている状態、つまり、高齢者問題と障害者問題が一緒に合わさってくるような状況があります。

そのため、そういう人たちの暮らしをどうつくっていくかということが求められてきます。それこそ、まとめて施設をつくってボーンといけば、管理的には楽ですが、それでは自分たちの目指した方向とは全く逆行するわけです。地域での暮らしをどう守り続けるかへの答えをこれから出していかなければなりません。

わっぱの会は、二〇一一年ぐらいから、高齢の人の昼間の生活の場を考えていかなければということになりました。これまでわっぱの会の働く場は、仕事をしてしっかり稼ごうというのが柱にありました。しかし、それが難しい方々も生まれてくるなかで、その過ごし方をどうつくるか、具体的に始めましょうということになり、ずっとこの間準備をしてきています。ですが、なかなか場所が決まりませんでした。当然我々は街の中でやりたいと探したのですが、改めて、いろんな意味の難しさがありました。

一つは、改めて障害者差別を実感させられる出来事がありました。一軒、「場所が」決まりかけたところがあって、ビルの一階二階を借りようとしたわけですけど、三階以上は一般のテナントが入っていました。大家は、「私は差別も偏見もありませんけど、一般の方にはそういうのもまだまだありますから、そういうところでトラブルが起きては困るので」と言います。要するに、トラブルが起きないように障害者を「管理」しろ、と言いたいわけです。他にも、そのビルは九階まであるので、一般の方の利用を妨げることがあってはいけないので、障害者だけでエレベーターを使うな、というような言い方をしてきました。「それでは二階に上がれなくなるじゃないですか」と言ったところ、「それでは必ず職員がついてエレベーターを使ってください」と言う。また、すぐ前には道路が走っていて、事故があったら大変だから、障害者が飛び出さないように鍵をかけてください、とか、むちゃくちゃなことばかり言ってくる。こちらとしては他の場所から比較的近い場所で、使いやすい所だったのですが、断ってしまいました。

その次はずっと空いていた物件であり、前のような露骨な差別をされることのないよう、初めからしっかりとこちらのやりたいことやどういう作業をするかをしっかり説明したのですが、理由を一切言わずに、貸しませんと。おそらく、障害者が使うからでしょう。そこは二階以上がマンションになっていて、みなさん入るわけですよね。最初、マンションの自転車置き場を使われると混雑するから、別に確保してくれますか、とは言われていました。こちらも、生活している方たちの生活を乱すつもりは全然ありませんから、配慮しますよ、という話をしていました。そして、こちらの説明も文書に全部まとめ終えて出したんです。そうしたら、その後、質問もしてこない。とにかくだめです、というようなことで。不動産屋さんに、どうして貸してくれないんだと言いましたが、私らにもその理由を言ってくれないんです。

世の中は、障害者が利用するということには抵抗があります。グループホームなどをつくるときには反対運動がまだあちこちにありますし、私たちのように、生活するのではない場所をつくるのですら、まだそういうのが根強くあるのかなと改めて感じました。最初の話のところも、最初は、是非福祉に使ってもらいたいというふうに言ってたんですね。二番目のところも、最初は、福祉のことだったらいいです、というような話だったんですけれど。どうも最初のところは、高齢者デイサービスだったらいいと思っていたらしく、それが、障害者だったら色々大変なことがあるんじゃないか、ということだったようですね。

それはともかく、そういう場所を借りて、何をやるのかも問題です。いかに、地域との交流をしながら障害者がそこで過ごせる場にするかということを考えていかなければいけないと思っています。「地域で共に」ということでやってきているので、人との関わりがなければ、山の中でも、街の中でも、じっと固まってつくるという点では同じですから。それから生活の面で、日中の過ごす場になるわけですから、夜も含めた暮らしの場をどうつくっていくかっていうことで考えています。

これまでわっぱの会はずっと街の中に住宅を確保し続けてきて、名古屋市内だけでも一四カ所共同住居をもっています。少なくて二人、多い所で一〇人くらい障害者が暮らしていて、全体で五〇名を超える方たちがいます。それぞれの場で、加齢や障害の重度化の問題で介助の手がどんどん必要となっていくばっかりです。そのとき、分散しているとものすごく手がたくさんかかるわけですよね。だからその意味ではまとめて施設をつくってしまったほうが楽だっていうのはすごくよくわかるんですよ。だけどそれはしない。それを否定してやってきているわけですから。いかに地域の中で暮らし続ける場所を確保していくかっていうのが課題なんです。

さらに、これもまた一つの課題ですけど、今でもそれぞれの住居、そういう少人数の暮らしの場でなかなか障害のある人とない人とが暮らすという場にはなっていません。何人かは障害のない人もそこに居住していますが、主には障害のある人が暮らしている、そういう人たちばかりの住居も多いので。そういうのは当初の思いとはやっぱりずれているわけですよね。

最近新しくつくった生活体は四階建ての建物で、一階は事務所で二階からは住居になっています。そこには若い子連れの夫婦が一緒に生活していて、あとは障害者が何人かと暮らしています。せいぜい、そういう街中の建物、小さい建物なりマンションを借りるとなればそういうスタイルの暮らししかできないかなということで、もう少し規模の大きな何かをうまくつくれないのかなということは今考えています。グループホームみたいなものをつくるというのではなく、障害のある人もない人もいろんな人が住める共同住居みたいなね、そういうものを何か展望できないのかなと。それが、規模が大きくなって障害者ばっかり集まっていたら結局施設になってしまう。だからそうでなく、普通のマンションに、障害のある人もいれば障害のない人もいる。で、こうして暮らしているような。で、自分たちで何か中身を考えられるんだったら、そういう共同の生活スタイルみたいなのができるような共同空間を中にいっぱい用意して。そういうような住まい方をしたいなと思っています。

(二) 高齢化と家族

「わっぱ」は、若いときから親から離れて地域の中で共同生活をしましょうと呼びかけをずっとしてきています。一方、親が若いうちは反応がなくても、親が高齢化してくると、自分たちが抱え込むことはできなくなるため、最近、共同生活体に入りたいという声が急速に増えています。

ただ、そこで問題になってくるのは、親が本人を抱え込むなかで本人の年金などを全部握ってしまっている場合です。今、それを「わっぱ」の力で、本人のものにしようとしています。本人のために貯金されるなどしていれば問題ないのですが、親が使ってしまったり、親の都合で処理されていたりします。それに対して、「わっぱ」が管理者になることで、そのお金が全額本人のもとに返って、本人の下で使われるようになります。

親も、子どもが小さいうちは当然一緒に暮らしていて、生活の面倒を見ています。そこから、子の年金や手当は家族の生活費だ、という意識は当然生まれると思います。しかし、子どもが独立すれば当然子どものお金なんだから子どもが持っているのは当たり前です。例えば北欧では、どの子も一八歳になると独立して生活します。それができる所得保障、年金制度があります。

障害者のお金について、これまで「わっぱ」はずいぶん曖昧にしてきました。初期に加わった人たちの場合は、年金なども全て「わっぱ」で管理するというスタイルでやっていました。しかし、通いで来ていた人たちがわっぱの会に加わるときに、生活は「わっぱ」でやるけれど、お金は親が管理したままといったことがいくつも事例としてあったのです。働いて、それがその人の生活に返ってこなかったら、お金を得る意味はありません。それを長く認めすぎたというのがあって、その悪弊が今すごく残っています。

そして、本人のお金が守られる仕組みを現在「わっぱ」の中でつくっています。「年金・分配金管理機構」というのですが、本人と、立会人としての親・家族とわっぱの会の間で契約をして、その金銭管理をわっぱの会に委託する、という契約を結ぶのです。もちろん自分で管理できる方は自分で管理していけばいいのです。

普通、障害者は施設などではわずかな工賃しかもらえない場合は、年金から生活費をまかわねばなりません。ところが、たくさん分配金が出るとすれば、親が高齢化して親の収入自体が減ってくると、逆に子どもの年金や分配金が親の暮らしにとって欠かすことのできないものになります。親のために分配金を出してるような話になってきてしまいかねません。そうならないためにも、親と子は別だというのを徹底していかないといけません。

ただ、現行の制度は往々にして、年金の使い方は親に託され、親が面倒を見るという構造になっています。あくまで障害者本人が自分で生きていくという前提に立ったら、お金は完全に本人のところに行かなければなりません。ですが、そうなっていないから、お金の使い方が問題化されないのです。問題化しないことこそ問題です。親もなんとなく親と子は一体だというように自分たちを正当化しているのだと思いますが、それではいけません。

他に、「社団法人わっぱ住宅生活扶助会」という組織をつくりました。老後の住宅問題対策として、できる限り自前のバリアフリーの建物を増やしていくため、四〇歳以上の障害者に一人月額二万五〇〇〇円ずつ、扶助会の会費として出してもらうことを提案しています。一応、二〇一四年の一月からスタートさせようとしていますが、家族の理解も得なくてはなりません。あくまで本人の分配金の中から将来のために共同でプールしようという提案ですが、親からは「本当にちゃんとお金をそれに使ってくれるのか」とか、「会員にならない人はどうするのか」とか、「会員になったら優先的にちゃんと住宅に入れてくれるのか」と、不安や心配の声が寄せられます。高齢になっても困らない安心の住宅をつくるということで共感を得ることができました。

（三）次世代の育成

さて、若手についていえば、「わっぱ」の場合は四十代から五十代前半くらいの方は少なく、三十代の方は結構います。そのため、世代交代ということでは、今の五十代、六十代の人から四十代以前の人にどうバトンタッチしていくかということだと思っています。あと、さらにそれより若い人にも参加してもらえる仕組みをどうつくるかです。

わっぱの会は、一九八〇年代中期くらいまでは経済的には厳しい時代が長く続き、そのころはなかなか人が来ませんでした。よほど「「わっぱ」の」考え方に惹かれた、というような人しか来ませんから、その時期に参加した人はある意味しっかりとしたものを持っていて全然問題はありません。ですが、一九八〇年代中期以降、「わっぱ」にくるとある程度お金がもらえるということになり、人が増え始めていくようになるなか、その人たちにどの程度目的意識や理念の理解があるのかということは問われてきます。ある程度年月を重ねて継続してやれている人たちは、共感があるから続けられているということだと思います。とはいえ、二年、三年たつうちに、関心のない人たちは自然と振り分けられていきますけどね。ですから、八〇年代以降経済状況が良くなってきて、それから九〇年代の後半くらいから二十一世紀に入って、就職難の時代がきたので、それはわっぱの会にとっては追い風になっています。うちみたいなところでも目を向けてくる人が出てくるのですから。

わっぱの会では「わっぱ連絡会議(27)」を月に一度、その他いろんな委員会で会議を開いています。以前はそれこそ仕事優先で、終わってから七時、八時以降に会議をやっていましたが、それではなかなか参加者が来ません。三十代くらいでは子連れの人も多いので、なかなか難しいわけです。ですから、今は会議もできるだけ夕方にするよう改め、遅い時間にはやらないようにしています。そのため、やる気のある人は結構参加をしています。今は委員会[28]を設けて、多くの人にどこかの委員会に入ってもらって、会の運営に参画するようにしています。そこに誰も来ないということはありませんし、四十代前の人も参加しています。

四十代前の人など、若い人に特に伝えたいことは、今、障害者に対する差別がなかなか意識されなくなってきています。ですが、基本的な構図は何も変わってきていません。差別をなくすということと、「共に生き、共に働く」ということは本質的に一つであるということを、それぞれがどこまで捉えているかです。わっぱの会の共働や分配金という考え方が、どこまで今の若い世代に定着していくのかというところは大きな問題だと思います。

やはり、どこまでいっても、自分の何分の一くらいしか仕事してないのに、自分よりたくさん分配金もらって。あほらしくてやっとれん、というような感覚は残っていくと思います。ですが、あくまでわっぱの会はそうした能力や資格では評価をしない、業績も評価しない、ということは徹底しています。それに対する共感がどれくらい維持できるのかということです。頑張って成果を上げた人にたくさん出していいのでは、というのが常識としてあります。ですが、障害者はそうやって差別されてきたのだ、ということをしっかりと意識して、だからみんなで分け合いましょうと言ってやってきたのです。ただ、これは障害者に限らず誰とでもそうなのですが、今度は、障害があるなら許せるが、障害者でない奴は許せない、といった意識もちょっと出てきたりなど、なかなか難しいところです。

3 国際的な広がり

(一) アジアの団体との交流

私たちは日本社会の中で「共に生き、共に働く」場を一貫してつくってきましたが、海外ではどうなっているのかについては目を向けていませんでした。しかしながら、事業が安定してきた九〇年以降、われわれのとりくみにも余裕が出てきたため、全国組織である共同連を通して、アジアのネットワークづくりを始めました。

最初は、すぐ隣の韓国と交流しようということになりました。このきっかけは、一九八一年の国際障害者年に引き続く「国連・障害者の十年」(一九八三年~一九九二年)と、その後の「アジア太平洋障害者の十年」(一九九三年~二〇〇二年)です。しかし、その中身をみていると、障害者も関わっていましたが、結局は政府同士のつながりでした。とりわけ日本は、アジアの最大の先進国で福祉についても先進国であり、自分たちがアジアの遅れた国を指導するんだという姿勢が色濃くありました。それに対して私たちは「はたしてそういうことでいいのか」と、「そんなものではないのではないか」と思いました。それぞれの国の障害者を中心とした、草の根の交流があって初めて国際交流は意味があるのではないかと考え、まずお隣の国の韓国と手をつなごうと出かけていき、そこで見つけたグループ(29)と一六年の交流をしてきました。そして、「人権を守る」、「差別を許さない」といったことを共通のテーマとして交流の輪を広げ、フィリピンや中国にも広がってきました。

(二) イタリアの社会的協同組合との出会い

さて、こうして国際交流を続けるなか、とりわけイタリア社会的協同組合との出会いは、私たちの運動の大きな転機となりました。

国際交流を通して、私たちはヨーロッパに「社会的協同組合」というものがあることを知りました。協同組合というのは日本にもありますが、例えば生協や農協といっても「商業資本とどう違う」、「農家を収奪している機関では」くらいにしか思っていませんでした。しかし、社会的協同組合というのはどこか違う、障害者にとってそこはすごく働きやすいらしい、という話が伝わってきました。そのため、イタリアに三回ほど行きました。そこで、素晴らしい仕組みがあるんだなと思いました。

日本と何が違うかというと、障害のある人もない人もみんな対等な組合員として、それぞれがお金を出し合って組合をつくり運営し、仕事をしていくという基本的な関係がありました。そして、働いた成果は当然みんなで対等に分け合い、組合員として、みんなが給料を受け取るという仕組みがありました。国にはそれを支援する法律がありました。組合自体は二〇人から三〇人くらいの規模のものが多く、うち一〇人くらいがハンディをもった人という構成になっていますが、そこを支えていくための、「コンソーシアム」というネットワークがたくさんあり、ちゃんと事業として成り立つ仕事を取る、といったことをするのです。人材を育成するための仕事や、一つの組合ではできないような仕事を、「コンソーシアム」という連携の中で実現していく。そこで、われわれがやろうとしていたこともそういうことではないか、と思うようになったのです。

「障害のある人もない人も共に働く」ということを言ってきたものの、日本の福祉のような仕組みではそれは実現しないので、イタリアのような仕組みをつくらなければなりません。さらにイタリアを見て、「こうであらねば」と思わされたのが、「ハンディのある人」が決して日本でいう三障害（身体・知的・精神）に限らないということでした。障害者以外にも働けない事情をもっている人がいます。日本にもたくさん増えてきていますけれど、社会的に不適応を起こしている若者たち、薬物依存やアルコール依存の人たち、罪を犯してしまった人たちなどです。そういう人たちを同じく、ハンディのある人たちとして受け入れていく仕組みなのです。私たちの求めているものも、決して障害のある人とない人たちだけが一緒に働くというものではなく、共に働く場を必要とする人たち全てが働ける場であるべきだ、というのはずっと思いとしてありました。そのため、それこそが自分たちの目指す方向だと思い、現在、「社会的事業所」を目指していこうと活動をしています。(30)

三　わっぱの会の特徴

1　労働観と当事者観について

『さようならＣＰ』という、青い芝の会神奈川県連合会の人たちの姿を撮った映画があります。ちょうど一九七〇年、私たちの会ができたときにそれを知り、大変共鳴して、名古屋で何回も上映活動をやりました。その当時、横塚晃一さんや横田弘さん、小山正義さんなど、神奈川「青い芝」の人たちにその都度来て話をしてもらったり、いろいろ交流したりもしました。神奈川の「青い芝」に共鳴したのは、彼らの主張だけではなく、彼らがもともと「マハ・ラバ村(31)」という共同生活から出発して、その中で一つの考え方をしっかりとつくり上げ、それを再び神奈川の街の中で運動として展開していったというところです。私もまた、共同の場をつくることのなかで運動をつくり出していきましたので、そんなところにすごく親近感を感じ、親しく交流できたと思います。

ただ、青い芝の会の運動の労働観とはどうしても相容れないところがありました。「青い芝」だけではないのですが、労働否定というか、今までの社会の労働は［障害者にとっては］差別そのものなんだということです。だったら、労働そのものが差別とならないような「労働」をつくればいいではないか、そうせずに批判や告発ばかりしていても何も世の中は変わらないと思っていました。そのため、その後青い芝の会は「全障連」［全国障害者解放運動連絡会議］結成に参加していきましたが、私たちは全障連には入りませんでした。誘われはしましたが。全障連の考え方の中でも、「差別を告発し、障害者の解放を実現する」ということ自体は私たちも全く同じ位置に立っており大賛成でしたけれども、障害者に対するとらえ方というのが違いました。

私たちは、どこまで行っても「共に」なんです。「障害のある人もない人も共に」ということです。それに対して彼らは、「障害者が」、いわゆる当事者という言葉がありますけれど、障害者運動イコール障害当事者の運動、という使い方をするんですね。ですが、もともと「当事者」というのは「それに当たる主体」ということなので、社会の問題について、色々な当事者がいるわけです。だから、障害者だけが当事者ではありません。障害者問題一つ考えてみても、障害者問題というのは社会の問題であって、「障害者に属する問題」ではありません。障害者問題に関わる人の当事者性には、それぞれに応じた当事者性があるはずなのに、その当時はそういう言葉［当事者］は一切使われていませんでしたが、障害者だけという考え方は最初から存在していました。

もう一つ労働について言えば、差別なく働くということは、社会の中で働くことなので、一般企業の中で障害者も働かなければならないんだ、という考え方がありました。作業所というのは全て差別だ、という考え方はおかしいのではないかと思いました。社会そのものに差別があって、働けない、一般企業にいけない、というのは社会そのものの差別に根本的に根差しています。みんな一般企業で働かなければいけないといっても、一般企業自体が差別の固まりなのです。そのため、それに代わる働く場をつくらねば、結局、重度障害者は排除されたままで終わりではないか、と思いました。全障連ではその後、第三回か四回くらいからそういう部会［解放作業所部会］を別個につくるようになりました。その運営は私たちがやってきたという歴史があり、全障連の東海ブロックをつくるときには、東海地方のいろいろなグループでやってきました。ですから、われわれは完全に全障連と離れているわけではなく、つかず離れずというような位置でした。ただし、養護学校義務化反対というところでは思いを同じくし、東海ブロックでいろんなとりくみをしました。

2 差別の糾弾活動

七〇年代は、ちょうど同時期にはじまった青い芝の会や、府中療育センターの障害者自身の闘いというものからも大変触発されたことで、われわれは、「共に」や「共働」と言いつつ、そこには「差別を許さない」という視点がなくてはだめだと考えています。そのため、先述の坂本硝子の告発だけではなく、例えば、『ピノキオ』という童話の差別の告発も行いました。最初に気付いたのは私ではないのですが、わっぱの会がなければこの運動はなかったと思います。

一人のお父さんが童話を読んで「これは障害者への差別では」と訴え、私のところに持ってきて、その後問題提起をしました。ただし、活動の中で趣旨が捻じ曲げられていき、言葉狩りだと言われてしまいました。運動の中でも、単に「びっこ」や「めくら」という言葉を問題とする勢力が非常に力をもっており、なかなか主張は広まりませんでした。ですが、本当は文化の問題として、つまり、『ピノキオ』という童話が根本的に障害者に対する差別性をもち、その上でピノキオの頑張りを称える[32]というところを一番の問題にすべきで、現代の子どもたちの童話が、そのような差別性に則った童話ではなく、差別をなくしていくという方向をもつものを作っていくべきだという問題提起をしたのです。ですが、これは文学者の間でもすぐには浸透しませんでした。

3　会の事業と他団体との関わり

ところで、他団体との関わりという点について言えば、「わっぱ」のパンや農作物の売り先はみんな安全な商品を扱うところです。生協でいえば愛知生協とか、生活クラブ生協とかと付き合っています。生協じゃなくても、共同販売や共同購入組織とか、自然食品系の店とかに売っているので、安全な食を求める運動とのパイプは大きいです。

あと、食品の問題で言えば、中部の「遺伝子操作の食品を考える会」があります。これはいろんな消費者団体や生協、業者が集まってつくっていて、わっぱの会もその会に参加しています。

他にも、リサイクルの事業を始めるときには「中部リサイクル市民の会」と色々つきあいをもっていました。例えば、事業を始めた当初は、リサイクル市民の会から手伝いに来てもらっていました。

このように、いろんな団体と、課題に応じて連携することは吝かではありません。八〇年代には、名古屋の市民運動が集まる「民衆ひろば」も積極的に担っていました。

四　わっぱの会のこれから

時代は国際障害者年から地域福祉の時代となり、われわれが「共に」といってきた言葉がようやく社会全体の中でも共通のものになっていったと思います。しかしながら、依然、施設は何一つ減っているわけではありません。施設や病院はまだたくさんあります。二十一世紀になり、ようやく「施設解体」という言葉も言われるようになりましたが、それは部分的な話に留まっています。「地域で生きる」、その地域も差別的な地域ではなく、共に生きるための地域へと変える試みは、まだまだ始まったばかりだという気がしています。

わっぱの会自体、積み重ねの上で四〇年たって、私自身も身障手帳を取り、くたびれてきているのが正直なところですが、わっぱの会には、今、若い世代の人たちも大勢加わってきています。会は障害者も含め老朽化しているところはありますが、人と人とがお互いに関わりあう、私たちの目指した「共に」という共同体は、ますますこの社会に必要だと思っています。「無縁社会」というように、近年、個々人がバラバラとなっていることが問題化されています。そういうところにこそ、この「共同体」という意味が、障害者を超えて色々な人に必要だと思っているので、わっぱの会の役割はこれからますますあるのではないかと思っています。

障害者の制度でも、例えば障害者自立支援法は、個人を強調し、個に責任を全部かぶせていこうというものです。私は、そうでなく、むしろこれから問われるのは共生・共働であり、障害のある人たちを中心とした共同の時代をつくることが必要ではないかと思っています。私は、自己責任ということと契約の時代とは非常に強くつながっていると思いますので、それについても今後しっかりと批判的に情報を発信していかなければならないと思います。わっぱの会の最大の弱点は、情報発信力のなさです。運動はしっかりと色々なことをやってきましたが、ほとんど発信はできてこなかったと思っています。四〇年を区切りとして、心を入れ替えてしっかりと情報発信していきたいと思っています。四〇年たって、わっぱの会の運動は全然行き詰まってはいません。目指すべき理念とか方向とかがしっかりあれば、それに向かってしっかり進まなければいけないのだから、当然それに向かうためのアイディアも必要になるわけです。そこがやっぱり見えないと、何もわいてこないですよね。

ただし、わっぱの会は無限に拡大はできないし、その力に応じて広げることしかできません。わっぱの会だけでできることは知れていますから、いろんな団体と協力し合っていくしかありません。わっぱの会も、「わっぱ」なりの考え方に賛同してくれる団体が増えれば、広がるわけですよね。例えば、セントラルキッチン〔社会福祉法人薫徳会セントラルキッチンかすがい〕という新しい事業所が三年くらい前に生まれました。あそこは少しでも「わっぱ」のやり方を真似してやろうといって、今、障害者五〇名くらいを抱え、給食工場を作って活動をしています。そこはすごい事業力というのか、力がありますね。五〇人も障害者を抱えて、給料も結構出せていますから。とはいえ、まだまだ目標には遠いですけどね。

そういう活動のつながりをつくろうと、二〇一三年十一月三十日に「共同連東海ブロック」というのをつくりました。「わっぱ」の考え方を少しでも地域に広げていくようにやっていこうとは思っているんですけどね。ただし、今言ったセントラルキッチンでも、すごく事業力はあるんだけれど、やっぱり、施設的な発想というか、職員と利用者みたいなところは強くもってるので。そこをどう突き崩していくのかというところは重要な課題ですけどね。

（構成：伊藤綾香）

注

1　以下、［　］内は構成者（伊藤）による。構成者によるものとして、他に、注の作成には、インフォーマントより使用許可を得たうえで、二〇一〇年に行った伊藤綾香による聴き取りの記録等を用いた。

2　フレンズ国際ワークキャンプ（Friends International Work Camp）の略。斎藤氏らはこの東海委員会に参加していた。

3　当時、斎藤氏らは名古屋市の中心街などで街頭活動を行い、カンパを集めるなどの活動をしていた（二〇一〇年九月十日に行った斎藤氏への聴き取り結果より）。

4　奈良県の「心境荘苑」を指している。一九三六年、天理教布教師であった尾崎増太郎と彼に同調した三家族によって始まる。畳床の生産を主業として生活を成立させており、一九六七年に精神薄弱者援護施設として開設してからは、障害者も製造に参加していた（柳川　一九七二）。斎藤氏は、この事業的な側面や、そこでの障害者と健常者との働き方にも着目していた（二〇一〇年九月十日に行った斎藤氏への聴き取り結果より）。

5　斎藤氏らは、その前に全国の若者とともに一九七〇年に結成された「ひゅうまん連合」による「あらくさ共同体」建設運動に参加している。これは滋賀県で知的障害者の「施設共同体」建設を目指す活動であった（渡戸　一九七七）が、連合は翌年に解散する。斎藤氏らはそれを受けて、身体障害者一人と健常者二人により共同生活を始めた。この建物はもともと名古屋市昭和区円上町にあったＦＩＷＣの建物であり、ＦＩＷＣのメンバーも通いの形で暮らしへ協力していた。その後、生活体は二度の移転を経て一九七二年に昭和区滝子町におさまり、これが七〇年代を通しての会の拠点となった（二〇一〇年九月十日に行った斎藤氏への聴き取り結果より）。

6　斎藤氏らは、生活体の近くにある中学校の特殊学級へアプローチをし、その卒業生を中心とした共同学習会を開いたり、土曜日に障害児と地域の公園で開く「土曜保育」を行うなどを通し、近所の人たちとの関係を築いていった（二〇一〇年九月十日に行った斎藤氏への聴き取り結果より）。

7　当時、メンバーがそれぞれ稼いだお金を一つに集め、生活体の生活資金とする、いわゆる「一つの財布」という形での生活がなされていた。この対等な暮らし方は現在の「分配金」のあり方に生かされている（二〇一〇年九月十日に行った斎藤氏への聴き取り結果より）。

8　開所当初は、主に下請けの軽作業が中心であったが、後に印刷業や、段ボール加工の仕事も開始した。この段ボール加工の仕事を始めてからは幾分生活が安定したという。一九七二年段階で働いているメンバーは総勢六名ほどで、障害者は二〜三人だった（二〇一〇年九月十日、十月十三日に行った斎藤氏への聴き取り結果より）。

9　このころ、わっぱの会内部では、この闘争に重点を置いて岩倉市に拠点をつくって活動する人、わっぱ共同生活体での生活を重視する人、その中間の人というように三つに分裂してしまっていた（二〇一〇年九月十日に行った斎藤氏への聴き取り結果より）。そのため、会は、一九七三年に改めて「わっぱの会」として発足することとなった（一九七三年六月発行機関紙『わっぱ』創刊号より）。それまでわっぱの会は運動において「ＦＩＷＣ東海委員会」の名前を使っていたが、ここで完全に独立した。

10　当時、主に使っていたのは一九七二年に借りた倉庫付き二階建てのアパートで、約七坪の倉庫を改造し、段ボール加工や印刷業をする部屋を確保していた。生活の場として六畳間と、台所付きの四畳半の二間が二つあった。一九七五年の時点で共同生活を行っていたのは六人、うち三人が障害者だった。収入は全体で約二〇万円だった。共同生活の場として他に賃貸アパートを借りて離れて暮らしており、メンバーを増やすことも難しかったという（二〇一〇年九月十日に行った斎藤氏への聴き取り結果より）。

11　一九七三年六月に名古屋市民生局と交渉を開始し、一九七四年の十月からは市長との対面を求め、二カ月に一回程度交渉を行ったが叶わず、一九七五年七月七日に市へ要求書を提出、ハンストを決行した（一九七四年十月発行、わっぱの会機関紙『わっぱ』第八号より）。なお、一連の交渉を皮切りに、市との交渉は現在にも続いていく。

12　実際に成立した制度の名称は「心身障害者共同生活・共同作業事業補助金」というものだった。

13　一九七五年十月に補助金の支給が開始、それをもとに、一九七六年に名古屋市昭和区福江に作業所を着工し、一九七七年に「ふくえ共同作業所」として完成した（現・ふくえコンピュータ教室）。

14　当時、ふくえ共同作業所では段ボール加工を、わっぱ共同作業所では印刷業を行っていた。この頃、名古屋市中村区に共同生活体を移転し、生活者は二〇人ほどになっていた（二〇一〇年九月十日に行った斎藤氏への聴き取り結果より）。

15　仕事づくりでは、障害者にも可能な仕事であること、資本が少なくて済むよう機械化されていない手作りが価値として認められる仕事であることが重視された。加えて、会は消費者運動との関係があったため、「食の安全」にこだわることで、大手との差別化を図れると考えていた。なお、製パン業を始めるにあたり斎藤氏自らパン屋で修業をしたが、その紹介はある生協のメンバーによるもので、その生協はその後もパンの販路となった（二〇一〇年九月十日に行った斎藤氏への聴き取り結果より）。

16　製パン業の成功により、それまで一人月に二万円程度だった収入が、六万円程度となった。これを受けて、次第に共同生活体に入らず、通いで働く人が増えていった。そのため、一九八〇年代の後半から、基本分配金という全員（障害者、健常者関係なく）一律同額の分配金と、生活に応じた生活加算金という仕組みがつくられ、生活体で暮らすメンバーにも適用された（二〇一〇年九月十日に行った斎藤氏への聴き取り結果より）。この仕組みは修正されながら現在も使われている。ちなみに二〇一三年現在の基本分配金の額は約一二万四〇〇〇円である。

　ちなみに、分配金について、斎藤氏は次のことを強調された。あわせて掲載する。「この分配金制度は『わっぱ』の生命線でもある。能力、業績、学歴などによる差別を行わない証として、どの業種、どんな労働であっても等しい分配金制度となっている。対等性を大切なこととし、どんな重度の障害者も自立すれば年金と合わせて二〇万円ほどの所得が保障される」。

17 当時、任意団体として活動していた「わっぱの会」にとって、法人化することで、財産の所有や契約関係が結びやすくなること、ハンスト時の交渉経験から、市との交渉にも有利になること、というメリットも見込まれていた（斎藤 一九九一：七）。

18 会の中では賛否両論あり、既存の福祉施設における問題として、以下の六点をどう乗り越えるか議論が繰り返された。すなわち、①職員と訓練生（障害者）という関係、②障害種別・程度による差別、③職員のみへの給与保障、④職員間の分業と管理体制、⑤理事会による現場支配、⑥福祉事務所の措置権による介入（会の自律性の喪失）（斎藤 一九九一：八）であった。

19 一九八二年に法人化を要請したが、「社会福祉法人共生福祉会」を取得できたのは一九八七年であった。そして、翌年一九八八年に北区大曽根に「ワークショップすずらん」が設立された。その一方、より理念に合う働き方を求め、一九九〇年には企業組合も結成している（斎藤 一九九一：七）。なお、この企業組合は二〇一二年に停止している。

20 一九八九年に堀利和氏（現・NPO法人共同連代表）が、日本社会党から視覚障害者として初めて参議院議員に当選したことも影響した（二〇一〇年九月十日に行った斎藤氏への聴き取り結果より）。

21 最初の立候補は一九九〇年、社会党から出馬し、当選した。これは政令指定都市初の「車いす議員」の誕生でもあった。しかし、その後二度（一九九一年、九五年）落選する。なお、九一年に社会党から離党し無所属となった。一九九九年選挙では社会党のときからの支援者である労働組合の後押しもあり出馬し、次点で落選したものの、当選者が収賄容疑で逮捕されたため繰り上げ当選となった。二〇〇三年選挙では無投票当選、二〇〇七年選挙では民主党から出馬し、トップでの当選（二〇一〇年九月十日に行った斎藤氏への聴き取り結果より）。二〇一一年選挙でも当選し、現在五期目となっている。

22 一九九四年にヘルパー派遣事業として、「生活援助ネットワーク」準備会がスタート、翌年正式に発足した。わっぱの会における介助事業は他に、障害児の普通学級への通学を支援する活動を基にした「共育応援ネット」がある。

23 二〇〇〇年、愛知県知多郡武豊町に、農業および農産加工を行うわっぱ知多共働作業所（現わっぱ知多共働事業所）と、精神障害者の生活相談等を行う「ひろばわっぱる」を開所。

24 一九九九年、名古屋市から委託を受け、西区にペットボトル、牛乳パックのリサイクル中間処理を行う「名古屋市西資源センター（わっぱリサイクルセンター）」を開所。二〇〇五年にはペットボトル、缶のリサイクル資源工場（エコステーション）を開所した。

25 他にも、名古屋市西区に自然食品の販売を行う「エコロジーよろずやわっぱん」（二〇一二年から、配食事業「わっぱのごはん」に事業変更）をオープンさせた。加えて、二〇〇四年には「わっぱの会」として、NPO法人格を取得した。

26 一九九六年に名古屋市中村区に就労援助センター作業室を開設、二〇〇五年になごや障害者就業・生活支援センターとなった（二〇一二年、北区に移転）。一方、なごや職業開拓校は二〇〇一年、名古屋市中村区に開校。二〇一二年にふくえコンピュータ教室を、二〇一三年には、尾張中部障害者就業・生活支援センターを開設した。

27 わっぱの会における最終的な意思決定機関。会のメンバーであれば誰でも参加可能。

28 二〇〇九年以降、「経営委員会」、「人事・研修委員会」、「分配金委員会」、「事業構想委員会」を立ち上げた。会議の内容については、わっぱ連絡会議で報告がなされる。

29 障碍友権益問題研究所（http://cowalk.or.kr/cw/jap/ ※日本語ページ）のこと。

30 主にNPO法人共同連（http://kyodoren.org/）において、法制化を求めた活動がなされている。なお、共同連は一九八一年、「わっぱの会」のほかに、「あらくさ」、「コスモス」、「ねっこ」、「にっこり」、「生野」、「すばる」の計七団体によって準備会が設けられ、一九八四年に「差別とたたかう共同体全国連合」

という名称で結成された（二〇〇五年七月発行、共同連機関紙『れざみ』第一〇〇号、八一頁より）。

31　僧侶である大仏空《おさらぎあきら》を中心に、当事者自身が運営する脳性マヒ者の生活の場を実現しようと開かれた「閑居山コロニー」に端を発し、後に「マハ・ラバ村」と呼ばれる。初期青い芝の会のリーダーとなり、七〇年代の社会に大きな影響を与えた横塚晃一、横田弘らが参加していた（杉本、二〇〇八：六一）。

32　「びっこの猫」と「めくらのきつね」がピノキオに悪さをする、といった点や、「悪いことをするから障害をもつ」といった解釈が可能であることに対する抗議。この活動を進めるにあたり、一九七六年、「『障害者』差別の出版物を許さない　まず『ピノキオ』を洗う会」が結成された。

参考文献

斎藤縣三（一九九一）「社会福祉法人共生福祉会　その実験」『わっぱれ二〇年――地域をかえよう　共生・共働の街へ』わっぱの会、五―九頁。

杉本章（二〇〇八）『障害者はどう生きてきたか――戦前・戦後障害者運動史』現代書館。

渡戸一郎（一九七七）「もうひとつの共同社会を求めて――青年の〈コミューン〉追求の軌跡と意味」『地域開発』一五六、四〇―四五頁。

柳川光章（一九七二）「施設環境条件の社会的適応に及ぼす効果――精神薄弱者養護施設心境荘苑のばあい［一］」『奈良教育大学紀要　人文・社会科学』二一（一）二六九―二七八頁。

社会福祉法人ＡＪＵ自立の家
――愛知県重度障害者の生活をよくする会から生まれた障害者運動とその実践

山田昭義／伊藤葉子

はじめに

社会福祉法人ＡＪＵ自立の家（以下、ＡＪＵ自立の家）は、「愛知県重度障害者の生活をよくする会（通称：よくする会）」が一九七〇年代から始めた障害者運動を通して事業展開する法人格として生まれた。障害者運動団体が法人化もしくは法人格を有し、事業所指定を受けるという傾向は支援費制度以降、全国各地で増加したが、措置時代から運動団体とは別に社会福祉法人格を有しながら事業体としても歩んできた。

本稿では、ＡＪＵ自立の家の歴史を大きく以下の四つに区分し論ずる。（注1）

一　前史：キーパーソンの出会いと学びの場の獲得（一九六八年～一九七三年）
二　運動方針の三本柱と「当事者主体」理念の確立（一九七三年～一九七九年）
三　「労働・移動・自立」と法人設立に向けて（一九八〇年～一九九〇年）
四　運動体として、事業体として（一九九〇年～）

なお、本稿ですべてを網羅することは不可能であり、末尾にあげた参考文献等の「よくする会」及びAJU自立の家に関連する出版物もあわせて参照されたい[2]。

一　前史：キーパーソンの出会いと学びの場の獲得（一九六八年〜一九七三年）

「よくする会」は、名古屋の地で、市民としてのあたり前の生活を実現するために、身体障害者を中心とする障害者運動を開始した。会は、一九七三年に設立するが、その前史といえる活動はすでに一九六八年から始まっていた。それは、障害者運動のその後を決めるキーパーソンが出会い、学びの場を獲得したことによる。

1　山田昭義と中村力の出会い

頸椎圧迫骨折による四肢麻痺の山田昭義と、癒着性脊髄膜炎による下半身麻痺の中村力（故人）は、愛知県宝飯郡一宮町（現・豊川市）に一九六六年に完成した愛知県最初の更生援護施設「希全寮」で出会う[3]。中村は同年春に入所し、その二年後の一九六八年に山田が入所する。ふたりは、施設内で自然と言葉を交わすようになった[4]。一九七〇年に中村が、翌一九七一年に山田は希全寮を退所。その後、退所した少人数での集まりは次第にOBが中心となって会をつくる機運を高めることとなった。それは後に、キャンプの実施、愛知県重度障害者のつどいの開催、まちへ出る活動へと展開する。

2　愛の実行運動（ＡＪＵ）との出会い(5)

山田が所属するカトリック押切教会では、神父による「愛の実行運動(6)」の啓蒙行動が実施されていた。愛の実行運動は、ドイツの宣教師ゲオルグ・ゲマインダ師により提唱された「人はみな兄弟」という考えをもとに始められた団体である。山田は、この愛の実行運動の考えをもとに市民運動としての視点をもつ運動を進めることとなる。

そもそものきっかけは、一九七三年早春の頃、希全寮ＯＢの車いすの男性が市営住宅に入居したものの、車いす仕様になっていなかったために褥瘡ができてしまう事態が生じたことにある。このことを知った中村が、山田に行政に対して要望書を書くよう話をもちかける。この話を受けた山田は、愛の実行運動に相談をもちかけ、神父を訪ねることとなった。

相談をもちかけた結果、神父より、行政への要望書は個人で提出するよりも、会を組織し団体名で提出したほうが効果的であるとの助言を受ける。加えて、会を立ち上げるのであれば、愛の実行運動が支援をするという約束を取り付けることとなった。こうしたひとりの人の生活困難を解決することをきっかけに、名古屋市昭和区にあった愛の実行運動の事務所の一角に専用の机を配置することとなり、愛の実行運動の職員が電話に対応するという形での活動拠点が定まった。

愛の実行運動との出会いとその提唱する「人はみな兄弟」の考え方は、その後、「よくする会」が設立され、障害のあるなしにかかわらず、対等な関係の中で障害のある人の問題を社会的にとらえ活動していくことの根本理念に大きな影響を及ぼしている。

愛の実行運動とのかかわりをもった山田は、一九七三年五月、『朝日新聞』の「声」欄に以下のような重度障害者の集会呼びかけの投書を行う。

団結しよう重度障害者

愛知県　山田昭義（無職　三〇歳）

福祉元年などといわれている近ごろだが、車イスで一歩外に出れば、社会から疎外されている障害者であることを、イヤというほど味わい「福祉って何だろう」と考えさせられてしまう。重度障害者は就職を望んでも門前払いである。バスや電車の無料パスも車イスの私らには絵にかいたもちでしかない。

だから、重度障害者自身が集い、我らのための施策が行われるような声をあげ、社会の理解を得るため直接働きかけるために立上がらなければならない。今、私も重度障害者の一人として、微力でも立上る決心をした。重度障害者よ、ともに手をつないで立上ろう。

二十七日（日）午後一時から、左記で重度身障者集会が開かれます。前日までに申込めば、有志の方々が車で迎えに来てくれます。

（一九七三年五月二十日付け『朝日新聞』「声」欄）

この投書の末尾には、当時の愛の実行運動事務局の連絡先が掲載された。当日、障害者九名、ボランティアら二二名が南山学園（名古屋市昭和区）の調理室に集まった。ボランティアの多くは、当時、昭和区内にキャンパスを構えていた日本福祉大学の学生のうち、愛の実行運動に出入りしていた学生であった。一九七三年五月二十七日に開催された愛知県重度身障者のつどいでは、障害者自身が感じている問題や希望が語られ、「重度障害者のアピール」としてまとめられた。

この「仲間づくり」「一市民として当たり前に生活したい」という願いのもと、翌月には、同じく新聞の投書にて「車いすで地下街を歩こう」と呼びかけを行う。

二十四日、車イスで地下街を歩こう

愛知県　山田昭義（無職　三〇歳）

本欄（五月二十日）で重度障害者の団結を呼びかけましたところ、二十九人の障害者、ボランティアの参加がありました。そして重度障害者が直面している問題について熱のこもった討議をしました。

重度障害者は、社会の理解が薄く生活環境があまりに厳しいから疎外感を持つのであって、社会の理解が得られ生活環境が改善されたなら、すでに重度でなく軽度障害者として十分に自活できる可能性が開けるのです。今後あらゆる機会に重度障害者の雇用促進と充実、車イス用住宅建設の一日も早い実現、公共施設等の生活環境の改善を行政当局に訴えるとともに社会の多くの人の理解を求める運動をすることを決めました。

そのために、まず重度障害者が名古屋市内をはじめ愛知県下でどのくらいの行動が可能か、どの点で不自由か、を私たち自身の足（車イス）で歩いて生活マップを作ることにしました。その第一歩として二十四日、ほとんどの人がまだ行ったこともない栄付近の地下街を歩くことになりました。重度障害者の多くの参加を歓迎します。

（一九七三年六月四日付け『朝日新聞』「声」欄）

この声かけに、合計約四〇名の障害者とボランティアが参加し、この様子は翌日の『朝日新聞』「車いすで地下街行けば…身体障害者の行動範囲調査」「欠けたスロープ」「トイレも利用できず」の見出しとともに、写真付きで掲載された。

当時、名古屋の繁華街である栄付近には車いすが利用できるトイレは一カ所もなく、遠方の市内の福祉施設に一カ所あるだけという状況であった。その後、要望書の提出などを進め、名古屋市内にとどまらず、愛知県内においても車いす用トイレの設置がされるようになる。

こうして、現在の「愛知県重度障害者の生活をよくする会」の前身が始まった。

3　児島美都子・長 宏との出会い

一九七三年七月。仲間たちとの集まりのなかで、車いすでのキャンプを企画する声が上がった。その際、「遊ぶだけでなく、大学の先生に福祉の話をしてもらうことはできないか」という中村の提案もあり、当時、日本福祉大学で教員をしていた児島美都子と出会う。この出会いも偶然であった。

七月の末にキャンプやるって言ったときに、中村 力さんが突然「遊ぶだけじゃなく、大学の先生に福祉の話をしてもらおう」って言い出したもんで。大学の先生なんて知らせんもんね。俺、通信教育だから縁がないもんで、「朝日［朝日新聞名古屋厚生文化事業団］に聞きゃあわからせんか」って、朝日に行って、「誰か先生を紹介して」って言ったら、児島先

街に出る（名古屋市中区テレビ塔付近にて）

生を結果的に紹介された。児島先生に言わせれば、浦辺先生［浦辺 史］[7]の予定だったけど、都合が悪くなったから、「児島先生、行ってくれ」って言われて行ったたっていう話だ。

この時、大学の先生に来て話してもらったら、お礼をださなかんてことで。「じゃあ、いくら出すんだ」って話になって、恐る恐る朝日に聞いた。そしたら、「まあ、一万円でいいんじゃないですか」って。厚かましいけど、「ついては謝金も出して貰えますか」って言ったら、「いいですよ」って。「え、一万円もらえるがや」っていって朝日のところに出かけてった。

領収書に名前を書いてから、朝日に「いや、個人には出しません」っていわれて。「会なんかない」って言ったら「それは困る」ということになった。よくする会はまだ、できとらんもんね。この時は七月だから。会が正式にできたのは、九月半ばごろだよね。一万円もらったからさ、返すわけにもいかないわけだし。「何をする会ですか」って言われて、「愛知県の重度障害者の生活をよくしようと活動する会だ」そういったら「ああ、それでいいじゃないですか。とりあえずそれを名前にしておいてください」って言われて帰ってきた。でまあ、会立ち上げの時に、そういう名前にしようってことになった。

この時期に愛の実行運動と出会ったことで、会ができたっていうことがあるんだわね。愛の実行運動が事務所だったもんだから、プレハブだったけど机も一個置かせてもらって、専用の電話を置かせてもらえた。なんかあったらすぐ電話をとってもらえる体制ができたっていうことで、これがよその団体と違ったことの一つ。

それから、それまでは「私、ボランティアする人」、「私、手伝ってもらう団体」と立場が明確に分かれとったのを、一つでみんな同じ目標に向かって、愛の実行運動の理念である「人はみな兄弟」っていうことでやろうっていうことだった。「困ったら愛の実行運動に、よくする会に行こう」っていうことを建前にしたから、なにか相談を受けたら断ってはいかんということが一つのよくする会の大きな理念なんだわ。

1973年11月25日　第1回勉強会
（名古屋市東区布池教区センター）

キャンプでの学習会のとき、児島美都子は、障害者自身が声を出していくことが大事であること、月一回、一年間勉強を重ねれば、福祉事務所の窓口担当者と遜色ない知識が得られることについて話し、キャンプ以降も継続した勉強会を実施することを提案する。「［勉強会の参加者が］ひとりになってもいいですよ」という児島の言葉から月例会がスタートした。

この月例会は後に、長　宏（8）もかかわって現在も継続している。参加メンバーのなかには、「よくする会」での勉強を通して、行政窓口で生活保護担当ワーカーの計算間違いを指摘し、保護費の訂正を申し出た人もいた。一九九七年に亡くなった長の命日のある毎年二月の月例会では、現在も必ず朝日訴訟、生活保護についてとりくんでいる。

俺さ、もう児島先生に絶大なる信頼をおいとるんだ。先生は四十年以上、ずっと第四日曜日は僕らのために時間をつくってくれて、一緒になって勉強してくれた。
けど、今、勉強会やっても、終わるとさ、見とるとパッと

勉強会終了前の長宏氏による講話
（名古屋市昭和区AJU自立の家）

散っちゃうがや。僕らの時はさ、「よし、今から栄［名古屋市中心部にある繁華街］に出て行って皆で飯食おう！」とかさ。そういう人と人とのつながりがあるがや。勉強好きでねえやつが、勉強嫌いなやつが、そんなとこにきたって覚えるわけねえがや。で、僕は「おまえら色気づいて勉強なんてせえへんだろう」って言うんだ。だから、一緒に飯食いに行って、こういうことあった、ああいうことあったって無駄な話をする中で、この人の言うことおもしろいがやって。耳学問でしかないだろう、僕らは。だから、僕らも児島先生からの耳学問だわ。

　僕らが、役所とこれだけ向かいあえるっていうのは、長先生が毎回一〇分ずつ長講話をしてくれたんだ。その中で俺が一番印象に残っとるのは、「山田君、運動するときには役所に行って断られたら、『なんでですか。それはどこの条文に書いてありますか』ってここから始めろ」って。よう忘れんわ。役人っていうのは、文章に書いてある以外のことはできないし、何にも書いてなかったら何でもできるんだって。だから「ダメだっていう根拠は何ですか」。「どこに書いてありますか、それをコピーしてください」って言ってこいと。窓口で対応した担当者の名前を聞いて「おたくの名前でいいですね」っていうことをメモして来いって。これは何度も言われた。

「よくする会」は、児島美都子と長 宏とから多大な影響を受けた。運動の方向性を児島が指し示し、運動の仕方・方法論、行政との交渉術を長が伝授したともいえよう。

4　第一回車いす市民全国集会への参加と寛仁親王との出会い

山田らは、朝日新聞名古屋厚生文化事業団からの情報提供により、一九七三年九月二十日から宮城県仙台市で開催された「車いす身障者による仙台体験旅行と福祉のまちづくり運動交流集会（車いす市民全国集会）」に参加する。

この全国集会への参加のきっかけについて、山田は以下のように言う。

朝日が「実は車いす全国集会をやる。あなたたちのような団体が集まってやるのが趣旨だから行ってくれんか」って言うでさ。「そんな金はないわ」って言ったら「いえ、お金は出します。旅費は出しますす」と。「宿泊代出します。食事も用意します。ただし……」。ほかにまだあるのか？　って思ったら、「日当は勘弁してくれ」って。日当まで貰おうと思ってなかったもんだから、「もし病気になったら」って朝日が言うから、「病気になったらしょうねえがや」って言ったら、「いや、なんかあったらいかんから、名古屋と京都から行く人には、関東労災病院とタイアップして、向こうに着いたら東北労災病院と話がついて、対応できるようにした」と。

この仙台旅行をきっかけに、朝日新聞名古屋厚生文化事業団のバックアップもあり、その後、「東海四県車いす・市民交流集会」、「電動車いす試乗会」が開催された。当時、事業団の事務局長だった伊藤信三は、「仙台集会から帰名したよくする会は、火がついたようにというか、弾けるように活動が活発化したように思う。全国の情報が手に入るようになったこともあり、活動の方向・内容に自信を持ったのではないか。もう手当たり次第といった感じで、次から次へと行事、活動に着手、展開していった」という（山田一九九八：六二）。

伊藤はさらに、よくする会設立当初の様子について、以下のようにいう。

当初のよくする会のメンバーズは、何でもどんどんやろう、と実に積極的で意気盛んだった（今でもそうでしょうか……）。新聞社の事業団は性格上、新しい事業、先鞭をつける仕事を他に先んじて着手したいわけで、そのあたりを見透かしたように提案してくる。よくする会と手を組んで仕事をしたくなる魅力が同会（メンバーズ）にあったのは事実だ。同会とのタイアップ事業の経費負担は、ほとんど本団側だったように思う。しかし、当時の本団は財政的に困っている状態ではなかった。ただ、あまりにも多い同会との事業、行事に、「朝日はよくする会の御用団体じゃねぇぞ」みたいな陰の声が社内にあったのも事実。いずれにせよ、発足当初のよくする会の面々は、それぞれ極めて個性的で、厚かましいほど行動的、そして誰でも仲間に入れてくれた。これらの人たちに知己を得たおかげで、私は随分多くのものを教わることができた。仕事のうえでは、障害者福祉事業として次に何を手がけるべきか、ほかにどんな問題があるか、近い将来にどのようなことを目指すべきかなど、そして個人的には、仲間を大切にする優しい強さ、自分をさらけ出して動じない強さなどである。感謝は尽きない。（山田、一九九八：六二）

「よくする会」の初期の活動は同事業団の支援によるところが大きい。同時に、障害者のためではなく、障害者も共に住める社会をつくることをめざす会の運動は、上記、伊藤の発言にもあるように、多くの人を仲間に入れて展開された。事実、仙台での「全国車いす市民集会」に参加していた小嶋和子(9)との出会いが、山田らと寛仁親王との出会いのきっかけとなった。その後、寛仁親王から、福祉ホームを「障害者の下宿屋」とする構想、様々な局面で重要なアドバイス、人脈形成と、多大な支援を受けることとなった(AJU自立の家、二〇一一)。

二　運動方針の三本柱と「当事者主体」理念の確立(一九七三年〜一九七九年)

一九七三年から一九七九年までは、運動方針の三本柱と「当事者主体」の理念が確立する時期といえる。その運動の柱とは、第一に、障害者とその仲間たちの意識の変革と向上、第二に一般市民に対する働きかけとサポートネットワークの拡大、第三に行政に対する働きかけである。

1　障害者とその仲間たちの意識の変革と向上

開始当初、果たして存続するのかが危ぶまれた「よくする会」の勉強会は、二〇一四年現在も継続している。その理由は、「知識を身につけることによって、その知識がすぐに自身の生活向上に役立った(山田、一九九八:七〇)」ことにある。同時に、仲間同士の生活上の情報交換の場としても機能し、次第に仲間内だけの情報共有にとどまらず、より多くの障害者への情報発信を実際に即した形で実施し、自ら動いて実施・実行していくこととなった。

1975年　愛の実行運動事務局に車いすセンターを設置

具体的には、先に述べた一九七四年の「電動車いす試乗会」の実施。同年十月には「第一回東海四県車いす・市民交流集会」の開催。この交流集会では、分科会での議論だけではなく、繁華街の栄にて電動車いすの試乗会を開催し、その後、名古屋市地下鉄の試乗に挑戦し、市民への啓発も意識した試みが実施された。一九七五年に車いすの無料貸与事業を行う車いすセンターを設立。一九七六年からは、車いすガイドマップの作成、東山動物園でのレクリエーション、朝日障害者福祉セミナーの実施と、障害者自身が企画・運営を推進した。

当事者運動に関わると、障害者自身が目に見えて変わってくるんだ。見事に変わるんだわ。あっという間に、脱皮するんだ。福祉の醍醐味ですよ。先生によって学生が変わるっていうこともあるだろうけど、そんなダイナミックにはなかなか変われないでしょ。でも、福祉はそういうところがあるんだ。僕らでもさ、本当に面白い。三日やったらやめれんて言うのは、そうだと思うんだ。

それはね。たとえば、ここの自立生活体験室に来るっていうときには、両親がついてきて、「かわいい、かわいい、かわいい」「と言う」、親に「そんなこと言っとってかん」と言って、本人には「今池［自立生活体験室のある場所からもっとも近い名古屋の繁華街］

に行って遊んでこい」って言ったら、本当に遊びに行った奴がおるんだわ。飲み屋へ行ってさ、一皮二皮めくれてさ。「帰りは電車で帰ってこい」って言ったら、電車で帰って来たんだわ。電車にも乗ったことないんだよ。そいつにはきょうだいがおってね。他のきょうだいが「兄ちゃんと一緒に飯食うと、こぼしたりするから気持ち悪いでいやだ」って。お母さんは自分の産んだ子どもだから、気の毒だ、かわいいと思うけれども、きょうだいからそういうこと言われるとよう逆らえんわけだ。そんな生活しとった奴が、一皮めくれて、帰りはもう、自分ひとりで電車に乗って、松葉杖ついて帰ってくるわけだろう。それから今では、地域で障害者運動しとるだろう。もちろん元々の素質はあったけれど、その素質を育てる種をまいたっていうのは福祉だわと僕は思う。

「よくする会」の初期の段階っていうのは、そういう話がいっぱいある。

街へ出る、人目に触れ、交流し、楽しむことを通して、日頃の自分自身の気持ちの抑圧を解放し、障害者自身の意識変革に結びつくものとなった。

エンパワメントという言葉が、日本の障害者運動のなかで言及されるようになるずっと以前から、障害者自身の手でエンパワメントがなされていたのだ。

2　一般市民に対する働きかけとサポートネットワークの拡大

「よくする会」は、障害者自身の意識を変えるというだけでなく、一般市民への働きかけも様々な企画を通して行った。

具体例を挙げると、「わだちまつり」、「生活創造福祉展」、「さんさんフェスティバル」「福祉映画祭」等がある。こうした一般市民への働きかけは、地域との交流を生み、障害のある人もない人も一緒に企画、運営し、参加し、楽しむものとなった。

現在も毎年十月に開催される「名古屋シティハンディマラソン」は、一九七七年に名古屋市中区の栄で開催した「第一回さんさんフェスティバル」を継承するAJU自立の家の中心的なイベントとして定着している。このさんさんフェスティバルは、東海ラジオの「さん!さん!モーニング[10]」のパーソナリティであった天野鎮雄へ企画を持ち込んだことから実現した。


お金をどうするかもそうだけど。でも支援者に僕は恵まれた。財政難のときにアマチンさん[11]が連れて行ってくれた場所があった。団地の一角の小さな魚屋なんだけど、売れるわ売れるわ、そこだけで四〇万、五〇万も売れてその売り上げをぜんぶくれたんだよね。おまけに、車のクラウンを四万キロしか乗ってなかったけど、オークションにかけろと店主が言ってオークションが始まった。その結果、二〇万で落札された。そしたら、落札した夫婦が買う買わないで喧嘩がはじまっちゃって、公衆の面前で。そしたら、店の親父が出てきて、「俺が買う」って。自分の車なのに二〇万持ってきて自分で買っちゃった。その売上金をそのまま僕にくれた。それで、当時、車いすセンターが抱えていた借金がなくなった。そういう人が出てきた。信じられんでしょ。こうした出会いは、アマチンさんのおかげ。

今度はユーストア［現・スーパーマーケットのピアゴ］の社長さんが、毎日、アマチンさんの「さん!さん!モーニング」を聞いて会社に通っとったんだって。家田美智雄さんという人なんだけど[12]、やっぱり、こういう人たちに、会社としてさりげない形で応援したいということで、社内で会議をやったときにお茶飲んだと思って一杯分の代金をみんなで出しあう、それを社会に貢献していくというかたちで寄付をしてくれていた。

ユーストアは当時、バラックみたいなプレハブの本社で、そこに行って。最初に六〇万だか七〇万円をもらって。今は五〇店舗くらいになった。多い時は七五〇万円を超すようになった。一度だけ「山田くん新聞に書いてくれんか」と言われた。社員から「本当に社会貢献として寄付されているのか」と聞かれたからと。

家田さんのとこにはね、一年に一回、事業報告書をもっていって、報告に行くわけ。あるとき社長が「僕は今年で終わり。ユニーの社長になるから」と。明治大学の運動系の人だったらしいんだけど。一年に一度、訓話を聞きに行くわけだ。楽しかったけどね。そういう出会いがあった。それ「社会福祉とは直接関係しない人とのつながり」は殿下のつながりともまた違う流れなんだ。一つはアマチンさんだと思ってるんだけど。

社会福祉法人設立時、財政面では、寛仁親王、名古屋の財界人、チャリティー、教会の力によるところも大きい。が、法人設立前から「よくする会」の経費を工面することに苦心する。こうした難局を人との出会いを通して乗り越えてきたと山田は言う。

3　行政に対する働きかけ

「よくする会」の活動は、ひとりの人の困りごとやこうしたいという願いを実現することから出発する。それを「わがまま」ととらえるのではなく、一緒に考え、一緒に行動し、一緒につくる、一緒に解決する、一緒に声を出すということが、結果として運動になっていった。「人はみな兄弟」という愛の実行運動の理念が、「よくする会」、ＡＪＵ自立の家の理念にも色濃く反映されている。

「よくする会」設立当初、行政などへの要求がその活動の中心には置かれてはこなかった。しかし次第に、会の中で出てきた一人ひとりの意見をまとめ、日々の暮らしの中に見出される困りごとを具体的なかたちで要望するスタイルをとるようになる。こうした時の行政との関係は、対決姿勢をとることはあっても、意見交換や対話をとおして議論し、時に共に勉強会を重ね、具体的な解決策を探り、制度を創設、改変してきたといえる。

山田は、愛知、なかでも名古屋の障害者運動の特色について、障害者福祉について運動してきた団体を母体とする組織に、名古屋市が法人格を与えるという点をあげる（障害学会 二〇一二）。社会福祉法人ゆたか福祉会、社会福祉法人共生福祉会（NPO法人わっぱの会）、社会福祉法人AJU自立の家（愛知県重度障害者の生活をよくする会）のいずれもがそれにあたる。障害のある人の仕事の創り方においても、「ある面では上手に行政に取り込まれている」ということが他地域との違いといえよう。[13]

かといって、AJU自立の家の実践においても、行政の下請けとしての障害者団体とは単純に描くことはできない。ひとりの人の生活課題を出発点にして、常に行政と対峙してきているのだ。

今目の前に困った人がいる。この人のために何ができるか、この人のために制度がなければ作ればいいじゃないか。こういうことで我々は取り組んできました。だから、行政に向かい合って、いかに例外を作ってくるかということにも腐心をしてきました。例外を一つ作ると、あの人ができて何でこっちが駄目なんだ、という運動ができる。こういう手法で行政と向き合ってきたと思う。それが、制度に一つずつ上乗せされてここまで広がってきたような気がしております（障害学会、二〇一二：五八―五九）。

AJU自立の家の手法は、「陳情」ではなく「要望」し、「対決」ではなく「対話」を重ねるなかで、事実を積み上げながら現実を変え、障害者という前に一市民という立場から歩みを進め、実現する方法であった。このことは、一九七〇年代後半からすでに、名古屋市と共催で生活創造福祉展を開催したことなどからも明らかである（ＤＰＩ日本会議、二〇一四）。

三　「労働・移動・自立」と法人設立に向けて（一九八〇年〜一九九〇年）
――暮らし、仕事、人生のつくり方は、目の前にいるひとりの人を出発点に

「よくする会」は、設立当初から「楽しくなければ福祉じゃない」を実行するべく、余暇、文化活動を取り入れ、遊びごころのあるとりくみが行われて来た。これらは、対象を制限せず、だれでも容易に参加しやすい実践として展開され、地域での暮らしに潤いを与えている。

同時に、一九八〇年から一九九〇年までは「労働、移動、自立」と法人設立に向けてのとりくみ期といえる。この三つは、一九八一年六月、「よくする会」の学習会にて、児島美都子が年間テーマの設定を提案し、「今後、よくする会が取り組むべき課題として、働く問題とベッドから車いす、車いすからまちへという問題」を提起したことをきっかけとしている（山田、一九九八）。

今では、法人内で月額工賃約一〇万円の就労事業を実施し、所得税課税の問題や福祉的就労の労働権問題に対する運動も、精力的にとりくんできたＡＪＵ自立の家だが、働くことの第一歩は、「よくする会」のあるメンバーの仕事に関する報告をきっかけとした仕事探しからだった[14]。

こうした「一人の人の抱える生活課題から出発する」という軸足は、前述した行政とのかかわりにおいても、また、活動、事業の展開においても貫かれている。これは、「よくする会」の運動方針、姿勢であり、現在も堅持され、また、堅持し続けようとするＡＪＵ自立の家の使命ともなっている。

一緒に考えて一緒に動くっていうことが大事なんだ。結果がダメなことは山ほどあるんだから、それは、

それでいいんだ。結果にとらわれんでもいいんだ。「あんた今、何に困ってるの？」「わかった、じゃあ一緒に調べよう」、「一緒に解決しましょう」、「一緒に声を出していきましょう」というこういう動きにすればいいんだっていうのが、「よくする会」の理念だし、愛の実行運動の理念だと僕は今もそう思う。

［目の前にいる］「この人」をさ、支えてほしい。たったひとりのこの人を。一人ひとりでいいで。集団としてとらえるマスはいらないから。「この人」なんだから。苦しいのは。みなさんたち［研究者］はどうしてもマスで考えて、全体として考えてこうだといいたがるけど。違う。ひとりの人「この人」が問題なんだ。「この人」の生き方をどうつくるか。それは現場が頑張らなきゃいかんし、学者を含めた専門家はそれを補強してくれるような理論を作ってくれればいい。

社会福祉法人設立に向け、構想を練る段階から当事者が参加し、専門家を巻き込み、その道のプロとつながって実行していくところにもＡＪＵ自立の家の特徴が見て取れる。一九九〇年以降は、「よくする会」による障害者運動とＡＪＵ自立の家による事業との両輪体制となり、事業を通した運動を展開することとなる。

現在、名古屋市における居宅介護の支給決定については、本人のニーズに基づく積み上げ方式の支給決定であると同時に、支援プロセスに応じた比較的柔軟で弾力的な支給決定がなされている。実際に利用契約できるだけのサービス基盤が整備できているかどうかは別として、支給決定においては、国庫負担基準を見据えながらも、「必要な人に必要なだけ」が行政の側にも了解されているといえる。

こうした事実は、障害者運動を展開する「よくする会」と、障害者福祉サービス事業を展開するＡＪＵ自立の家の両輪が、その実践を通して例外と事実を積み重ねてきたことも大いに影響しているといえよう。

四　運動体として、事業体として（一九九〇年〜）

一九九〇年から一九九九年までは、法人設立と地域生活支援の重点拠点づくりの時期といえる。法人設立後、ＤＰＩ（障害者インターナショナル）日本会議やＪＩＬ（全国自立生活センター協議会）を通して、アジアへ世界へと活動の場を広げる。また、地域生活支援の重点拠点づくりを増やしていくこととなる。

1　社会福祉法人として事業を開始する——従前とは異なる運営の展開

障害者が制度の創設、サービスの改善のため、障害者運動、市民運動を展開した「よくする会」が、社会福祉法人として福祉サービスの提供を事業として行う一歩を踏み出すのは、一九九〇年である。法人の理事会・評議会、行政の監査は、従来型の施設の運営とは異なる合議制の運営手法を取り入れている。

「ここ［名古屋市昭和区恵方町］の土地を貸してほしい」って教会に言った時に、当時の相馬司教さんは、「教会が建物立てて障害者においでなさいって言う施設はもう勘弁して下さい」と。「いやいや、司教さん。僕らは違う」と。「土地だけ貸してください」と。「僕ら障害者が運営していく」って。「それはおもしろい」と。「だったらほかの神父さんを説得して、ここを借りれるように僕からお願いしましょう」と。ここから始まった。

親や法人が作って「障害者おいでなさい」っていう施設はもうやめましょうと。企画から運営から何から何まですべて責任は当事者がもつようにしましょうっていうことが、一つの僕らの目標だった。これはよそにない。僕が知ってる法人は、理事会、評議会といったら、理事と評議員と施設長と事務長が出席者になってる。つまり、理事、評議委員以外は、現場を知っている人は施設長と事務長だけが出てきて、ちょっと説明して終わり。

ＡＪＵ自立の家は違う。最初から「会議をオープンにせよ」と。とにかく職員に「出てこい」って言ってる。これは強制ではない、仕事ではない。強制ではないけれども、どうやって物事を決めていくか、どれだけの予算があるか、どういうふうに動いているかということをみんなが知る責任があると。で、山田が突っ走りすぎたら、「緊急動議」って出てきた職員が言っても、理事さんたちは「あなたたちに発言権はない」っていうことは一切、言わないだろうと。「何が言いたいだ、言えよ」と言うに決まっとると。これは、僕に対する大きなプレッシャーだろう。そういう立場に置いとるから。今でもそう。多いときには八〇人くらい弁当を頼むんだ。

だからそこには利用者代表もおるし。今はほとんど常務理事が進行係をやって物事を進めていっとる。そういう仕掛けでやっとる。これは崩してはいかんといっとるんだ。そうするとやっぱり、理事会で決められたことは絶対的に、いわばＡＪＵ自立の家の憲法なわけだから、これをどうやってしっかりやっていくかいうことはみんなで聞いとらなかん。

他に行政監査が来る時、法人内のどこかの事業所に年に一回はある。この監査があると、施設長と事務長に向かって名古屋市が講評を言う。ＡＪＵ自立の家では講評のとき、「法人事務局だけじゃなく、他の職員も利用者も集められるだけ集めて、来れる人で一緒に聞こう」と話してる。例えば、ヘルパー派遣の部署である「マイライフ」だったら、「この移動支援については、行き先を書け」とか、「何時から何時まで行ったと書け」って言われる。こういう注文が行政から出てくる。「そんなにプライバシーをあからさまにせなかん理由はないだろう」って言うんだけど。この時に利用者に「これでいいのか」と言うと、わーっと反論を言ってくれるわけだわ。僕が言わんでもね。困るのは利用者だから。利用者にものを言わせる。行政に直接利用者の意見を聞かせて、「気に入らんところはみんなで主張しろ」って言っとる。もう徹底的にそこは闘う場だわ。行政と直接やり取りするのは、監査の場でもできる。そういうやり方で二四年間運営してきた。

こうした運営手法により、障害者、利用者主体をめざし、より開かれた組織づくりへの試みがとられている。

社会福祉法人ないしは事業を運営していく場合、例外を認めず、指定事業の範囲内でサービス提供を実施し、解決に時間がかかるものよりは、確実に成果が出せるものに着手しがちになる。このことにより、既存のサービスでは対応困難なものに先駆的にとりくんできた障害者運動の発想に軸足を置きにくくなることがある。また事業が拡大し、職員という形で被雇用者が増大すると合議制での運営は、ともすると判断が慎重となり、動くものも動かないことも懸念される。社会変革・制度改革に向けた運動と事業の運営・経営との間の葛藤や、組織づくりと障害者のリーダーシップのバランスに難しさが生ずることにもなろう。

2　障害者運動と事業の多角化（二〇〇〇年〜）

二〇〇〇年以降、障害者の高齢化問題と同時に、地域の高齢者ケアを担う介護保険の居宅介護支援事業所ほかっと軒［「ほかっとけん」とは、名古屋弁で「放っておけない」の意］を開設、車いすセンターではレンタル事業部を開始し、小規模作業所の「ピア名古屋」〔後に知的通所授産施設「ピア名古屋」へ〕で福祉用具の販売斡旋、オムツ等の販売も始まる。

二〇〇三年に支援費制度が導入されてからは、ボランティアによる介助者確保を「マイライフ」という形でヘルパー事業所として開設し、名古屋市西区に「マイライフ西」を、二〇〇六年の障害者自立支援法施行以降、名古屋市外に「マイライフ刈谷」「マイライフ岩倉」を開設するなど、事業が多角化した。

重度障害者の働く場づくりとして開所した「AJUわだち作業所」は、社会福祉法人化した一九九〇年以降、身体障害者通所授産施設「わだちコンピュータハウス」として新たに法定施設化し、各種のコンサルタント業に参入するとともに、売上一億円、平均工賃一〇万円を超える事業所となった。二〇〇〇年以降は、中部国際空港、愛・地球博でのユニバーサルデザイン、バリアフリーに関するコンサルティング業務を請け負うこととなる。二〇〇二年には、わだちコンピュータハウスの工賃課税問題は、労働権獲得運動として進められるとともに、施設利用料不払い運動に発展した。こうした動きは、事業と運動の両輪がますます多様化し、そのバランスに難しさを抱える現状を如実に表している(15)。

AJU自立の家は、当事者が外に出て活動し、生きていくために必要な介助、居場所と役割や仕事をつくり、多様な人と出会い、結婚、出産、子育てと、自然で、ごく当然のニーズから出発して実践を重ね、事業を展開している。

近年では、障害の重度化対応、人工呼吸器などの医療依存度の高い当事者の地域生活支援体制の構築、知的障害者、精神障害者の暮らしと仕事をつくる新たな試みを開始している(16)。

3　次世代に向けて

障害者運動と事業との両輪をどのようにバランスよく遂行するのかは常に現場に身を置く人たちを悩ませる。だが、その軸足がぶれないこと、一人ひとりのいのちや生活をつくることから始めることだけが重要だと山田は指摘する。

そんな難しいことはいらんと思うんだよ。この人のいのちが大事だ、この人の生活を皆でつくりましょうよ。これでいいがや。そうすれば皆、「ああそうだよな」って思う。なんか自分の意見をさ、理屈つくって言うっていうことが、ほころびをつくって、揚げ足をとられるっていうパターンだと僕は思うよ。ただ、今、僕が言っていることは、そう揚げ足とられることは言ってない。それが実は、一番大事だし、今、一番欠けとるところだと僕は思っている。福祉に理屈はいらんと思ってるけどね。この人がやりたいことをやったらいいって、前から何度も言っとるけど、それだけだと思うよ。それが実現できればいい。

いのちがなによりも大事、一人ひとりの生活を一緒に創るということに対する信念は、障害者運動の現場、組織でのリーダー像とも重なる。

［当事者運動を引っ張っていくリーダーとは］やっぱやんちゃが言えてよ、走っていけれる人やね。俺がやるかぁって。

［障害があるという理由だけで、出産を反対される。宿った大切ないのちが奪われてしまう］そういう事

件があって、すごく悲しかった。そういう根っこをひきずっとるの。そうやっていつひっくり返るかわからん。すべてが。障害者は弱いから、常識だとか理屈だとか、そういうものから、はみ出てくるやつが山ほどいる。だから福祉が必要なんだ。一人ひとりの思いを、それをどう支えるかだろう。わがままでいい。わがままをわがままと受け止めて支援していけば、もっと冷静になれるだろう。でも「あいつがわがままだ」「「別の」あいつがわがままだ」、「「また別の」あいつがわがままだ」って、俺も施設でそう言われてきた。わがままっていう言葉は、切る手段なんだわ。今の福祉の現場は理屈、常識を理由にその人への手を切ってしまっている。自分がやりたくないんだろう、しんどいことは。だからへんな理屈を押しつけてくる。結局、理屈は、支えるためじゃなく、断るときに使うだけだ。

「障害者福祉ってなにも難しくないよ」って、新人職員には言う。人のものを盗んでこいとか、信号が赤でも渡りたいっていうのは断っていい、それ以外のことだったら一緒に動けばいい。結果はうまくいかなくても、どうでもいい。本人だけが受けとめればいい。結果としてだめでも、一緒に動いてくれてだめだっていうことが見えれば、相手は、ほのかな希望がもてる。今はだめでも、また今度、あの人は一緒に動いてくれるだろうっていう希望がもてるのは、それが福祉の原点だって僕は思う。正しいか正しくないじゃない。強いか弱いかなんだ。弱い側につくのがＡＪＵ自立の家。困ったらＡＪＵ自立の家でええんだがやって思う。

今、事業所の職員に言ってるのは、「障害者の居宅介護事業所が山ほど出てきた。けれど、重度の人を受けられない事業所がある。ならば、ＡＪＵ自立の家は、重度の人を優先させてください。一緒に他の事業所を探しに行きましょう」ということ。弱い人を優先するということ。それができない。これが現実。僕は日本の福祉の現実だと思ってる。ＡＪＵ自立の家だけの現実じゃない。弱い人につくことができないということに、ＡＪＵ自立の家も染まりつつあるということ。

当事者主体、本人中心の障害者運動と事業を展開し続けてきた団体、法人でさえ、事業所の経営、運営が優先されてしまいかねない現状への危惧を山田は口にしている。同時に、「よくする会」、AJU自立の家の真髄を知る以下のエピソードに触れておこう。

トッポン(17)は、本当は死ななかったら今頃、DPI［アジア太平洋ブロック会議］の議長やっとる。ヒューマンケア協会の中西［正司］がおりてトッポンが議長になる予定だったんだけど、その直前で死んじゃった。トッポンもね、名古屋のハンディマラソンに来とるんだ。怪我して二年目のときに。僕らも忘れていたんだけど、実はその時、ライオンズクラブでもらった新品の車いすがあったんで、「お前にプレゼントしたるで、タイ行って障害者のために働け」って僕らが言ったっていうんだ。その車いすは死んでからもとってあったんだわ。「これは山田にもらった」って。そういう人［日本での体験をもとに、世界で活躍するリーダー］が出てきたの。

僕らが第一回のタイ・スタディツアーでアジアに行ったとき、トッポンは約束したけど、来うせんのだわ。トッポンがどっかに消えちゃった。実は、自殺するっていう人がおって、その人と二日間一緒にいた。だから電話もできなかったって言って。その人にずっと寄り添っとったんだ。

これはね、［中村］力さんとよう似とるんだわ。力さんのときは、妹さんから電話かかってきて。どこいったかしらん?　って。彼は軍手の機械を動かしてナンボの世界だろ［中村力は自宅で、軍手の製造で生計を立てていた］。それがどこにもいないっていうので。実は、ある人が灯油かぶって「自殺する」っていって、力さんのところに電話かかってきて、力さん飛び出て、なだめて、風呂いれて、灯油を洗い流してってていうのに三日かかっただわ。どこへ行ったんだお前って。出たら火でもつけられたらアウトだで。

とにかくまるっと三日か。その人と寄り添っとったって。これができるかできんかっていうのはね、実際のところ難しいなあ。でも、できる、してきたっていう、そういう障害者がおるから、「よくする会」、AJU自立の家があったんだわ。

トッポンみたいな人に出会うから、何とかして近づきたいと思う。そういう動きが、福祉の原点だと僕は思っとるのね。力さんもそうなんだけど。そうやっていくと、義に感じたら、なんでもいい。「この人のためになることなら、何でもいい。やれ」って。「この人を自立させるために」っていうことで、ね。本当にね、ああいうところは芽が出るんだわ。


このエピソードには、「よくする会」、AJU自立の家の使命が体現されている。


AJU自立の家は、社会で最も弱い立場の人を絶対的に支える組織である。

その実践する価値観は、正しいか正しくないかという世間の常識やこれまでの前例によるものではない。常に、ニーズを基盤にして、より重い障害のある人の経験と知恵に基づき、社会的に最も弱い立場の人を支えることである。

それを実現するために、様々な当事者が参加できることを最も大切にする。

社会にあるバリア、組織的限界、個人的な壁を乗り越えるために、常に挑戦とスクラップ&ビルドを恐れない。(AJU自立の家、二〇一二)

最後に、あえてAJU自立の家及び愛知県重度障害者の生活をよくする会の障害者運動の特徴を二つ挙げておこう。一つは、親との関係がある。障害者の自立といえば、抑圧者としての親からの分離、もしくは親子関係の断絶を想起させることがある。しかし、「よくする会」立ち上げ時の障害者らは、親と同居生活をしながら、街へ出る活動、「よくする会」の活動、行政との交渉などの障害者運動を進めた。親元を離れたのは、結婚を機にという場合が多く、親の老後のケア、看取りという親の死に水をとった人も多い。これは、本書の第Ⅱ部の樫村の指摘にもあるように、東京や大阪といった地域とは異なる愛知、という地域の保守性との関連もあろう。同時に、子どもが大学進学を機に、親元から離れて生活し、自立していくのと同様に、福祉ホームを「下宿屋」として位置付け、親元からの自立をめざしたことは、「一市民としてあたり前に生活をしたい」(山田、一九九八)という「よくする会」の活動の原点に起因する側面もあろう。[18]

第二に、複数人の当事者リーダーが継続して関わっていることがある。社会福祉法人格を取得し、複数の事業を展開するうえにおいても、また、法人内の職員としてではなく、法人を外部から支援し、障害者運動を推進するうえでも、複数人の当事者リーダーが継続して関わり続けてきたことは、当事者主体を堅持するうえで、不可欠な要素となっている。

障害者主体を標榜する事業体の多くが、事業の運営・経営と理念の継承、次世代リーダーの育成という苦悩を抱える傾向にある。AJU自立の家も例外ではない。

愛知県重度障害者の生活をよくする会のめざすものとAJU自立の家の事業のあり方とが一致しない場面もある。事業規模の拡大とともに、運営・経営と運動のバランスは困難を増している。しかし、規模が大きいことが、複数の当事者リーダーを擁することを可能にしているともいえる。同時に障害のないスタッフが増えることにより、協働のあり方がより一層、模索されなければならない。さらに、理念を具現化する組織運営のためには、障害のないスタッフの育成もまた、これまで以上に求められることとなる。

「よくする会」、ＡＪＵ自立の家の運動と実践は、身体障害のある人、なかでも脊髄・頸髄損傷の車いす利用者のとりくみから始まり、その後、障害の種類、有無とは関係なく、目の前の人と向き合うなかで行動をおこし、地域の人も巻き込みながら、市民運動化してきた。失敗や後悔の念があっても、むしろそれを忘れず、原動力にしてきた。今後の方向性やあるべきリーダー像もまた、一人ひとりの人の暮らしに向き合うなかで形づくっていくしかない。

障害者運動と事業展開、経営のバランスについて、当事者主体の理念の継承と組織拡大による運営のあり方について、次世代スタッフの育成についてなど、いずれも他の組織と同様の課題を抱える現状にある。高齢化に対する課題にいち早く直面しているように、「よくする会」とＡＪＵ自立の家は、常に時代の先を走り、新たな社会を切り拓いていく立場にある。

本稿では触れられていないが、ＤＰＩ日本会議及び世界会議との関わり、全国自立生活センター協議会（ＪＩＬ）との関わり、愛知県重度障害者団体連絡協議会や第Ⅳ部との関連でいえば、愛知障害フォーラム（ＡＤＦ）との関わりなども「よくする会」及びＡＪＵ自立の家にはある。別稿を待たねばならないが、こうしたことを丁寧にたどることで、新たな知見が得られることになろう。

注

1　文中の会話は、山田へのインタビューの引用である。文中［　］内は聴き手・伊藤葉子の補足。

2　社会福祉法人を設立した一九九〇年以降は、運動体としての「よくする会」と事業体としてのＡＪＵ自立の家に、はっきりとした境界をつけることが困難になりつつあり、本稿でもそれを見て取ることができる。これは、文中にあるように、ひとりの人の生活上の困りごとや希望を実現するという障害者を中心とした運動と活動・実践の延長線上に法人設立があり、今日の事業運営があることに起因している。

3 中村 力（故人）は、AJU自立の家後援会設立時から事務局長を務める。中村の個人史については、以下に詳しい。山田昭義編（一九九八）『自立を選んだ障害者たち　愛知県重度障害者の生活をよくする会のあゆみ』愛知書房。

4 希全寮時代の施設内でふたりが関係を密にしていった様子は山田昭義、前掲書に詳しい。

5 愛知県重度障害者の生活をよくする会の設立経緯などは、山田昭義、前掲書を参考に執筆している。詳細については、是非、同書を手に取ってほしい。

6 AJUは「愛の実行運動：AINO JIKKOU UNDOU」のローマ字表記の略。

7 浦辺 史（故人）。当時、日本福祉大学教授。児童福祉問題にとりくみ、保育運動にも従事。保育研究所理事長。全国保育団体連絡会会長を務める。

8 長 宏（故人）。児島美都子の夫、元朝日訴訟中央対策委員会事務局長、日本患者同盟会長を務める。

9 小嶋和子。寛仁親王が会長を務めた福祉団体「柏朋会」の会員。

10 「さん！さん！モーニング」は、天野鎮雄がパーソナリティを務めた東海ラジオの番組。

11 アマチンさんとは、天野鎮雄。俳優。タレント。劇団「劇座」代表。

12 家田美智雄は実業家。ユニー株式会社取締役、人事部長の後、株式会社ユーストアを設立。社長、会長に就任。その後、ユニー会長、サークルケイ・ジャパン株式会社社長などを歴任。

13 詳しくは別掲。障害学会の原稿を参照。

14 労働については、松田昇他編（二〇〇八）『市民学への挑戦』梓出版及び別掲、労働についての原稿を参照。

15 労働については、別掲、労働についての原稿を参照。特に工賃課税問題については『市民学への挑戦』

も参照のこと。

16 近年の新たな事業展開については、AJU自立の家編（二〇一一）『当事者主体を貫く　不可能を可能に——重度障害者、地域移行への二〇年の軌跡』中央法規を参照されたい。

17 トッポン・クンカンチット Topong Kulkhanchit（故人）。タイの障害者運動のリーダー、元DPIアジア太平洋開発事務所・事務局長。二〇〇七年逝去。

18 地域性、家族のあり方と障害者運動や個々の自立のプロセスについては、一概に言えるものではなく、今後、丁寧な分析を要する。

参考文献

AJU自立の家編（二〇〇一）『地域で生きる——自立をめざす重度障害者の自分史から』、中央法規。

AJU自立の家編（二〇一一）『当事者主体を貫く　不可能を可能に——重度障害者、地域移行への二〇年の軌跡』、中央法規。

伊藤葉子（二〇〇九）「障害当事者による地域自立生活移行：AJU自立の家の実践から（シンポジウム、学会フォーラム：地域移行支援の現状と課題）」『社会福祉学』五〇（三）、八三–八六頁。

障害学会（二〇一二）「特集Ⅰ　愛知における障害者運動——労働をめぐるとりくみと現代的意義——」『障害学研究』八、明石書店、八–六五頁。

DPI日本会議（二〇一四）『障害者エンパワメントと本人中心のありかた研究事業報告書』。

松田　昇ほか編著（二〇〇八）『市民学の挑戦　支えあう市民の公共空間を求めて』、梓出版社。

山田昭義編（一九九八）『自立を選んだ障害者たち——愛知県重度障害者の生活をよくする会のあゆみ』、愛知書房。

第Ⅳ部　様々な場における動き

JDF地域フォーラム in 東海　パネルディスカッション
（撮影者：JDF地域フォーラムin東海実行委員会）

第Ⅳ部は、二〇一一年から二〇一四年にかけて、愛知大学文学会・障害学研究会が開催したワークショップ等において行われた講演をもとに再構成したものである。視覚障害（名古屋ライトハウス）、精神障害（名古屋うつ病友の会、草のネット、雑草）、聴覚障害（愛知県聴覚障害者協会など）の障害種別ごとの運動あるいは活動、そして障害種別を超えて設立されたＡＤＦ（愛知障害フォーラム）の前史と今後について取り上げている。全体を把握するには不足しているが、これらをきっかけとしてそれぞれの場における動きに、ひきつづき注目していきたい。

名古屋ライトハウスの歴史

近藤正臣

はじめに

「名古屋ライトハウス」の専務理事の近藤正臣です。私どもの団体は、障害者運動的なものは強くありませんので、さほど激しさはないかもしれません。

まず、名古屋ライトハウスの活動をご紹介し、どういうきっかけででき、今日までどういう歩みをしてきたのか、また私自身が思っていることをお話しさせていただきたいと思います。

いろいろな事業をしていますが、事業の中心は、かつての授産施設、一般就労が難しい方が働く福祉的就労を支援する事業です。中央の団体として「全国社会就労センター協議会（セルプ協）」があるのですが、私はいま会長を仰せつかって活動しています［二〇一三年五月退任］。愛知県の社会就労センター部会（県セルプ協）、愛知県セルプセンターの会長等もしています。

一　名古屋ライトハウスの現在

名古屋ライトハウスが生まれたのが一九四六年。二〇一二年で六六年が経過しました。最初は、私の父である近藤正秋の自宅の一室からはじまりました。近くの昭和区川名町にある「光和寮《こうわりょう》」の元であります。現在では名古屋市内に多くの拠点をもっています。

事業の始まりは視覚障害者を対象としたものでしたが、今は他の障害者も対象にしています。さらに児童や高齢者を対象にした事業も展開しています(注1)。

名古屋ライトハウスの特徴としては、先程も申し上げたとおり視覚障害者を対象としてきたため、それぞれの事業に視覚障害者がおられることだと思います。特に光和寮の就労継続支援事業B型では七八名のうち約半数が視覚障害者で、生活介護も半数の一四名が視覚障害者です。「デイサービスセンタークリエイト川名」は、視覚障害者を中心としたデイサービスセンターで、法的には地域活動支援センターといっています。登録三九名、一日平均一五名位の利用者です。本来は生活介護でやるべき事業ですが、生活介護は障害程度区分3以上でないと利用できません。視覚障害者は全盲でも身の回りのことができるので区分3がつかないのです。視覚障害者に特化したデイサービスセンターを、ということで市と相談して開設し、市内では唯一のものです。

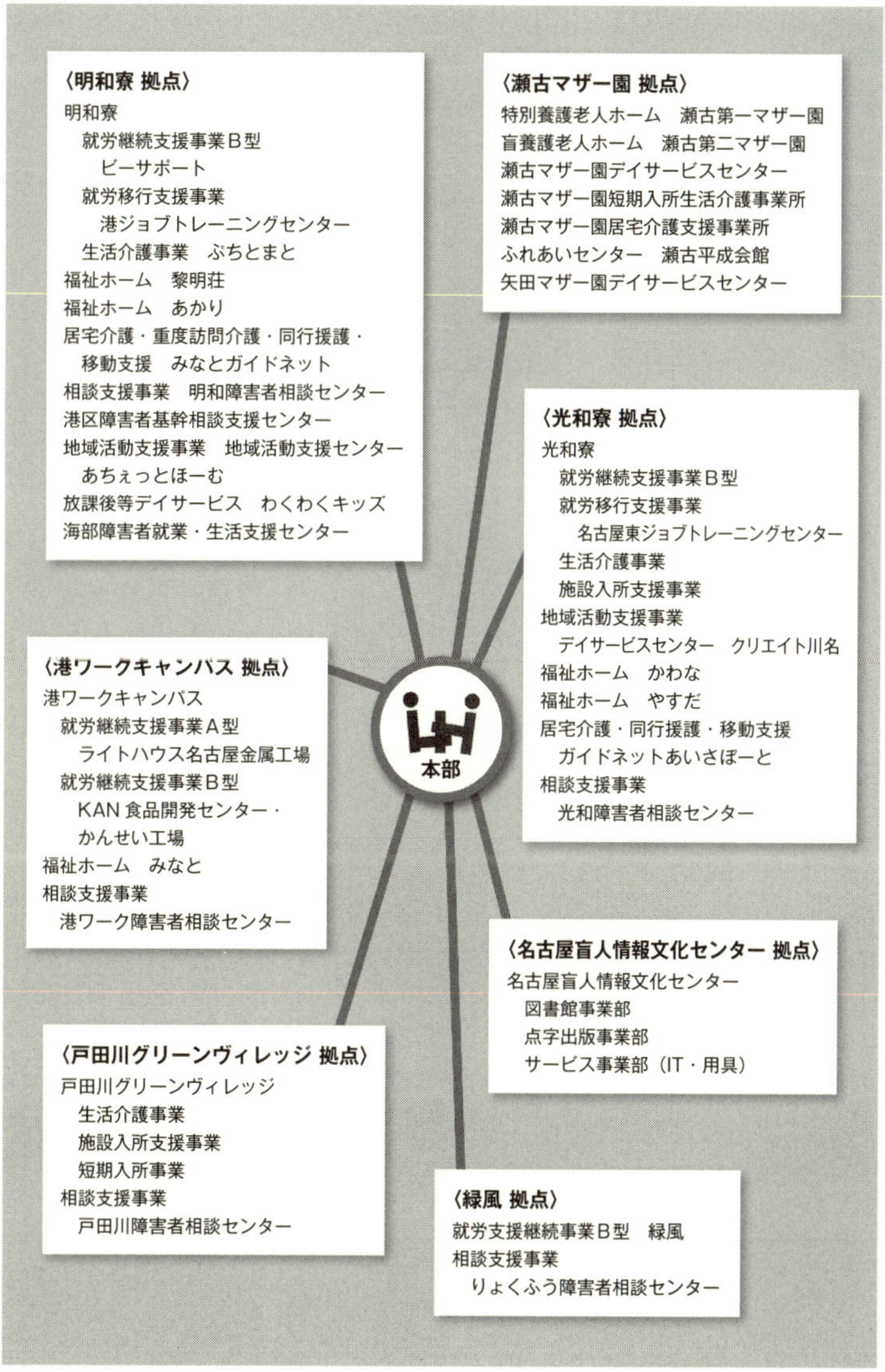
〈明和寮 拠点〉
明和寮
就労継続支援事業B型
ビーサポート
就労移行支援事業
港ジョブトレーニングセンター
生活介護事業　ぷちとまと
福祉ホーム　黎明荘
福祉ホーム　あかり
居宅介護・重度訪問介護・同行援護・
移動支援　みなとガイドネット
相談支援事業　明和障害者相談センター
港区障害者基幹相談支援センター
地域活動支援事業　地域活動支援センター
あちぇっとほーむ
放課後等デイサービス　わくわくキッズ
海部障害者就業・生活支援センター
〈瀬古マザー園 拠点〉
特別養護老人ホーム　瀬古第一マザー園
盲養護老人ホーム　瀬古第二マザー園
瀬古マザー園デイサービスセンター
瀬古マザー園短期入所生活介護事業所
瀬古マザー園居宅介護支援事業所
ふれあいセンター　瀬古平成会館
矢田マザー園デイサービスセンター
〈光和寮 拠点〉
光和寮
就労継続支援事業B型
就労移行支援事業
名古屋東ジョブトレーニングセンター
生活介護事業
施設入所支援事業
地域活動支援事業
デイサービスセンター　クリエイト川名
福祉ホーム　かわな
福祉ホーム　やすだ
居宅介護・同行援護・移動支援
ガイドネットあいさぽーと
相談支援事業
光和障害者相談センター
本部
〈港ワークキャンパス 拠点〉
港ワークキャンパス
就労継続支援事業A型
ライトハウス名古屋金属工場
就労継続支援事業B型
KAN食品開発センター・
かんせい工場
福祉ホーム　みなと
相談支援事業
港ワーク障害者相談センター
〈名古屋盲人情報文化センター 拠点〉
名古屋盲人情報文化センター
図書館事業部
点字出版事業部
サービス事業部（IT・用具）
〈戸田川グリーンヴィレッジ 拠点〉
戸田川グリーンヴィレッジ
生活介護事業
施設入所支援事業
短期入所事業
相談支援事業
戸田川障害者相談センター
〈緑風 拠点〉
就労支援継続事業B型　緑風
相談支援事業
りょくふう障害者相談センター

二　名古屋ライトハウスの歴史

1　はじまり

名古屋ライトハウスの事業は、片岡好亀《かたおかよしき》先生［一九〇三（明治三十六）年生、一九九六年没］と、私の父、近藤正秋［一九一三（大正二）年生、一九九七年没］の二人三脚で始まりました。

父は愛知商業学校卒業後、志願して軍人になって満州にいきました。ハルピンで一九三五年五月だったか、敵軍との戦いで、左のこめかみに銃撃を受けて一瞬のうちに盲人になりました。二二歳の頃です。

まだ戦況は悪化していなかったので、現地から帰ってきたときには地元が総出で出迎えたそうです。白衣の戦士ということで、もてはやされました。そうこうするうちに、なにかしなければと、一九三六年に名古屋盲学校へ、さらに一九三八年に東京の失明軍人教育所に入り、計四年間勉強をして一九四〇年、県立の名古屋盲学校の教師として第二の人生をスタートさせました。

片岡先生も同じ時期に名古屋盲学校に教師として赴任されていました。早稲田大学在学中に疾病により盲人になった人で、北海道の出身でした。名古屋盲学校で父は片岡先生に出会いました。

戦争が激しくなってきた一九四四年の暮れ、父は当時の校長と対立しました。生徒の多くは寄宿舎生活をしており、校長は「いった

近藤正秋

片岡好亀

ん学校を閉めて、生徒は家庭に引き取ってもらって安全な場所に逃げよう」という方針を出したのですが、父は「閉鎖するのではなく学校をどこかへ移してでも、生徒を守る」ことを訴えました。そして堪忍袋の緒が切れたのか、とうとう教師を退任することになりました。

私は当時四歳、四人きょうだいで父母と子どもの家族六人が路頭に迷うことになりました。空襲が激しくなり愛知郡東郷町へ疎開しようということで、畑などをしながら飢えをしのぎました。終戦の一九四五年八月、幸いにも名古屋の自宅が焼けずに残ったことや、父は三療（あんまマッサージ、はり、きゅう）の資格があったので、食い扶持を得るために自宅の一室で治療院をはじめました。

当時、傷痍軍人や視覚障害者の働く場所がなかったので、国の方針として全国に共同治療所をつくろうということになり、盲学校を通してつくってくれる人を探していました。しかし、やる人がまったくいなかった。片岡先生から、たまたま父に話があって、引き受けることになったようです。また草場《くさば》隆円《りゅうえん》という議員の先生から、[2] どうせやるなら盲人全体の地位向上のための組織をつくったらどうかといわれ、だんだん話が大きくなって、愛知県の組織をつくろうと思ったようです。盲学校の卒業生等に呼びかけて「愛知県盲人福祉協会」を結成しました。

一九四六年十月十七日に設立総会が開かれました。そして自宅の治療院に共同治療所という看板を掲げ、一人の盲学校の卒業生で行き場のない人に二階に住んでもらうことにしました。今でいう入所者の第一号です。愛知県盲人福祉協会という組織が事業を始めたことになり、この事業こそが今日の名古屋ライトハウスとしての原点であり、この日を創立記念日としています。その後一九四八年には任意団体を社団法人愛知県盲人福祉協会といたしました。

前後しますが、一九四七年に大阪の日本ライトハウスの岩橋武夫先生[3]に講演をしていただきました

創業当時の金属工場

が、その時に大阪で視覚障害者の伝統的な三療以外の新しい仕事として金属作業をやっている、という話がありました。空き缶を集めて、それを切り開いて板状にするだけで高く売れた時代でした。空き缶はアメリカの駐留軍から出ますが、名古屋では市の公会堂を軍司令部にして駐留していました。岩橋先生の尽力で、軍に口ききをしてもらい、片岡先生は英語がペラペラだったので軍司令部と交渉して、そこから出るゴミを引き取る権利を得ました。私自身五、六歳のとき、リヤカーで持ってきた覚えがあります。一九四八年に自宅の近くの民家を借り金属作業はスタートしました。

共同治療所と金属作業でお金を貯めては、土地を取得して徐々に事業を増やしていきました。当時は職員募集という時代ではなく、主として親戚の方に支えてもらいました。おじさん、おばさん、幼い自分も含め家族も手伝いました。福祉なんていう法律もなかった時代で、みんなそこで集まって、生きていくために必死にやっていました。

2　創設者の二人について

父は自分でやってみないことには納得しない性格でした。

もともと町工場のおやじという感じでした。父に行動力があったのは、はじめから目が見えなかったわけではなく、途中から見えなくなったということもあります。たまたま目が見えない町工場のおやじが、朝から晩まで自分で行動をせざるをえなかったわけで、町工場が時とともに福祉の制度に乗っかったというところでしょうか。ともかく新しいことは怪我してでも自分でやってみるという性格でした。

余談になりますが、父のような視覚障害者が室内を杖もなしにスタスタと歩いていたのは、何もないところを歩くのは大変ですが、却ってモノがあったほうが自分がどこにいるかはわかります。運動場の真ん中に立たされて「どこかへ行け」と言われると困ってしまう。モノが移動されてしまうと困っちゃいますが、慣れというのがあって、それで視覚障害者は動いているのだと思います。また、父はよく盲導犬について「皆で使えたら」とも言っていました。ところが、盲導犬は主人と一体にならなければいけません。共有して使うものにはなりません。どこかに行く場合も、主人の頭の中に地図が入っていないと残念ながら使えません。また盲導犬になれるのはほんの一握りなので一頭に二百万～三百万円かかってしまいます。

話がそれてしまいましたが、片岡先生については、温厚な性格だけではなくて芯が強い、信念がある人でした。片岡先生の「盲人もお願いするという立場ではなく、権利として言っていく」という言葉は、障害者の権利条約の理念にも通じるものです[4]。動の近藤に対し、じっくり考えるタイプの片岡先生は本当にいい女房役でした。

3　身体障害者福祉法の制定以後

一九四九年、「愛知県盲人福祉連合会」の結成に伴い組織と事業とは分離し、「社団法人愛知県盲人福祉協会」は一事業体として前進することになりました。

身体障害者福祉法は一九四九年にできました。その後、一九五一年には社会福祉事業法（現・社会福祉法）ができ、社会福祉法人が規定されました。社団法人愛知県盲人福祉協会が社会福祉法人になったのが一九五二年です。その時、はじめて民間への委託制度ができました。全国で身体障害者授産施設が五つ指定されましたが、そのうちの一つです。一九五七年には社会福祉法人名古屋ライトハウスに改称しました。その時初めて公費としての措置費が出るようになり、月額二〇一〇円で食費は日額六一円でした。

一九四八年に岩橋先生のお骨折りで、ヘレン・ケラー女史を日本にお呼びすることになりました。作業所はまだバラック建てでしたが、何とか来ていただけないか岩橋先生にお願いしたようです。県からは「ヘレン・ケラー女史は国賓なので、そんなバラックのようなところは行けん〔行けない〕」ということでした。それでも案内役だった岩橋先生は自分の責任で立ち寄るということで、移動の最中に県に無断で立ち寄っていただきました。愛知県盲人福祉協会は迎える準備で大わらわで、それはまさに大きな出来事でした。

その後、岩山光男さん[5]という方が、盲人の情報過疎を少しでも解消しようと、カトリック布池教会の一室を借りて「あけの星声の図書館」という名称で録音図書を作っていました。ところが教会の改修工事で使えなくなりました。ほかに移るところもなく、それならということで名古屋ライトハウスが一九六三年に受け入れることになりました。これが今日の名古屋盲人情報文化センターです。

4　施設の拡張期

一九六三年から一九七五年までは、ほとんど自力により施設を拡充していった時代です。一九八一年に国際障害者年があって、その数年前から重度の障害者も働きたいという気風が強くなり、施設を増やしていかなくては、ということになっていました。

父は日頃、社会福祉事業は情熱のある人がやらなければならない、つまり世襲はよくないということで、いろいろと人を当たったようですが、なかなかいないという状況でした。

私は一九六五年に大学を卒業してからサラリーマン生活をしていました。一九七七年の一月十五日成人の日に、父から「手伝ってくれ」と言われました。めったに頼む父ではなかったので二つ返事で引き受けました。

栄に本社がある興和という会社に一九六七年から勤め、八年ほど経った頃でした。その頃はちょうど労働組合運動が激しかったときで、本社・営業部門でも組合をつくろうということになりました。一九七四年に組合ができ本部書記長になりました。規約つくりに始まり全国の支部つくりなど、土日もなく相当に大変でした。結成後三年経ったとき、突然本部書記長を辞めることになったので、会社からも組合からも随分お叱りを受けました。全国各地に謝りにまわって、「今後はこういう福祉の仕事をします」と挨拶をして許してもらいました。そして一九七七年四月にこの世界に入りました。

重い障害をもっている人も働く施設ということで一九七八年に港区で「明和寮」の工事が始まり、一九七九年に完成しました。一九八三年には「港ワークキャンパス」をつくり、一九八九年に老人ホームをつくり、その後川名にある光和寮の耐火建物への再整備、あけの星声の図書館の港区への移設等が続きました。その頃は人もあまりいなかったので、補助金の申請やら建築の打ち合わせやら無我夢中でした。一九八〇年一月からは明和寮の施設長もやりながら必死で進めてきました。金も借りなければならない、人も集めなければならないということで大変でした。このような歩みをして今があります。

5　視覚障害に特化しなかった経緯

父は、「視覚障害者が勝てるとしたら暗闇でやる仕事くらいしかない」と言っていました。三療自体にハンディキャップはないですが、いろんな機器を使ってやるようになってきたので、一部の人を除いてお客さんを獲得するのは困難になってきています。金属作業でもプレス作業だと目の見える人がやらないと危険ですが、肢体障害等で目が見える人との協力で工賃を上げることができます。また録音速記事業というのをやっています。録音を聴きながらワープロで墨字にしていくものです。最終チェックは目の見える肢体障害の人にお願いしています。これも視覚障害者と肢体障害者の共同により事業が発展してきました。

視覚障害者への特化は、盲老人ホームのように住まいの場・施設としては残っていますが、授産事業としては発展していません。私どももいろんな仕事にチャレンジしていますが、うまくいっているのは、モノをこっちからあっちへ運ぶ仕事などざっくりした仕事です。真空パックの仕事なんか一時期はよかったです。ああいうものは目が見えなくてもできるので、明和寮でものすごくやっていました。しかし、機械化が進み、自動でできるようになって難しくなりました。

視覚障害者には大学の先生から弁護士までいますが、それはごく一部の頭のいい人の仕事で、広く視覚障害の人の仕事を考えると、いろいろな障害者が助け合ったほうが付加価値の高い仕事ができるだろうと思っています。

視覚障害者といっても、全盲とそうでない人との差は天と地ほどあります。全盲でない人で施設に来られるとしたら、重複障害の方といえます。いずれにしても視覚障害者だけの仕事には、やはり限界があると言っていいでしょう。

6　名古屋市政との関係

拡張期に名古屋市とどうからんでいたのかについては、昭和から平成の初期の時代までは、財政的にも余裕があり、情熱をぶつけることにより行政も動いてくれました。情熱と実績があわされば要望をある程度受け入れてくれたという印象がありました。

一九七九年に明和寮ができたときには、もう整備するには時期的に遅かったように思います。他の法人のほうが施設を拡張していて、名古屋ライトハウスはその動きから遅れました。

父はよく「俺が目が見えていればなあ」と言っていました。視覚障害者ゆえの世間の狭さ、情報入手の遅れも影響していたかもしれません。明和寮をつくったときには、実績と情熱、重い障害をもった人の入所施設をどうしてもつくりたいと訴えました。その頃、重度身体障害者入所授産施設が制度化され、行政もつくらなければならないということと合致しました。名古屋市の三千坪の土地を貸してくれました。

それがきっかけになって、なぜライトハウスだけに貸すのか、と他の法人に対しても土地を無償で提供しようというのが広がりました。それは平成の初期の頃までです。

社会福祉法人が増えてきて、やりたい人も増えてきました。二〇〇〇年の社会福祉基礎構造改革以降、公募になってきました。行政として、こういった施設をつくりたい、このような土地がある、やりたい人は手を挙げプランを出せ、という公募方式になってきました。

二〇一一年に開設した「戸田川グリーンヴィレッジ」は、名古屋市として、入所施設と日中活動の場（生活介護）がある、重い障害をもった人の障害者支援施設をつくりたいということで、当初は一〇以上の法人が手を挙げました。最終的には五つに絞られて、審査員が五人いて、プレゼンテーションをして、その結果で決まりました。「緑風」(6)についても同じです。公立施設を民営化するときには手挙げ方式に変わってきています。

今はいくら情熱があってもお金がないとできません。土地まで自分で工面してやるとなると、とても合いません。やれるのは老人ホームぐらいで、それ以外はペイできません。公の土地を当てにするか、大きな土地の寄付でもなければできません……。今はそういう時代です。

それから忘れてはいけないのが、老人ホーム。老人ホームをつくったのは、視覚障害の利用者で、もともとは授産でやっていたが、高齢で働くことが難しくなったという人の声を受けて、視覚障害者専用の養護老人ホームをつくりたいという運動を地域の視覚障害者団体と一緒に名古屋市に対してしました。難航しましたが特養との合築、昭和の末期の着工、一年後の開設という計画でした。市のＯＫが出て、補助金もつける、建物の設計図もできて、国の返事待ちという段階でした。

ところが途中で国の方針が変わって、障害の種別による養護老人ホームはつくらない、盲老人ホームに対しては補助金は出さない、特養だったら、まだ充足していなかったので出せるがということでした。

私どもがほしかったのは視覚障害者のための老人ホーム。途方にくれ、県社協に用事で行ったとき、県の共同募金会の渡辺常務さんにトイレでばったり会いました。今八十代ですが、本当にお世話になりました。当時は共同募金会が公益法人の補助金の窓口でした。その方が骨を折ってあげようと言ってくださって、それでようやく盲養護老人ホームも整備することができました。こうして特養と盲養護老人ホームの二つの施設が同時に誕生しました。

現在、盲養護老人ホームでも特養対象になる人も出てきています。ところが特養のほうは、審査会で要介護度が重度の人から入所してきます。私どもの法人に頼まれても入れるわけではありません。結果的に盲養護老人ホームに特養待機の人がたまっている状況です。

7　制度と事業展開との関係

制度との関連でいえば、当時制度化された重度身体障害者入所授産施設の明和寮がそうだといえます。それからあけの星声の図書館は視覚障害者情報提供施設になりました[7]。最近の相談支援事業、障害者就業・生活支援センターも明らかに法律との関係でできました。

多機能型事業所も自立支援法によるものです。総合支援法でまた変わるかもしれません。障害者福祉制度は措置費から支援費制度、自立支援法、総合支援法と目まぐるしく変わっています。措置費から障害福祉サービスの報酬が日払いになったので必死です。実際に地域活動支援センターの利用者は、週一回利用して別の日は他へ行っている人がけっこういます。経営する側としては、人は配置しなければいけないが収入はないことで歪みが出てきています。就労移行支援事業は利用者が就職したら次の日から収入が入ってきません。就職させればさせるほど経営が難しくなってしまいます。これについては制度の見直しが必要と思いますが。

8　基金「愛盲報恩会」の設立

名古屋ライトハウスの附帯事業として「愛盲報恩会」という基金事業があります。父は還暦の一九七三年に藍綬褒章を受章した後、六八歳のときに大腸がんになりました。手術して人工肛門になりましたが、いのちは助かりました。また四二、三歳のときにも胆のうを手術していました。ここまでやってこられたのも、多くの人の支えがあったから、恩返しのためになにかしたいと考えたのです。息子も頼りないのでお金を残してはいけない、と思ったのか、貯めたお金の一部三千万円で基金をつくり、「愛盲報恩会」としました。その後母は一九八六年七一歳で亡くなったのですが、父は母のほうが長生きすると考えて、財産を少しずつ母に移していたのに、母のほうが先に死んでしまいました。よほど堪えたのか、母が残したお金も基金に入れてしまいました。現在では一億一千万円ぐらいの基金になっています。

一九七八年頃、父は盲人会の会長を引き受けていました。大会開催等のため地元の大手企業に支援を募りましたが、乞食扱いされることもありました。「こんな思いをこれからの人にさせてはいけない」との思いから、まずは地域の視覚障害者組織に援助をしていこうと考えたのです。当初名古屋市に財団法人をつくれないかと相談したのですが、一億ぐらいないとだめだと言われて、しばらく任意団体のまま活動しましたが、結局、一九八三年に名古屋ライトハウスの事業に移管しました。

地域の視覚障害者組織に援助しようということで、毎年三〇団体ぐらいに一二〇〜一三〇万円ぐらい支援してきています。他のこともできないか、ということで、二〇〇六年の創立六十周年のときに、記念事業として「愛盲報恩会近藤正秋賞・片岡好亀賞」を創設しました。視覚障害者の賞としては、「点字毎日賞」、「岩橋武夫賞」、「鳥居賞〔京都ライトハウスの創設者〕」などがあります。ローカルな賞になるので、何か特徴をつけなければということから、視覚障害者を対象とし、功成り名を遂げた方ではなく、これからも大いに活躍を期待できる中堅どころから発掘・応援しようという主旨です。近藤正秋賞は地域活動・経済活動等に貢献のあった人、片岡先生が教育者であったので、片岡好亀賞は教育・文化・スポーツ等で活躍した人を対象にしています。二〇〇八年度の近藤正秋賞は静岡県立大学の石川准先生に、片岡好亀賞は筑波技術大学の和久田哲司先生に贈りました。社会福祉法人としてはめずらしい存在だろうと思います。

三　名古屋ライトハウスの今後について

1　地域の社会資源として

今年〔二〇一二年〕で七〇歳になるので、私もそろそろ引退を考えています。量的な拡大というよりは質の向上をはかっていく必要があります。特にライトハウスの弱いところは、施設中心で今日までやってきたので、地域福祉、地域に対する影響力がゆたかな福祉会、わっぱの会、ＡＪＵ自立の家に比べると弱いのです。今後は地域に影響力を広げていけるような動きに力を入れてやっていきたいと考えています。その一環として相談支援事業は非常に重要な事業だろうと思っています。社協を中心とした活動にも、協力していきたいと思っています。

なかなか難しいことですが、法人のため、施設のため、そして地域のために力を惜しまない人をつくっていく必要があります。先ずは法人の内部だけでも優秀な人をできるだけたくさんつくっていきたいです。人材、施設は大きな資源であり、これを地域でどう生かしていくかが重要です。

東日本大震災でも、施設が支援の拠点になりました。名古屋市・愛知県にもそうした動きが必要です。社会の共通の資源として、そういう役割を考えていければと思います。

2　三療について

三療をどうするかも大変な問題です。国家資格があっても、なかなか地域で開業しても顧客が取れません。「盲三療を守る会」(8)をつくって活動しましたが、うまくいきませんでした。晴眼者や資格をもたずにやっている人も増えているなかでは厳しいです。保険による治療も点数が低く、医師からの紹介も必要なので、うまく活用している人は数えるほどです。それで結局、私どもの治療所（就労継続支援事業B型）で働かざるを得ないということになります。大企業で必ずヘルスキーパー（企業内理療師）を置かなければいけないという法律でもないと、なかなか一般就労も厳しいです。また置いたとしても景気が悪いと真っ先に整理されてしまいます。

3　福祉的就労の充実に向けて

福祉的就労は逆風を受けながらやっています。障害者自立支援法になり、ともかくできるだけ一般の企業で働いてもらいましょうということになりました。そうなると私どもがずっとやってきた福祉での就労の場が危うくなっています。福祉的就労で働いているから工賃が一万三千円ぐらいで低いんだ、公的なお金の多くは職員の給料になってしまっている、一般で働いてもらったほうが遥かにいいんじゃないかということで風当たりが強いです。一方、障害者権利条約ではあらゆる面での平等が謳われており、福祉的就労でも労働者としてみていこうということになっています。労働法が適用されるということは最低賃金が問題になってきます。福祉の中でやってるから最低賃金が確保できない、という話になってしまっています。別に怠けてやっているわけではないのですが。

「港ワークキャンパス（就労継続支援事業A型）」では、会社を辞めてこっちへ来る人がたくさんいるのが実情です。「一般の職場では様々なプレッシャーに耐えられない、いろんなことを言われて」と。それよりも心豊かに人間らしく働いて暮らしたいという声があります。それが福祉的就労の大事な部分だと思います。

ヨーロッパでは経済不況のもとお金がかかるからということで保護雇用がどんどん縮小しています。保護雇用制度が崩れつつあります。日本では保護雇用の制度はないですが、実質的な保護雇用が福祉的就労だと思っています。これを強化していかなければいけません。全国社会就労センター協議会でもっと頑張っていきたい。努力すれば報われるような制度ができないかと思っています。

障害者優先調達推進法（二〇一三年四月施行）が成立しました。国や地方自治体は、優先的に障害者の就労支援施設から物品・役務等を調達しなければいけないというものです。これに期待をかけています。今までは政策により仕事をもらっていましたが、これからは調達の義務が生じてきます。義務が生じてきても、あなたたち何ができるの？　という話になります。クッキーでは愛知県・名古屋市は買ってくれませんので、買ってくれるものを作らなくてはいけません。市場価格があるので、競争力のある価格にしなければいけません。河村市長になってから印刷の値段はかなり厳しく査定されるようになりましたが、こちらの対応力が問われています。愛知県の共同受注窓口として愛知県セルプセンターがなっていますが、残念ながら人を置けるだけの財政がありません。受注活動に応えられる体制をつくっていかなくてはいけないと考えています。

アメリカには官公需に関する立派な法律があります。自由の女神を掃除するのも、障害者が入っています。また軍の基地内の庭の清掃、売店の運営・車両の管理など、軍事関係の仕事がかなり占めています。日本も自衛隊の仕事を受けられないか期待をもっています。

障害者優先調達推進法が円滑に運用され、法の目的である障害者就労支援施設で働く障害者の自立の促進につなげていかなければなりません。

（本稿は、二〇一二年十一月十一日に行われた愛知大学文学会・障害学研究会ワークショップにおける講演をもとに構成しました。［　］内は構成者の補足。構成：河口尚子）

注

1 現在行っている各事業については、社会福祉法人名古屋ライトハウスのホームページ（http:nagoya-lighthouse.jp）を参照。

2 愛知選挙区の参議院議員。第五次吉田内閣で厚生大臣。

3 一八九八（明治三十一）年生。一九歳で失明、イギリスのエジンバラ大学に留学、日本ライトハウスの創設者。ヘレン・ケラーと親交が深く、二度、日本に招請した。

4 創設者の二人については、名古屋ライトハウスの『五〇周年記念誌』の「序文」、「近藤先生を偲ぶ」、「片岡好亀先生を偲ぶ」を参照。また児島美都子（一九六七）『身体障害者福祉』に、一九六六年六月に

5　ライトハウスを訪問したという記録がある（一・一九–一三六頁）。

6　一九二七年生。名古屋盲学校の中等部、高等部普通科を経て南山大学を卒業。自身が在学時に読書環境の貧しさに困った経験から、視覚障害者のための図書館の確立に尽力。一九九六年から二〇〇二年まで名古屋ライトハウス理事長。

7　一九八二年に開設された名古屋市内で初めての重度身体障害者更生施設緑風荘のこと。二〇一一年に市から民間（名古屋ライトハウス）に譲渡。

8　一九六六年に厚生省指定点字図書館に指定され補助金交付を受ける。一九九〇年の身体障害者福祉法の改正で視覚障害者情報提供施設として位置づけられる。

三療は歴史的に盲人の数少ない職業とされてきたが、三療では盲人が生計をたてられなくなっている事態に対して、盲人の職業としての保護を求めて全国的な運動がなされ、愛盲報恩会も支援した。

近藤正臣（こんどう　まさおみ）………南山大学経済学部卒業。一九七七年、名古屋ライトハウスに勤務。一九八一年、専務理事。全国社会就労センター会長、愛知県社会福祉協議会理事、名古屋市社会福祉協議会評議員等を務める。

「精神」をめぐる愛知の当事者活動

伊藤訓之／早野禎二／土田正彦

はじめに

まず、「名古屋うつ病友の会」の伊藤訓之さんにお話を伺います。そして、患者会「雑草」とNPO法人「草のネット」について、早野禎二さんと土田正彦さんから補足していただきます。

一　名古屋うつ病友の会について

1　個人史

伊藤　私は小さい頃からてんかんをもってずっと生活してきましたが、成人した頃には、症状としては消えて普通に仕事もできていました。三〇歳を過ぎてうつ病を発症し、二年ぐらい会社は何とか行っていましたが、仕事についていけなくなり、二〇〇三年に退社しました。

退社して二、三年後に「さあ、そろそろ社会復帰しようかな」と思ったときに、今度は突発性拡張型心筋症という難病指定の病気があることがわかりました。精神障害と身体障害を両方もち合わせるという形になってしまいました。それから七年以上、両方の障害とたたかうという生活を送ってきています。

私が当事者活動も関わるようになってから、もう一二、三年になります。どうしても孤立してしまうので、誰かと話したいという気持ちがありました。そこで、ネットで調べたら、名古屋うつ病友の会という会が名古屋市内で開催していることがわかり、行ってみたのがきっかけです。

2 概要

会の正式名称は名古屋うつ病友の会です。通称名「なごや会」という名前には、「名古屋」と「和やか」をかけてあります。通称名はありますが、行政の人からしてみれば、正式名称に「うつ病」という名がついていてわかりやすいというので、一定の評価をいただいています。

私たちの会ができたのは、二〇〇二年十一月です。私の前任者が、名古屋にも会がほしいということで、千葉にあった自助グループを参考にしてつくったのがこの会です。二〇〇五年から私が代表を務めています。私としてはどこかで閉めたいなというのもあるんですけれども、患者さんが増えている状態ですし、行政のほうからも「ぜひ続けてほしい」と言われていることもありますので、なかなかやめるということもできずに何とかやっております。私自身、この活動をしていることが生きがいになっているのかなとも少し感じてはいます。

私と定例会に来ている人でつくった「目的」を読んでみます。

この団体は、同じうつ病を持った患者、付随する周辺疾患患者やその家族などが集まり、自分の症状や悩み近況などを話し、他人の症状の悩みを聞くことによって、自分だけが苦しんでいるのではないと自覚し、仲間との交流を持つことで、孤独から解放されるように目指しとりくむ。また、それらを通じて本当の私に気付き、私自身で如何にしたら症状や悩みが軽減し安定、回復（寛解）できるかを探り、最終的に再発防止に努め、コミュニケーションの再構築を図り、日常生活や社会生活及び就労ができ、安心して生活できる、生き心地の良い社会の実現に寄与する事を目的とする。定例会に参加して、一人ではない、同じ悩みを持つ参加者同士との交流を深め、出会いのなかで、人と人との繋がりを大切にして欲しいと願っています。

会の運営者の属性は、基本的にうつ病患者か、回復した体験者です。家族が運営に関わったり、家族会をつくろうという動きもあったりしますが、家族会をつくるという形にまでは至っていません。

3　活動内容

活動内容として、一〇項目挙げてみます。①うつ病患者の定例会があります。これは、後で詳しく述べます。②家族の交流会、今は①の定例会とまとめてやっています。③精神保健福祉を推進するための必要な情報提供、ネットですべて調べられるかっていうとそうじゃないんです。実は役所に行ったら「こういう情報あります」って、役所だけにある情報ってあるんですよね。情報は日々変わっていきますので、追いかけるのが相当大変です。④うつ病の予防対策・自殺予防対策、患者会自体がうつ病の一つの予防対策に入っていますね。自殺予防という側面もあるのかな。皆さん、死にたいという思いはつきまとっていて苦しいっていう思いもありながら、定例会で仲間はいますよというのがわかると、大分楽になるというのはあるみたいですね。

⑤ピア・カウンセリング、これは発足後二年ぐらいに導入しました。当事者同士でいろいろな相談や話し合いをしようというのを、今までやってきています。⑥ピアサポーター、できているかというと難しいんですが、定例会に来てもらうのを待っているだけっていうことになってしまいがちなので、困っている人のもとにこちらから出向くというのもやりたいなと思っています。実際に出向いたことも数件あるのですが、限界があります。⑦ピアサポート、協力、⑧講演会参加、講演依頼、講師依頼、⑨普及啓発活動、これはやってもやっても物足りなさを感じます。どうやったらいいのかっていうのは、日々試行錯誤ですけど、活動を続けているということが一つの啓発にもなっているようです。ホームページを設置していることも一つの啓発に近いのかもしれません。⑩健康を守るための個別相談、電話で話を伺ったりという患者もいます。

①の定例会は、当初、毎月第一日曜日のみに開いておりました。けれども、ここ三年ぐらいは、人が増えてきたというのもあるので、第一、第三の日曜日の二回ということでやっております。参加人数は平均すると、一〇名前後です。当事者や家族・友人、研究者や関心のある人、学生などが参加しています。取材が来ることもありました。

グループがいいと思うのは、居場所的な意味と同じ悩みをもった人同士が話せるということです。病気の特徴というのか、性格的なものもあるんでしょうけれども、どうしても内側にこもってしまいがちなところがあります。でも、「話したい」という思いは皆さん共通なんです。やっぱり「仲間がほしい」であるとか、「話がしたい」ということで、会をやってきていますので、この部分は変えることはないです。

定例会の進め方としては、基本的に皆さんが話していただくというのが原点です。最初は必ず一分ほど皆さんに、病状であるとか、今日の状態であるとか、参加した目的であるとかを少し話していただきます。その中に出た話から話を進めていくというような形でやっております。前半と後半と休憩を挟んで分けています。後半は、雑談のような形にすることもあるんですが、仲間はずれが出るといけないので、なるべく全体で話し合うという形式にしています。あと家族が参加する場合や、家族が同伴者として来る場合もあります。なかなか話をしてくれない患者もいますが、私がいくつか質問したりするうちに、三〇分ぐらいしてくると自分からわりと話すようになって、結構話してくれたりすることもあります。最初緊張して皆さん来られるんですけども、三時間あるうちの休憩挟むころには皆さん大分打ち解けてきますので、最後には話せてよかったということで、帰っていただいている方が多いです。これがある種、グループの力なのかな、仲間の力なのかなというのは、すごく痛感しています。

また、専門家を呼んだりもします。専門家の介在がいいのか悪いのかというのは、すごく議論になるところです。私の考えとしては、専門家がいると、どうしても専門家に聞くという形になってしまう。会の本来の姿でなく、専門家の聞き役になってしまうようなところがある。参加者が自分から話したり、自分の思いを話したりすることがなくなっちゃうなという気がして、私としてはどうなのかなという思いがあります。たまには来てもらったりすることはあるのですけども、「少しアプローチをしていただく程度でお願いします」というように頼んでいます。

テーマについてですが、やっぱり一番多いのが「どうやったら治るか」というのがあったりします。また、「再発しないためには」とか、ほかには制度の話なんかもあります。「こんな制度があって、それによって少し気分的に楽になる」というような話も出たりすることもあります。さらには、「生活の問題」や「お医者さんとの付き合い方」もテーマに上がります。このように、いろんなテーマで話していたりしています。

4 課題

現在、私は継続性についてとても悩んでいます。私も体力的な問題もあるので、そろそろ誰か替わってくれというのもあります。みんなで持ち回ってやるというのが一番いいんですけど、なかなかうまく進まないというのが今の難しいところでもあります。継続的に来てくれる人はいるのですが、自分で引っ張っていくというのが苦手という人もいます。よく言われるのが、「伊藤さんがいるからいい」ということです。しかし、一人に偏ってしまうことは課題としてあるのかなという気はします。

課題として挙げられた、会への意見を紹介したいと思います。第一に、グループに精神科医が関わってほしいという意見があります。精神科医が話を聞いてくれない、信頼できないという部分が往々にしてあるので、精神科医が関わってほしいというのもあるのかなという気もします。

第二に、情報交換ができるのがいいという意見があります。参加すると気持ちが楽になるという意見もあります。

第三に多いのが、国や県や市などに「こういうことをしてほしい」ということがなかなか言いにくいということです。そういうところで、定例会で聞いたということで、言いやすくなるという部分もあるのかもしれません。

第四に、もっと会の存在を知ってほしいという皆さんの意見もありました。これは、うつ病をもっと理解してほしいというのもあるんでしょう。ごくまれに言われるんですけど、少人数がいいという意見があります。やはり少ない人数のほうが話しやすいというのはあるみたいです。あまりたくさんいると緊張して、話せないとか、どうしても一人の持ち時間が少なくなってしまうとかいうのがあるので、この辺り難しいですが、少人数がいいことは間違いないです。

第五に、復職プログラムについても意見があります。仕事をやめて戻るというのはなかなか難しい。再就職の仕組みはできつつあるんですけど、企業の側が後ろ向きなので、なかなか難しいです。そもそも、精神の病気をもった人はいやだ、というのがほとんどで、職安に行ってもないというのが現実です。このあたりを何とかしてほしいなと言われますが、これは全然話が進んでいないので、皆さんの力が必要なのかなと私は思います。

第六に、国や行政に頼らない障害者自身の自立したグループをつくれないか。その際に、障害者の共済組合をつくろうっていう意見も出ました。重度、中度、軽度の作業や仕事をして、社会参加していくという、作業所とも違う仕組み。今までのものとは意味合いが全く違う、障害者同士が資金を出し合ってつくる組合。自立支援センター的なものが近いのかもしれませんが、おもしろい意見だなという気はします。

第七に、私も会の人もずっと言っていることなんですが、臨床心理士によるカウンセリングの金額の問題があります。カウンセリングを受けると高額になってしまいます。カウンセリングを何とか国家制度化してもらい、医療点数がつくような形になってほしい。そして、病院やいろんな福祉施設でもそういうサービスが受けられる仕組みができたらありがたいなって私は思っています。

5　他の団体、行政とのつながり

ほかの団体や行政とのつながりについてお話しします。行政としては、愛知県、名古屋市、愛知県精神保健福祉センター、名古屋市精神保健福祉センターとつながっています。行政の方に会いにいったり、保健所の方がここを紹介してくださったりということがあります。また、行政の会議に参加したり、講師の依頼を受けたりしています。

「全国『精神病』者集団」の創設者の一人で「ゼロの会」の大野萌子さんとは面識が少しありました。ゼロの会は大野萌子さんが世話人をされていた精神病患者のグループです。また、大野さんは島田事件で死刑宣告を受けた赤堀政夫さんの支援を行ってこられました（赤堀政夫さんは一九六〇年に死刑確定、一九八九年に再審で無罪判決）。彼女の存在を言い表すとするならば、「何かあったときには大野さんに」です。名古屋の精神障害者にとって、大野さんは精神的な支柱でありました。大野さんと電話で個人的にお話を伺ったこともあります。ただ、名古屋うつ病友の会と連携してということはありませんでした。

うつ病関係のグループとして交流をもっているのは、横浜にある「グループアットホーム」と「東京うつ病友の会」です。

愛知県では、いろいろな当事者団体の集まりである、愛知県重度障害者団体連絡協議会（愛重連）と密接な関係があります。きっかけというと、「愛重連」に「精神当事者も入れなくてはいけない」と主張した人がいたそうです。それで、「愛重連」から案内が草のネットに来たんです。私はその当時、草のネットにも顔を出していました。草のネットの中心メンバーがたまたま行けないということだったので、私が代わりに行くことになりました。そこで、「愛重連」のかかわりができました。そして、私が草のネットを抜けた後に、そのまま名古屋うつ病友の会として「愛重連」の会員になることにしたんです。

愛知県にある団体との協力関係ですが、障害種別が違うから、精神障害に理解がないということはありません。さっきお話しした定例会は、AJU自立の家を借りてやっています。身体障害者団体の建物を精神障害者団体が借りて使っているというのは、全国的にみても珍しいケースなんじゃないでしょうか。「一緒になんかやろうぜ」っていうところに名古屋らしさを感じますね。愛知とくくってしまうと地域によって違いがありますので一概には言えないのですが、少なくとも名古屋にはそういった印象をもっています。

二〇一〇年に「DPI日本会議全国集会in愛知」が開かれたとき、運営委員として企画からかかわってきました。ほかの障害の人の前でお話もしました。二〇〇七年に「日本精神障害者リハビリテーション学会名古屋大会」が開催されたとき、名古屋うつ病友の会は実行委員として、専門家と共に企画運営に携わりました。ふだんは、専門家中心で、実行委員として当事者団体が入ることはあまりないんです。

また、全国の精神障害者団体とも関係しています。具体的には、精神障害者団体の全国組織として「全国精神障害者団体連合会（全精連）」、「地域精神保健福祉機構・コンボ」、「全国精神障害者ネットワーク協議会（ゼンセイネット）」などと交流をしています。特に「全精連」とは関係が長く、草のネット、「雑草」、名古屋うつ病友の会との協力で当事者が主催して企画から運営まで行い、過去五回講演会を開催しました。

6　これからの活動

私には、北海道浦河町の「べてるの家」や「大阪精神障害者連絡会（ぼちぼちクラブ・大精連）」のような団体を愛知に完成させたいという思いがあります。以前、べてるの家に一週間滞在したことがあります。さまざまなプログラムを体験し、大変勉強になりました。驚いたことは、べてるの家がある浦河町では、健常者と障害者とが分けへだてられていないということです。愛知・名古屋でも、障害があるなしにかかわらず、人が人として社会的弱者に対し、助け合いの精神をもつことが、今一番必要とされているのではないかと感じました。「安心して助けを求めることができる社会」が求められていると思います。

そういった意味でも、もっと愛知、名古屋の活動も盛り上げていっていただきたい、ぜひ皆さんの力を貸してほしいと思います。精神障害当事者の間にも「一緒にやろうよ」というムードがもっと広く行き渡ってほしいです。このような活動が当事者主体で行われ、愛知、名古屋から全国へ発信していき、精神障害者の置かれた状況を変えていきたいと願っています。

ありがとうございました。

二　草のネットと「雑草」について

早野　私は、愛知の精神障害当事者の活動として草のネットと「雑草」についてお話しします。

1　会のはじまり

これらはもともと一つの活動から派生しています。始まりは保健所がやっていた在宅者を中心とした社会復帰グループです。一九九〇年代の初めに、この活動をもとにして、病院のソーシャルワーカーやボランティアなどが、フリースペースを地域につくりました。やがて、精神保健に関するボランティア講座を受けたことのある女性ボランティアと、保健所の相談員が中心になって食事会を続けるようになります。会員制度がつくられ、当事者から代表二名が選ばれました。そして、メンバーの中の一人がその会を「雑草」と名づけました。

2 草のネットの活動

やがて、そのボランティアの女性が中心となって経済的支援、精神的支援を行うようになりましたが、彼女は名古屋を離れることになります。そこで、メンバーに、会の存続に関する危機意識が生まれていきました。話し合いが何度も開かれ、その過程で、さまざまな能力をもった当事者や関係者が集まるようになります。人が集まることで会はだんだんと活性化し、親睦を深めながら、精神障害者が置かれている状況、制度の問題についても活発な議論がなされるようになりました。そして、後に土田さんからお話があるかと思いますが、活動を進めていくためにはＮＰＯ法人格が必要だということで、二〇〇四年に草のネットとしてＮＰＯの認証を受けることとなりました。

ＮＰＯの定款では啓発事業と作業所、相談事業、グループホーム事業、ホームヘルパー事業などの事業活動を行う予定でしたが、実際には、啓発活動と作業所が中心的な活動となりました。この精神障害者の当事者主体を掲げた草のネットの活動は、名古屋市では画期的なものでありました。

作業所に関しては、市の作業所型地域活動支援事業制度の認可を取り、二〇〇七年に開所しました。作業所の名称はひらがなで「くさのねっと」としました。これは名古屋市初の精神障害者が主体になって運営する作業所となりました。施設長とNPO理事長は土田さんがなりました。健常の職員も一人雇われました。しかし、健常の職員の下にメンバーがいるのではなく、自分たち当事者が主役であるという意識がありました。この他の作業所にはない雰囲気を、あるメンバーは「響きあう仲間」と表現しています。この作業所は、草のネットの活動拠点となりました。

草のネットの実績は啓発活動にありました。それは、次の三つにまとめることができると思います。第一に、『草のネット通信』の発行があります。『草のネット通信』は、当事者スタッフが中心となって作成し、エッセイや精神障害者福祉に関する情報を掲載していました。この通信に対する評判は良く、草のネットの存在を地域に知らせるものでありました。

第二に、コンサートや講演会の開催があります。コンサートは、市内の劇場を借りて五回ほど行われ、当事者、家族、福祉関係者、一般市民など毎回百五十〜二百名程度の参加者がありました。企画・立案・準備や当日の会場の運営・進行は当事者が中心となって行われました。それは福祉を前面に打ち出したものではなく、健常者も交えたエンターテインメント性をもつものでした。また、講演会に関しては、自らの生活史を精神障害者、家族、福祉関係者に語るという企画を三回ほど開催しています。このような講演会やコンサートは新聞でも紹介され、なかでも地区の地域ニュースを伝えるホームニュースからは何度も取材を受けました。

第三に、メンバーが市の精神障害者現任研修の講師となったり、愛知県で行われた日本精神障害者リハビリテーション学会名古屋大会のサテライト企画に参加し、当事者団体として活動を報告したりすることもありました。

地域の団体との関わりという点でいえば、AJU自立の家との連携があげられます。メンバーのなかには職員研修やヘルパー講習に講師として参加した人や、ヘルパー事業のヘルパーとして働いた人もいます。また、先に述べた講演会が、AJU自立の家の施設を借りて行われたこともありました。両者とも当事者主体という共通の理念のもとで活動しており、だからこそこの連携が可能になったと私は考えています。また、草のネットには、当事者のネットワークを名古屋市以外にも広げていこうという方向が、萌芽的ではあれ見られました。

しかし、作業所運営の軌道に乗せることに力をとられ、ネットワークの広がりは進みませんでした。この地域にはそのほか、いくつか障害者の団体はありますが、愛知県全体の障害者の団体組織のネットワークがもう少し強ければ、草のネットの活動の展開も違っていたのではないかと思っております。

以上のように、草のネットは、精神障害者自身が情報を発信するという形で、この愛知における二〇〇〇年代の精神障害者の福祉文化運動をリードしたことは間違いないところでしょう。その発想のユニークさは従来になかったものであり、そのアクション、企画力、実行力、そして地域へのインパクトの大きさは、この地域の精神障害者の活動の歴史の一つとして記録されるべきであると考えています。しかし、草のネットはだんだんとさまざまな障害にぶつかり、かつての活動の勢いを失い、現在、活動を休止するにいたっていることは残念なことであります。

3 「雑草」の活動

一方、草のネットに参加しなかったメンバーは、「雑草」という名前を継承しながら、違う性格をもった患者会をつくり、活動を続けています。当初はメンバーの顔見知りが集まるという程度でしたが、徐々に、保健所やホームページを通じてさまざまな人が来るようになりました。「来るもの、去るもの拒まず」という方針を採っていて、現在の参加者は一五名前後です。「一人ひとりがひとりぼっちじゃない！　雑草に来ればみんな仲間だよ」という言葉をパンフレットに載せています。なお、二〇〇八年には精神障害当事者の全国組織である全精連にも参加しています。

「雑草」の活動を簡単に紹介すると、親睦活動として、月一回カラオケやボウリング、日帰り旅行、食事会などを行っています。また、毎月最終土曜日の午後に全体ミーティングがあります。この全体ミーティングに加えて、働いている人のために夜に行われる集まりが月一回あります。ミーティングでは、恋愛や結婚の話題も出たり、作業所や一般就労での問題、生活保護や年金などの福祉制度に関する話題も多く出ています。ミーティングでは、発言は自由になされるのですが、会全体にメンバーによる自然な統制が働き、運営は民主的で自主的です。これは、この会の活動を通してメンバーが培ってきた福祉文化だと私は思います。

「雑草」では、代表、副代表二名、会計、事務局員に役割が分担されています。私は、唯一支援者として「雑草」に参加し、アドバイスを行っています。

会の会計は、一〇〇円の参加費と支援者からの時々の寄付で賄われています。会場費は主に参加費からあてられます。会が進んでいくなかで、規約も整理され、月一回の『たより』の発行、年一回の『雑草通信』の発行など活動の発展が見られます。通信はエッセイが主でありますが、これも外からの評価は高いと聞いています。

以上、草のネットと「雑草」について簡単に説明してきましたが、この地域で精神障害の当事者たちは、さまざまな課題を抱えながらも、活動を開始し、発展させてきたことがお分かりになっていただけたかと思います。私は、今後もこの活動がさらに発展し広がっていくことを期待しております。

三　私の活動──草のネット代表者の立場から

土田　ＮＰＯ法人草のネットの設立代表者であります土田正彦と申します。よろしくお願いいたします。私、一応当事者としては、精神障害者の運動をハートで感じてもらいたい、理論ではなく感情で受けとめていただきたいと思います。

私は二三歳でそううつ病になりました。さきほど、「雑草」がつくられた経緯について早野先生が話してくださいましたが、「雑草」の前身のフリースペースに、食事をするためによく足を運びました。そうして、「雑草」にかかわるようになりました。

しかし、「雑草」は任意団体であったため、行政に対する要望や社会に対する啓蒙運動を起こすまでには至りませんでした。それがくやしくてＮＰＯ法人を目指すことにしました。一度は、ハードルが高すぎるとあきらめたこともありました。それでも、あきらめきることはできませんでした。二〇〇三年の年末から年明けにかけ、私は自分なりに調べ、ＮＰＯを立ち上げる準備をしました。提出書類を整え、ＮＰＯ法人格の申請を行いました。しかし、不備があるということであっさりと差し戻しになりました。やはり僕らでは無理なのかな、悔しいよな、ここまでやっても受理してもらえないなんて。もういっぺん頑張ろうやということで、また提出しました。二度目も差し戻しでした。かなりショックでした。こんなことで負けとれん、意地でも通してみせる、と。三度目にようやく書類を受理してもらい、二〇〇五年十一月にＮＰＯ法人草のネットとしての認証を受けました。苦しみぬいて勝ちとった法人格でした。

その後、名古屋市の初の精神障害者による作業所「くさのねっと」を二〇〇八年に立ち上げました。

「施設長としての新しい人生が始まる」という心持ちでおりましたが、ここで人生の「まさかの坂」にぶち当たってしまいました。現在私は「くさのねっと」の活動を停止しております。

何と言いましょうか、精神の障害というものや、当事者活動を知るだけではなくて、本当にぜひ皆さんと一緒になって歩んでいっていただきたいと思います。名古屋というのは本当に結構発達しているようで、井の中の蛙であります。北海道では『すみれ会』という精神の障害当事者による作業所が、大阪には「ぽちぽちクラブ」という精神障害者による患者会や生活支援センターがあります。そういった仲間たちがこの全国にいるということを僕たちはもっともっと知っていかなくちゃならないと思いますし、もっと名古屋の活動も盛り上げていっていただきたいと思いますので、どうぞよろしくお願いいたします。ありがとうございました。

（本稿は、二〇一四年五月十八日に行われた愛知大学文学会・障害学研究会ワークショップにおける講演をもとに構成しました。構成：後藤悠里）

伊藤訓之（いとう のりゆき）………二〇〇五年から名古屋うつ病友の会代表。愛知県うつ病予防対策推進会議構成員、日本精神障害者リハビリテーション学会名古屋大会、DPI日本会議全国集会 in 愛知の運営委員等を務めた。

早野禎二（はやの ていじ）………東海学園大学経営学部教員。社会学。「雑草」と「草のネット」に関わりつつ、多様な生き方の可能性について研究。論文に「精神障害者文化の可能性」（『東海学園大学研究紀要』第一四号）ほか。

土田正彦（つちだ まさひこ）………患者会「雑草」に参加。二〇〇四年、NPO法人「草のネット」設立。「くさのねっと」元施設長。コンサートでギターを演奏する等、音楽活動も行う。自伝自著に『紆余曲折』（自費出版）。

愛知県の「ろう者」の歴史

桜井　強

はじめに

愛知県の一宮市から来ました。私の生まれは一九七〇年年です。西尾市で生まれました。母親の実家が西尾市です。一宮市に引っ越して、四〇年間そこで育ちました。三歳までは聞こえていました。三歳のときに病気になり、高熱になりました。私の両親は二人ともろう者なのですが、様子がよくわからないまま病院に行きました。注射をして、熱は下がるのですが、その後、いつもの様子と違うということがわかりました。たとえば、物が落ちたときに、いつもは反応していたのが、熱が下がったそのあとから音に反応しなくなっていました。両親もそれに気がついて、改めて耳鼻科に行きました。検査の結果、耳が聞こえなくなっていました。両親は非常にショックを受けたようです。両親は、自分の息子が両親の耳の代わりであると期待していました。四〇年前というと手話通訳が少ない時代で、子どもが自分たちの耳の代わりになると期待をしていたので、ショックを受けたと言っています。

三歳までは聞こえていましたので、母方の祖母が面倒をみてくれました。私は「おばあちゃん子」でした。耳が聞こえなくなったあとも、祖母が口話の訓練をしてくれた環境で育ちました。

私は、一宮のろう学校の幼稚部に連れていかれます。そのなかで口話の訓練を受けるのですが、非常に厳しい口話法の訓練を受けています。小・中学校、高校と、普通学校に聞こえる子どもたちと一緒に学校に通いました。そのときにいろいろ問題もありました。聞こえない、情報誌もありませんので、独学でやってきました。

次に、「ろう者の歴史」について、私がかかわるようになったきっかけを話します。名古屋生まれの高木茂生さんという方がいらっしゃいます。いろいろと資料をあたるなかで、高木さんという人に出会い、研究を始めました。彼が生まれてから、どのような生き方をしてきたのか、彼の周辺の方にインタビューをしたり、調べました。ただ、ろう者の歴史に興味をもち、興味本位ではじめたのですが、いろいろな方にお話をうかがい、彼の生き方を学ぶなかから、そのなかで彼が先輩として素晴らしい方であることがわかりました。研究発表もして、研究発表の後に別の方との研究も行うことになりました。少しずつふやしていき、はまっていくということになりました。

さらに、日本聾史学会についてですが、この学会は一九八八年に設立されました。十一月三日、京都で発足しました。そのときは一般参加者として参加していたのですが、そのなかでいろいろな研究発表をみて、刺激を受けました。高木さんについて発表もしました。みなさんに興味をもっていただけて、さらに深く研究を進めていこうとして、仲間と研究を続けてきました。少しずつの積み重ねですが、そのなかで興味深いテーマがたくさんありました。学会を設立した三年後、役員になります。請われて役員になるわけですが、六年間事務局長として活動しました。二〇〇七年から二〇一一年まで会長をしていました。

一　聴覚障害者をめぐる状況

改めて、聴覚障害に関してお伝えしたいと思います。全国に聞こえない人は何人ぐらいいるのでしょうか。厚生労働省が二〇〇八年に公表した人数ですと、だいたい三四万三千人の人が聞こえに障害をもつことがわかっています。そのなかで、愛知県内には一万七千人いるといわれています。さらに、このなかで手話人口はどれぐらいかというと、聞こえない人たちの中で手話を使う人たちは一八％といわれています。つまり、愛知県の場合は、二六〇〇人が手話使用者ということになっています。一万四千人のなかの二六〇〇人が手話使用者ということなのですが、この状況がどういうことかといいますと、聴覚障害者とよばれる人の中には、多少聞こえる人から、まったく聞こえない人まで含みます。老人性難聴の高齢者で、耳が聞こえなくなってきたという方も含まれます。真ん中あたりは中度、手話もわからない方もいらっしゃいます。また、口話、口を読んでいる人もいます。そして、私のように手話を使っている人は、重度の側によっています。一八％というのは、全国の比率です。全国の比率を愛知県にあてはめると、このようになります。

全国的な組織に、「全日本ろうあ連盟」という団体があります。ろう者を守っていくための活動や、差別の撤廃、手話の普及という基本方針で活動をしています。国や政府に対して要求交渉をしていく団体です。障害者基本法が改正され、その改正にいたるまでの交渉などもこの団体が行っていました。会員の総数は、二万二九〇〇人、愛知県の会員は一一〇〇人の会員がいます。愛知県の手話使用者の半分が愛知県の協会の会員数ということになります。

次に、愛知県のろう学校を紹介します。一八九八（明治三十一）年に開校されたのが愛知県立豊橋ろう学校です。愛知県のなかで一番古いろう学校で、全国のなかでは三番目に古い学校になります。一九〇一（明治三十四）年、愛知県立名古屋ろう学校が開校しました。次に、一九〇三（明治三十六）年、愛知県立岡崎ろう学校が開校しました。敗戦後、一九五四年、愛知県立一宮ろう学校が開校しました。その次に、一九五八年、愛知県立名古屋ろう学校千種分校（後に愛知県立千種ろう学校）が開校しました。

ろう学校は通常、幼稚部から専攻科まであります。しかし、千種ろう学校は、幼稚部から小学部までです。私は一宮のろう学校でしたが、一宮と岡崎、豊橋のろう学校では幼稚部から専攻科まで一校にまとまっていますので、こういった形で分かれているのは珍しく、先輩後輩の関係が途中で寸断されてしまうため、手話がわからないという問題が起きました。これが名古屋の難しい特徴でもあります。

二　愛知県におけるろうあ運動

ろうあ運動の歴史についてお話ししたいと思います。一〇年前に編集として仕事を引き受けた本（『翔たけ新たな二一世紀へ』）があります。愛知県に住むろう者の歴史について、写真を集めたりろう学校ができた経緯を調べていました。これは私にとってとても思い出深い本になりました。

愛知県の歴史についてお話しする前に、ろうあ運動の歴史について話したいと思います。

一九一四（大正三）年七月二十二日から二十五日の四日間に、京都で日本聾唖協会創立協議委員会が行われました。ろうの教員が東京、大阪、京都から集まり、会議を行いました。ろう者の幸せを守るために集まっています。一九一四年時のろう者の生活は、とても差別が大きく、給料も安く、聞こえる人と対等に扱われないという状況でした。差別撤廃がろう者の幸せであるということから、こういった委員会が発足しました。一年間協議をつづけ、一九一五（大正四）年十一月二十五日、日本ろうあ協会が発足しました。役員のほとんどは、ろう学校の教員をしている人でした。最近のろうあ協会は違い、一般の人が役員をすることが多いです。一般会員のなかから立候補して、そこで選挙を行って決めていきます。

愛知県のろうあ協会は、一九一九（大正八）年に初めて発足しました。組織の名前は「日本聾唖協会中京部会」です。会員が増えていくつかに分けられ、名古屋部会に改名され、豊橋と岡崎と名古屋の三つに分かれました。会長は橋村徳一氏で、彼は名古屋ろう学校の校長を務めていました。彼は、ろう者ではなく聞こえる方でした。会長は聞こえる人が務めることが多かったです。私は聞こえない立場として、聞こえる人が会長を務めることには違和感を覚えています。ろう者の不満に対して、聴者が助けていこうという形が多かったです。

また、名古屋部会豊橋分会から豊橋部会に組織が改名されました。最初は名古屋部会のなかに分会がありましたが、しばらくして、それぞれの地域の部会ということで組織的に分かれたということになります。

開戦とともに、ろうあ運動は衰退していくことになります。一九四五年の敗戦後、二年間は復興のためいろいろな活動があり、ろうあ運動もお休みをしていました。しかし、一九四七年五月二十四日、群馬県に全国からろう者が集まり、全国ろうあ団体代表者協議会が行われ、聴者の会長ではなく、聞こえないろう者の会長のもとで活動していこうと変わっていきます。ここで全日本ろうあ連盟が設立

1950年10月8日　愛知県ろうあ福祉連合会結成

されました。そして一九五〇年に、新しく「愛知県ろうあ福祉連合会」が設立されました。
写真の場所は、名古屋市昭和区の鶴舞の公会堂です。そこに一堂に会しました。このなかで、会長は、はじめから聞こえない人ではなく、戦争に行って傷痍軍人として帰ってきた、中島さんという方でした。この時代は手話通訳がいないので、聞こえる人が壇上に立って講演をしているときには、聞こえない人がその原稿をのぞきつつ手話で通訳をしていたということらしいです。これは、非常に大変な状況だったと思います。先輩から直接話を聞きましたが、ご苦労があり、がんばった時代なんだと思います。
また、世界大会のような場面では、外国の方が自国の手話で発言をされるのをろう者が見て、自分の国の手話に変えるという通訳のかたちもあります。昔はそれを日常的にしていました。また、親が聞こえなくて子どもが聞こえる、いわゆるコーダ（CODA：Children of Deaf Adults、聞こえない親をもつ聞こえる子ども）の子どもたちは手話ができるので、そういう人たち、あるいはろう学校の聞こえる先生方が通訳をしていた。そういう例があったそうです。

通訳者の養成がいつからはじまったかというと、選挙運動の通訳がきっかけになっています。一九六五年初めぐらいから、全国的にはじまっています。それまでは聞こえなくても聞こえる人と同じ扱いになりました。人間として扱われておらず、動物みたいな扱いを受けていたという話も聞いたことがあります。私の両親から聞いた話ですと、電車のなかで手話で話をするということは、まったくできませんでした。周りに見られたくない、目にとめられると白い目で見られました。手で喋っていると馬鹿にされ、とても電車の中で手話はできなかったという話を聞いています。夜、だれも見てない、見えないようなところでは、手話ができるので、ふつうに話をしていました。聞こえる人間が上で、聞こえない人間が下だという意識があったらしいです。いまはそんなことはなく、意識はかなり変わってきていると思います。

愛知県に手話通訳がつきはじめるのは、一九六七年頃からです。現在、NHKの政見放送に手話通訳はついています。しかし、全国的にはついていますが、ローカルな選挙の場合にはつきません。これは法律上の問題です。将来的には、地域の選挙にもつくように活動したいと思います。

なお、手話通訳がはじめてついたのは、東京の中野区の立会演説です。一九六七年です。それがきっかけとなって増えています。愛知県については、立会演説に手話通訳がつくということが認めていられなかったため、なかなかスタートがきれませんでした。

愛知県のろうあ協会について簡単に説明をしたいと思います。一九五〇年に鶴舞の公会堂で発足しました。そして、三〇年間、愛知県ろうあ福祉連合会という名称でつづいてきて、この時には愛知県の名古屋市も含まれていました。しかし、その後、県と名古屋市の組織問題があり、一九九三年に愛知県ろうあ福祉連合会が「愛知県聴覚障害者協会」と「名古屋市聴覚障害者福祉連合会」という二つの組織に分かれました。長い間、愛知県と名古屋市の組織がいろいろな問題を抱えながら分かれていました。両者の考え方が違うということでした。しかし、二〇〇二年にその状態も解消され、現在は「愛知県聴覚障害者協会」という名称で活動しています。二〇〇三年には、一般社団法人になりました。法人のなかには一般社団法人と公益社団法人の二つがありますが、話し合って会員投票をした結果、一般社団法人になることが決まりました。愛知県の認可をもらい、組織が変わることが予定されています。税法上、たとえば消費税を納めなければいけない、という違いがあったりします。問題は、今の事務所が施設をもっていないので、これから施設をもつための運動・資金をもたなければなりません。愛知県の中には情報提供施設はありません。名古屋市には一つあります。愛知県の中で情報提供施設がほしいという要望が非常に大きいので、一般社団法人としてこの施設を建てるべく活動をしていきます。これが建った暁には、公益法人になっていくことになります。

四　愛知のろう者による活動

名古屋市と愛知県の組織について、二人をピックアップしてお話ししたいと思います。

1　高木茂生氏について

まず、高木茂生さんについて、お話ししたいと思います。彼の父は商売をされていたそうです。息子に商売をまかせるのは難しいということで、娯楽の商売、名古屋で有名なところでいえばパチンコ店を社長としてはじめました。私は、これはとてもめずらしいと思って研究をはじめました。彼

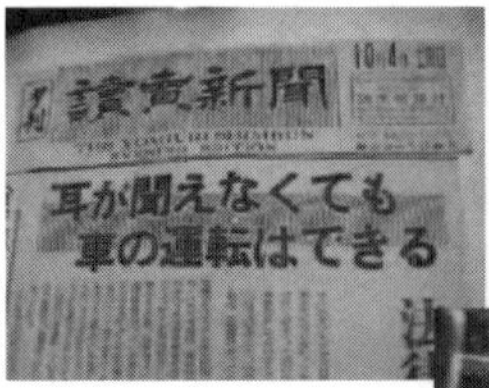

1958年10月4日
『読売新聞』夕刊

1958年10月11日
全国ろうあ者野球大会の名古屋熱田球場でゴールインした場面

は、聞こえないが運転ができました。なぜできたのかは疑問ですが、一九五八年、キャンペーンとして日本全国一周をしました。私だったら考えられません。聞こえない人が運転できるようになったのは、一九七五年です。私の父が免許を取ったのは、一九八一年です。それまでは、私は自転車に乗せられていたのをよく覚えています。一九八〇年に免許を取り、はじめて車に乗ってうれしかったのを覚えています。高木さんが一九五八年に運転できたことが、不思議です。聞こえなくても運転できた人は少なかったと思います。おそらく、二人か三人ぐらいだったと思います。彼はトヨタのコロナ（いまはなくなっている車種です）を買い、「私は運転ができる」というアピールをしたわけです。

彼は、名古屋の自分の家から九州へ行き、北海道、そして東京に戻ってきました。一カ月間運転し、最後に東京に十月九日に到着しました。東京に無事に到着し、翌日、厚生省（当時）へ出向き、「私は聞こえないけれど無事に運転できた。問題はない、安全だ」ということをアピールしました。厚生省の役人は理解してくれて、検討してくれることになりました。それまでの「聞こえないから運転はできない」という決めつけが変

『名もなく貧しく美しく』のロケ現場記念写真
（丸囲みの人物が高木茂生氏）

わったのです。大手の新聞、読売新聞にも見出しが出ていました。「聞こえなくても車の運転はできる」と掲載されました。他の人も、それを見て少しずつ考え方が変わっていったのです。

一九五八年から運動がはじまり、一九七五年まで、二〇年ほど活動を続けてきました。条件付きではありますが、補聴器をつけて一〇メートル後方のクラクションが聞き取れるということが条件（聞き取れない場合は免許が取れなかった）で免許がとれるようになりました。その条件も数年前に変わり、クラクションの音が聞こえなくても免許が取得できるように変わりました。その際に、蝶々のマークをつけるという条件がプラスされました。蝶々の意味はよくわからないのですが、「聴覚」の意味なのかもしれないですね。車にこのようなマークが貼っているようであれば、ぜひご覧ください。マークを貼るだけではなく、車のミラー、バックミラーも、通常より大きいものをつけなければなりません。その理由としましては、後ろがよく見えるようにということです。

つづいて、映画のお話です。『名もなく貧しく美しく』

という映画のロケのとき、資金運営がとても厳しく、途中でストップしてしまったそうです。高木さんが、資金をやりくりしてくれたおかげで、映画をつくり終えることができたということだそうです。パチンコ店の社長をしていたので、そこから資金を一部出していたと思います。

全日本ろうあ連盟のなかで出版していたマンガ本があります。もし興味があれば、全日本ろうあ連盟のホームページで買うことができるので、ぜひごらんください。高木さんの生き方は本当にすばらしく、ろう者のために、差別はよくない、笑顔で暮らしていけるようにという話を聞いて、とても刺激を受けました。

2　土井久吉氏について

二人目のご紹介をしたいと思います。この方を調べようと思ったのは、愛知県のなかで非常に力をおもちだった方ということで、調べることになりました。全国的に言いますと、東京の三浦浩さん、大阪の藤本敏文さん、そして愛知・名古屋の土井さんが有名な方です。私は名古屋に住んでいながら、存じ上げなかったので少しずつ情報を集め、その結果とてもすばらしい人であることがわかりました。土井さんは紙問屋の息子さん、三男坊として出生されています。彼は八歳まで聞こえていました。高熱のため、失聴しています。自分が聞こえないことがわかってから、名古屋のろう学校に転校していきます。一五歳まで名古屋ろう学校で勉強するのですが、図面科にいました。一六歳から、普通の学校の図面科に転入します。聞こえる学校にかわることがこの時代できたのかは不思議でしたが、この方は口話が得意だったようです。八歳までは聞こえていた、しゃべれていたわけです。したがって、日本語の母語をもちながら手話もできる人だったということだと思います。

社団法人日本聾唖協会名古屋部会の活動様子
（丸囲みの人物が土井久吉氏）

図面科を卒業した後、橋村校長に招かれて母校の教員になります。二二歳のときです。正式な教員として、名古屋市ろう学校に採用されます。名古屋ろう学校の教員の中には、ろうの教員が二人いました。一人は正職員、もう一人は補助教員だったそうです。名古屋のなかで正職員だったのは一人だけです。珍しいケースです。教員だけではなく、ろうあ運動も積極的に参加され、役員もしていました。その時の肩書は、社団法人 日本聾唖協会名古屋部会の副会長という肩書きです。会長は橋村先生で聞こえる方だったのですが、その下で副会長であるろうの土井さんが応援していたという形になります。役員が集まっていていろいろな議論がされました。

一九三四年、正規職員の土井さんが降格させられてしまいます。これはどうしてかと言いますと、一九三四年は、手話を使ってはいけない、手話を禁止するという方針にろう学校が変わったからです。前は聞こえないで手話を使う先生はいらっしゃったのですが、そういう先生は降格または学校を退職させられた、解雇された例が非常に多い年です。一九三四年から、少しずつ締め付けが厳しくなってきます。ろう教員はどんどん排除され、ろう学校では非常に人数が少なくなってきます。やむなく、聞こえない先生はやめざるを得なくなりました。その後、仕事を探されて、岐阜県多治見市に転居されます。彼はもともと図面や絵を得意としていますので、陶器の絵付けの仕事をそこから続けていきます。

戦後、一九四八年、「八光会」の設立会のために、アメリカから見えなくて、聞こえなくて、しゃべれない三重苦の女性がいらっしゃいました。土井さんもその時に手話通訳としてかかわっていらっしゃいます。この女性、ヘレン・ケラーさんは日本人と関係が深い方で、岩橋武夫さんと日本中を回りました。岩橋さんは盲者、見えない方です。

土井さんは亡くなるまでの間、ろうあ運動に大変貢献をされています。一九六五年に、たまたま最後のころですが、ろうあ運動のなかでろうあ者の野球大会があり、応援をしたあと亡くなったそうです。ろうあ運動を一生懸命やるなかで、自分のためではなくみんなのために自分の人生をささげたという印象を受けています。

(本稿は、二〇一一年八月六日に行われた愛知大学文学会・障害学研究会ワークショップにおける講演をもとに構成しました。構成：渡辺克典・後藤悠里)

櫻井　強（さくらい　つよし）………二〇〇〇年から二〇〇六年まで日本聾史学会事務局長。二〇〇七年から二〇一一年まで日本聾史学会会長。

障害種別を超えて共に闘う
——愛知障害フォーラム（ADF）の前史、そしてこれから

辻 直哉／木下 努

はじめに

辻　「ＡＤＦ（愛知障害フォーラム）」は二〇〇八年に設立されました。きっかけは、「ＡＪＵ自立の家」専務理事の山田昭義[注1]が、「日本障害フォーラム（ＪＤＦ）[2]」の地域フォーラムの第一弾を愛知県で開催しないか、という話を受けてきたことです。山田は初代のＡＤＦの事務局長になりましたが、今は私が引きついでいて、事務局はＡＪＵ自立の家と「愛知県重度障害者団体連絡協議会（愛重連）」が中心で引き受けています。

　最初に、そもそもなぜ私がＡＪＵ自立の家に関わることになったのか、なぜＡＤＦの事務局長を務めているのかということを、簡単にお話しします。その後、ＡＤＦ設立以前の障害者運動について、名古屋・愛知と全国の動きについて木下からお話しし、あらためてＡＤＦの設立の経緯、条例づくりとの関連、最後に今後の活動についてお話ししたいと思います。

一　ＡＤＦ設立以前の障害者運動――愛知・名古屋

１　個人史

辻　私は一九七一年生まれ、福岡県の出身です。二二歳のときに交通事故で頸髄を損傷し、車いすの生活になりました。病院に一年半、国立別府重度障害者センターという施設に三年半いて、名古屋に出て来ました。

本当は病院を退院して家に帰りたかったのですが、家で生活をするのがむつかしく、訓練がメインの施設に行きました。病院では「リハビリ」という用語を使うことが多いですが、この施設では「訓練」という言い方をしていて、残存機能――私の場合はしゃべること、首・肩・腕を動かす力――を最大限に活用してＡＤＬを上げていくことが、障害者の「自立」であることを教え込まれました。

施設では、特別に作られた風呂やトイレで訓練をしていました。入浴は広い場所で一人で服を脱いで体を洗い、また服を着て車いすに乗るという動作。排泄は、座薬を入れて広いトイレに座り、終わったら服を着るという動作。それぞれできるようにはなりましたが、四時間かかりました。つまり、トイレと風呂で八時間かかり、一日の半分が終わってしまう。

それでも「自立」と言われたので、私は社会に出て行けると思っていました。でも、いろいろな資格をとるための勉強していたのですが、試験会場に階段があったりする。職安に行っても「一人で通勤できないですよね」と言われてしまう。そこで、職業訓練の先生に「将来どうしたらいいだろうか？」と相談してみたところ、「名古屋に、あなたと同じ障害をもっている人が、地域で生きるために活動している面白いところがあるから、行ってみたら？」と紹介されたのが、ＡＪＵ自立の家でした。それがなかったら、福岡の田舎でずっとテレビを見ているような生活だったのかなと思います。

当時のＡＪＵ自立の家のトップは、私と同じ頸髄損傷の山田昭義。自立生活体験室に入り、山田さんに「施設で自立しとるんやろう。自分でやってみたらええがや」と言われたのですが、そこには訓練用の広い風呂やトイレはありません。自分で風呂に入ろうとしたら、うまく浴槽に移乗できず、床に転がり血まみれになる等、もう早く帰りたいと思いました。

でもそこで、自分で身のまわりのことができる「自立」をめざすのは大切なことだけれども、それは現実社会では役に立たない。障害者が社会で生きていくために大事なのはそれだけではないのだと気づかされ、このことが私が別の意味で「自立」するきっかけになりました。自分で身の回りのことができなくても、福祉制度を利用して社会参加するのがあたり前、ということに気づいたんですね。

また、自分で考えて動くということを久しぶりに思い出しました。施設にいたときは、ご飯の時間も寝る時間もすべて決められていたので、体験室に入ったときに怖かったのは、何時に寝て何時に起きたらいいのかわからないことでした。怪我する前はふつうにやっていたことだったのですが、職員に「今日何時に寝たらいいですか」と聞きました。でも、自分で決める楽しさも思い出しました。ＡＪＵ自立の家に入ってみようかな、と思ったきっかけでしたね。

二八歳のときにＡＪＵ自立の家の福祉ホームに入居して、山田さんに「今度、名古屋市長が来るから、発言してくれ」と言われました。その時は施設から出たばかりで、ジャージしかなく、その格好で昭和区役所の講堂で四百人と名古屋市長の前でしゃべりました。このとき、自分なりに作文して原稿をひたすら読んだのが、私にとっての障害者運動のデビューとなりました。

2 中部国際空港（セントレア）設計へのかかわり

辻 二〇〇五年に新しい中部国際空港（セントレア）が建設されるという計画があり、一九九九年に基本構想が出されました。そこで「ユニバーサルデザイン」と言っているが、実際どうなのかについて、山田に言われて公開質問状[3]を作成したんですね。

この質問状に対して、空港会社から回答をいただきました。「ユニバーサルデザインはどのように実現されるんですか？」と質問したら「マニュアルどおりにやります」という答えでした。「それで本当に実現できるんですか。できなかったら大きな問題ですよ」と言ったら、空港会社の人もやはり不安になったようでした。国際空港だし一度できたものはなかなか改築できない、じゃあ障害者の人と一緒にやってみようか、ということになり、ＡＪＵ自立の家の「わだちコンピュータハウス」がコンサルタント契約を結びました。

この時つくられたのが「ユニバーサルデザイン研究会」です。身体障害、聴覚障害、視覚障害、知的障害の親などの障害関係者、大学の教員、中部国際空港の企画部長、運輸省など、幅広い人たちが委員に入り、この空港の設計に携わることになりました。

研究会では、四年以上にわたって一五〇回の議論が行われました。トイレ、動線、バスや電車などの空港アクセス、ホテルなどの部会をつくり、実際に模型をつくるところから始めました。いろいろな障害の関係者が来ているので、議論がぶつかることもありました。たとえば点字ブロックの敷きかたについて、視覚障害の人からは「すべての場所に点字ブロックを敷いてほしい」と言われましたが、車いすの人からは「ぼこぼこして動きづらい」、空港関係者からは、「スーツケースがひっかかる」という理由で反対の声があがりました。視覚障害の人たちからは、点字ブロックを敷いてくれなければ研究会から去る、という発言もありましたが、話し合いをするなかで、案内所インフォメーションまでは点字ブロックを敷く、そこからはソフトで対応しましょう、ということになりました。

空港会社は動く歩道を気にしていました。事故があっては困ると相談され、幅や角度の部分などを一緒に検証したこともありました。障害者から要求するだけではなくて、空港会社とも相談しながらつくっていきました。トイレについては、一つひとつの個室がすべて広くなっていますが、これはこの研究会での提案が基になっています。これにより、スーツケースもトイレの中に持っていけるようになり、置き引きがなくなった。ベビーカーもトイレの中まで一緒に行ける。このトイレのデザインは羽田空港の第二ターミナルでも採用されています。

これが私がかかわった障害者運動の発端で、この経験から仕事をするということを学びました。でも仕事をするためには、生活、生きることもしなければならない。でも当時（二〇〇〇年頃）は、一日三時間週一八時間しかヘルパー派遣制度が使えませんでした。しかも、福祉ホームではこれも使えなかったので、ひたすらビラ配りをして、ボランティアも集めなければならない。しかし、千枚配っても来てくれるのは一人か二人、しかも大学生が多くて卒業するといなくなってしまうので、限界がありました。

3　ホームヘルパー派遣時間拡大をめぐる闘い

木下　ＡＪＵ自立の家の母体になった「愛知県重度障害者の生活をよくする会（愛重連）」の事務局長を十年ほど務めていたり、山田が初代会長になった「愛重連」の立ち上げやセントレアのときにも多少、かかわったりして、辻くんと一緒にやってきたという経緯があります。

当時、辻くんが入っていたAJU自立の家の福祉ホームは自宅とはみなされなかったため、どれほど障害が重くてもホームヘルプ制度が使えませんでした。一九九三年にはじまった、一日最大七時間介助時間が保障される重度障害者自立支援事業もホームの入居者は使えず、地域で生活をするホームの卒業生が使っていましたが、当初は定員が一日一〇人と限定されていました。これが一〇人から一五人と拡大され、三〇人で頭打ちになっていました(4)。

二〇〇一年三月末の名古屋市の会議に出されたペーパーに「ホームヘルパーの上限撤廃」という一文が入っていました。四月に入って当事者の人と昭和区役所に行って「必要だから二四時間のヘルパーを派遣してください」と言ったら、窓口では収拾がつかなくて、名古屋市から職員が飛んできた。「上限撤廃ということは、使いたい人は使わせてくれるということなんですよね」と言ったら、「そういう方向性で考えているというだけで、今すぐどうこうということではない」などと言われました。

それが発端となり、交渉とデモ行進をやろうと、栄のテレビ塔から市役所まで、初めてデモ行進をしました。五月一日だったと思います。デモなんかやったことがなかったので、学生運動にかかわっていたボランティアの人から「ちゃんと隊列くまなきゃだめでしょ！」と言われたりして。

こんな過激な行動はしたことがなく、それまで、いつもどこかであきらめて戻ってくるということが多かったのですが、この時はみんなで「引かないぞ」と決めて、結局、交渉決裂して市役所の玄関に座り込みを行いました。それで大騒ぎになって、最初はマスコミに話を持ち込んでも聞いてくれなかったのですが、新聞記者が飛んできました。これをきっかけに、二〇〇一年以降ヘルパーの時間数が一気に拡大しました。

二　ＡＤＦ設立以前の障害者運動——全国とのかかわり

1　支援費制度の「上限問題」と障害者運動

木下　二〇〇三年の支援費制度が始まる前の一月初めに、全国の障害者団体のメーリングリストに、厚生労働省（以下、厚労省）がホームヘルプ制度に時間数の上限を設ける動きがあるということが流れました。それで、ぼくたちも初めて、厚労省交渉へ行くことになりました。まさかそんな大騒動になるとも思わず、今では考えられないことですが、厚労省のなかにリフトカーを止めさせてもらって、行動に参加をしました。それが一月十四日。厚労省の報告を逐次聞いていましたが非常に態度が硬い。一日四時間というのは、公平にお金を分配するための一つの基準であり上限ではないという説明でしたが、運動側はそれが上限になるのではないかと疑っていました。

これが、その後言われる「ホームヘルプ上限問題」です。一月二十八日に終結するまで、二週間大騒動になり、名古屋から何度も東京に行きました。最終的には上限は設けないということで支援費制度はスタートしたのですが。

2　介護保険統合問題と障害者運動

木下　二〇〇四年一月に山田と一緒に東京の会議に行ったんですね。当時の厚労省社会・援護局障害保健福祉部長が、集まった「日本身体障害者団体連合会（日身連）」、「日本障害者協議会（ＪＤ）」、「ＤＰＩ日本会議」、「日本盲人会連合（日盲連）」、「全日本ろうあ連盟」、「全国脊髄損傷者連合会」、「全日本手をつなぐ育成会（育成会）」、「全国精神障害者家族会連合会（全家連）」という、八つの大きな障害者団体を前にして、「支援費制度としてはいいけれどエンジンの部分が弱い。このままでは財政的にパンクしてしまう」、「もっと障害者制度をよくするために、介護保険制度との統合を打ち出したい」と言われ、八団体と厚労省で、勉強会をしながら統合問題について議論をしていくことになりました。

議論の末、八団体で賛成と反対に意見が分かれていきました。愛重連とAJUもDPI日本会議に加盟しているので、定率の一割負担がある介護保険制度と統合したときに、負担はどうなるのか、介護保険制度は上限が決まっているが、それは担保されるのかと問いました。この点について厚労省は、「障害者のニーズに合わせて」上乗せ横出しするだとか、そういうことを言ったりはしていましたが、明確に答えるということはありませんでした。

六月に、統合反対ということで、「障害者の地域生活の確立を求める全国大行動」という大きなデモ・行動をしましたが、これは全国の障害者団体とAJU・「愛重連」が近づく一歩だったと思います。結果的には障害者団体からの根強い反対の声や、介護保険の対象者拡大にともなう被保険者の拡大に対する経済界からの反対もあり、統合は見送られました。

3 自立支援法施行前

木下 これで統合は遠のいたなと思ったら、十月になって国は、障害者自立支援法の下地になった「改革のためのグランドデザイン案」を出してきました。ここから全国の障害者が中心になって活動している団体が、団結して立ち向かっていく運動が始まっていきます。

思い出すと十月二十日は、ちょうど台風二〇号が日本を直撃するというときでした。前の日に東京で、行動をやるかやらないかという打ち合わせをしていたところ、山田から携帯電話に電話がかかってきて「雨が降ろうが槍が降ろうが、できる時はできちゃうんだ。やるしかないだろう」と、言われました。で、尾上浩二(5)さんたちに伝えたら、「やるしかないな」ということになって。

二〇〇五年二月には、自立支援法が上程される日の直前、はじめて徹夜して厚労省の前で座り込みをしました。その後いろいろあったものの、結局十月三十一日に自立支援法は成立し、二〇〇六年四月からスタートしてしまうわけです。それで、懸念していたことが実際に起きた。自己負担の上限は設けたとはいっても、やはり一気に負担が増えた。今考えても切なくなりますが、ぼくらの仲間のなかで、お金がないから携帯電話を解約したという人もいました(6)。これに対して全国の仲間と一緒に何度も行動を行いました。施行される前も、何度も何度も国会の前で抗議行動をして、何度も悔しい思いをしたというのは覚えています。

自立支援法というのは、全国で一斉に違憲訴訟が起こされるくらい問題のある法律で、その問題は当時の自民党・公明党も認めざるを得なかった。負担軽減の期限を延ばしたり、定率負担の抜本的な見直しをするなど何度も行っていましたが、その裏には障害者運動の結束した力があったと思います。

十月三十一日というのが、ぼくらにとっては忘れられない、自立支援法が衆議院本会議を通ってしまった日。この日を忘れないようにということで、二〇〇六年、ＪＤ、全日本ろうあ連盟などと一緒になって、日比谷野外音楽堂で「一〇・三一大フォーラム」を開催し、障害者運動史上初めて、一万五千人が集まりました(7)。

三　ＡＤＦの設立と活動展開

１「ＪＤＦフォーラムin東海」の開催

辻　先ほどお話ししたように、ＡＤＦは二〇〇八年に設立されました。二〇〇七年十二月に、ＪＤＦの地域フォーラム第一弾を愛知で開催するという話があり、山田が、「ＪＤＦの会長名で、各団体に打診をしてほしい」というお願いをしました。当時のＪＤＦの代表は、日身連の会長だったので、代表名で各団体に依頼してもらいました。また、ＪＤＦに加盟している団体の代表の方たちが関連する地域の団体に、たとえば身障系は、日身連から「愛知県身体障害者福祉団体連合会」、「名古屋市身体障害者福祉連合会」へ。知的障害は全国育成会から、「愛知県知的障害者育成会」、「名古屋手をつなぐ育成会」。精神障害の方も同じように、全国組織からやってくれというふうに打診し、そうしてみんなが集まって、「じゃあやろか」ということになりました。たぶん愛重連やＡＪＵ自立の家だけで呼びかけても実現は難しいなとは思っていました。

二〇〇八年二月十六日、国際センターのホールで、「ＪＤＦ地域フォーラムin東海」を開催しました。日身連常務理事でＪＤＦの政策委員長の森祐司さん、基調報告はＪＤＦ権利条約小委員会委員長の東俊裕さん、パネルディスカッションでは、名古屋市会議員の斎藤亮人《まこと》さん、「名古屋市視覚障害者協会」の杉本由司さん、名古屋手をつなぐ育成会の仁木雅子さんなど、コーディネーターはＪＤＦ幹事会議長の藤井克徳さんと、そうそうたるメンバーで、二五七名の有料入場者がありました。(8) 三重県や岐阜県の身障会からも来てくれました。これをきっかけに、せっかく集まったのだから愛知障害フォーラム（ＡＤＦ）という組織をつくれないか、という話をしたら、みんなのってくれたんですね。

集会後の総括会議の記録をみると、前向きな意見がたくさん出ています。「障害種別を超えた組織をつくることは重要」、「短期間で出来たのはすごい」、「これだけの団体が集まったのは過去に例をみない」、「国の動きを待っていても、条約がなかなか批准されないので、県で条例をつくることが必要だ」、「愛知県議団が条例をつくる動きを後押ししていくことが必要ではないか」など。

なぜADFができたのか。一つは、最初の呼びかけの段階で丁寧に、JDFに加盟している団体のところから、情報をおろしてもらうという方法をとったのは大きかったと思います。県内にある大きな団体は国の動向にも詳しいですし、千葉県の障害者差別をなくす条例（障害のある人もない人も共に暮らしやすい千葉県づくり条例）ができたことも大きなインパクトがあって、「千葉に続け」という意気込みは少なからず——中身をどうするかはおいたとしても——、あったんじゃないかなと思います。もう一つは条約・条例というものが、タイムリーなテーマだったことがあるのではないでしょうか。

福祉新聞　2008年9月8日号

愛知障害フォーラムが発足

条約批准に向け県条例の制定へ

障害者権利条約の批准と完全実施、障害者差別禁止条例の制定などを地元から推し進めていこうと、愛知県内の障害関係団体が加入する愛知障害フォーラム（ADF）が8月30日に発足した。条約をテコに県内の障害者施策を底上げしようという取り組みとしては、障害関係の全国団体が連携する日本障害フォーラム（JDF）が2004年に立ち上がっているが、JDFは政府との交渉など、主に中央での活動を担っている。ADFは、JDFの掲げる目的に沿いながら、その愛知組織として活動を展開していく。

JDFと連携、地元で底上げ

ADF設立を報じる新聞記事
（2008年9月8日付『福祉新聞』）

名古屋市では「障害者と市民の集い」を、十余団体の人とつくりあげてきたという歴史があるにしても、イベントとは違う性格のものにこれだけの団体が集まったのは、おそらく初めてだったと思います。また愛知・名古屋の障害者運動としては、先にも述べたように、セントレア空港建設に際しては視覚障害、聴覚障害の方と一緒にやったんですけれども、それくらいだったんですね。名古屋や愛知の団体が一つになって「みんなでやろうか」というのはなかった。東京でＪＤＦがたちあがって、障害種別を超えた活動を行っていくことになった。そのキーワードが「障害者の権利条約」でした。障害者の権利条約を理念とするわけですから、じゃあ差別禁止条例を愛知でもつくりましょうというのが、みんなの合意を得られやすかったのではないでしょうか。今はあちらこちらでできていますが、本当は愛知県が千葉県の次になる予定だったんですね。なぜ愛知県でできなかったのかというのは後でお話ししますが。

2　ＡＤＦの発足

辻　二六団体が集まって八月に設立総会を行うまでに毎月集まって議論をしました。これまであまり一緒に活動をする機会がなかった団体が、一致団結してものを進めていくという雰囲気がありました。八月三十日に正式に愛知障害フォーラム（ＡＤＦ）が発足しました。この時は、国際医療福祉大学大学院教授大熊由紀子さんにお越しいただきました。目的は、障害者の権利条約にうたわれる権利の実現と、県内の障害者福祉の推進です。具体的には年に一回、ＡＤＦの加盟団体からの要望を集めて、それを愛知県にぶつけて話し合うということをしています。今までだったら小さな団体は、自分たちの要望を県に届けることが難しかったのですが、ＡＤＦという枠でいくと、県の課長さんをはじめそれぞれの担当責任者がすべて出てきて、話を進めることができるようになりました。

正直なところ、イベントとして地域フォーラムが成立しても、ＡＤＦという団体として機能するのかは疑問でした。やはり最初の産みの苦しみはあり、役員をどうするのか、シンポジウムの登壇者はどういった人を選ぶのか、いろんな障害者の人たちが壇上に上がらなければならないが、そうすると収拾がつかない、そのあたりの調整だとかが大変でした。七年やってきてだいぶその辺が少しこなれてきたかなという気はします。

ＡＤＦの中での意見の相違は、あります。それぞれの団体がこれまでとりくんできた主要課題があり、また今担っている事業もそれぞれ異なっているので、個別具体的なことになると、デリケートな問題になり、議論が難しいこともありますね。

ＡＤＦでは「意見としてまとまったものだけを県に要求していく」という原則をとっています。昨年の話し合いのときにも、要望書の取りまとめに苦労をしました。みんなが納得する形に、文言や表現などを変えて県に提出するということが事務局の一つの役割なのかなと思っています。それぞれの団体から出てくる要望はそれなりの思いもあるので、それを大事にしていかないとＡＤＦも分解してしまいます。どこで折り合いをつけて納得して総意として出すか、というのは難しいところです。

ただ、最近の会議のなかでは、「自分の団体のことばかり言っていてはいけない。せっかくＡＤＦができたので、もっと大きなことを主張しなければ」という議論があった。「単独では発言できないような小さな団体の発言を汲むのがＡＤＦの役割なのではないか」とおっしゃる方もいた。ようやく七年やってきて、少しずつそんな形になってきたかなというのが実感ですね。

3　なぜ愛知県では条例ができなかったのか

木下　ちょうどＡＤＦが立ち上がるのと同じくらいに、民主党の愛知県議団のなかで、議員提案で条例づくりの動きがあり、差別禁止条例のプロジェクトチームが結成されました。

最初、ＡＤＦができるときに民主党が「かかわらせてほしい」と言ってきたんですね。政党がかかわると政治色が強くなってしまうので断ったんですけれども、条例づくりという点では、ＡＤＦではなくＡＪＵがかかわり、民主党案が出来上がりました。

しかし実際には、ひらたく言うと、政争の具となってしまいました。民主党が出すといったことを聞きつけて、自民党が対案を出してきたのですが、差別の定義もなされていませんでした。民主党は差別事例まで集めましたが、自民党案は、丁寧にヒアリングもやっておらず、内容的に不十分だと感じました。民主党は、議員提案でも単独でも出したいという思いがあったのですが、過半数を占める自民党案のほうが通ってしまう可能性が大きかった。大事なことですが、千葉県の次にできる条例は、千葉県では弱かったところをカバーしレベルアップするものでなければならない。ＡＤＦとしては、「障害者の問題を会派で対立するのはおかしい」、「政争の具にしないでほしい」と言いました。それとやはり、ＪＤＦの意向を汲んだかたちでＡＤＦが立ち上がった背景があるなかで、不十分な内容の条例をＡＤＦが認めてしまうというのは、運動の理屈からいっても承服しかねることでした。そこで、勇気ある撤退をしてほしいという申し出をして、二〇〇九年十月に取り下げてもらいました。これはＡＤＦのなかでも統一した見解でした。

そういう経緯があり、愛知県議会のなかで条例はその後、話題にしにくい。ここをまた動かすのはなかなか悩ましいなぁというのが正直なところです。

辻　二〇一〇年の四月にはまた選挙があって議会構成も変わっていっていることもあり、今のところなかなか中心的な窓口となって話せる議員がいないのですね。

二〇一三年に障害者差別解消法ができて、いま内閣府が基本方針案をつくっているのですが、県や名古屋市の担当者は「あなたたちの主張はわかるが、国から基本方針、ガイドラインができてこないと条例の必要性が見えない」と言っています。「他の地域はやってるじゃないですか」と言っても、そういうときは「他は他ですから」と言われてしまう。説得材料が必要です。

以前は案までつくったのですが、それはレベルが高いものだったので、正直なところそのまま出してもOKはしてもらえないだろうなという気持ちもあります。この間いろいろな地域で条例づくりが進んでいるので、それらを参考にしながら、「こんな大枠でつくってくれるといいなぁ」というものを、最近ADF事務局としてまとめ、幹事会に出しました。前文、総則には、障がい者制度改革推進会議（後・障害者政策委員会）の差別禁止部会で定義された「障害者とは」「差別とは」というものを取り入れてほしいとか。また、民主党案の中には入れていたのですが、「地域間格差の是正」について。愛知県は山村・漁村もあれば大都市もあり、地域間格差が出やすい土地柄ですね。この格差の是正、ある意味で、最低基準のようなものをうたうべきじゃないかということが入っています。各則も一〇項目入っています。紛争解決の仕組みも埼玉・熊本県を参考にしています。

四　今後に向けて

辻　これからについてですが、名古屋市では、二〇一三年に、河村たかし市長がマニフェストに差別禁止条例制定を盛り込みました。愛知県と名古屋市は、政令指定都市と県とレベルとしては同じくらいなんですね。名古屋市も作ったら愛知県も作ろうということになるのはよくあることなので、まずは名古屋市で差別禁止条例をつくらせるところを突破口にしようと。

差別解消法はできたけれど、紛争解決の仕組みが非常に弱いということがあります。しかも差別はより身近なところで起きるわけだから、条例できちんとその土地にあったやり方でやる意味があると考えますが、市としては非常に構えている。市長はああ言うけれども、「そう簡単にはできない」と思っているのかなと。そこをうまく突き動かしていくことがＡＤＦに課せられている気がします。

名古屋市、愛知県において「骨格提言に基づく法制度を求める意見書」、「差別禁止法制定を求める意見書」の二つを採択していただいたので、議員とのアプローチをつかんでいきたいと考えています。同時に、わかりやすい運動を展開しなければならないのかなと。差別解消法は障害当事者でも理解できていない状況があり、ましてや、障害とはまったく関係のない人にはまだまだ伝わっていないので、昨年行った「愛知TRY 2013」(9)のように、県内を歩いて差別解消法の啓発を行ったり、デモやパレードによって条例の必要性を広く市民・県民に知ってもらうこと。そして、各地域においてフォーラムや勉強会を継続的に行って、障害当事者や福祉関係者に差別解消法の必要性や権利条約について、世界の流れを知ってもらうことが必要だと思っています。

また、二〇一五年三月の県知事選、県議会選挙の選挙公約に入れてもらうよう働きかけを行っていこうと思っています。

ＡＤＦは何もできていない、と言われるか

なごや大行進
（撮影者：TRY 2013実行委員会）

もしれませんが、先ほど言ったように、県との話し合いはできるようになりました。また、愛知県障害者施策審議会の委員や、県の防災会議の障害者団体の枠に入ったり、それなりに発言する機会ができつつあります。

やはりそれは、ＡＤＦが障害種別を超えた活動をしているからだと思うんですね。今の代表は愛知県身体障害者福祉団体連合会の会長さんで、副代表は聴覚障害、知的障害の団体、精神障害家族会の方です。二カ月に一回の幹事会、事務局会で話をし、議会へ働きかける等の活動している。それぞれの障害種別を理解しながら、一緒にやっていくということができています。これからも差別禁止条例制定を目指し続けていくというのが、今後のＡＤＦの課題であり、成果でもあると思っています。

（本稿は、二〇一四年三月二十九日に行われた愛知大学文学会・障害学研究会ワークショップにおける講演をもとに構成しました。構成：土屋 葉）

注

1　ＡＪＵ自立の家、および山田昭義氏については第Ⅱ部を参照。

2　ＪＤＦ（Japan Disability Forum）：二〇〇四年に障害のある人の権利を推進することを目的として設立された団体。発足の経過については、兒玉明「日本障害フォーラム（ＪＤＦ）の発足」『ノーマライゼーション障害者の福祉』二四（一一）、二〇〇四年、四四-四六頁を参照。

3　「中部国際空港建設計画段階における『障害者参加』の必要性について」（一九九九年七月十五日）愛知県重度障害者団体連絡協議会（会長・山田昭義）から、中部国際空港株式会社へあてた文書。

4　名古屋市では一九九三年から「重度障害者自立支援事業」が開始された。定員は三〇人、介助員の派遣は上限一日七時間（一九九八年四月二日付『中日新聞』より）。

5 尾上浩二：一九六〇年大阪生まれ。現在ＤＰＩ日本会議副議長。障がい者制度改革推進会議総合福祉部会副座長、障害者政策委員会委員などを歴任。

6 「障害者自立支援法　施行三か月、月最高三万七二〇〇円　負担増に根強い反発」（二〇〇六年六月三十日付『朝日新聞』）において、名古屋市内に住む重度障害者の「携帯電話を手放し、美容院に行くのもやめた。あと何を切り詰めればいいのか」という声が掲載されている。

7 以上のことについては、それぞれ詳細に記したＨＰ等がある。「支援費制度ホームヘルプ上限問題について」www.dpi-japan.org/3issues/3-1shienhi/-2003.3/030109-27/top.htm、「介護保険統合議論について（二〇〇四、一～四月）」www.dpi-japan.org/3issues/3-1shienhi/togo04/top.htm、「『障害者の地域生活確立の実現を求める全国大行動』実行委員会について」www.j-il.jp/bigaction/history/index.html、「全国大フォーラムについて」www.normanet.ne.jp/~ictjd/091030.html。

8 肩書はすべて当時のもの。以下同じ。

9 障がい者制度改革推進会議総合福祉部会において、二〇一一年八月にまとめられた「障害者総合福祉法の骨格に関する総合福祉部会の提言」のこと。

10 二〇一三年十月二十～二十二日に開催された。差別解消法の啓発、条例の必要性を一般市民に訴えた行動。最終日は名古屋栄から県庁市役所へむけてデモ行進を行った。

辻　直哉（つじ　なおや）………二二歳のときに交通事故により頸髄を損傷。現在、愛知県重度障害者団体連絡協議会副会長、ＤＰＩ日本会議常任委員兼事務局次長。二〇〇九年より愛知障害フォーラム（ＡＤＦ）事務局長。

木下　努（きのした　つとむ）………一九九〇年よりＡＪＵ自立の家に勤務。二〇一〇年から一三年までＤＰＩ日本会議へ出向。元愛知県重度障害者の生活をよくする会事務局長。二〇〇八年より愛知障害フォーラム（ＡＤＦ）事務局員。

年表１　第Ⅲ部３団体の活動年表

年	主な出来事		
	ゆたか福祉会	わっぱの会	よくする会・AJU自立の家
1966			希全寮に中村 力が入所
1968	ゆたか共同作業所の前身、名古屋グッドウィル工場の開設		希全寮に山田昭義が入所し、中村 力と出会う
1969	ゆたか共同作業所の開設	FIWC東海委員会メンバーの一部がカンパ活動を開始	
1970	「ゆたか日曜学校」開設	「ひゅうまん連合」結成、あらくさ共同体建設運動	「愛の実行運動（AJU）」開始 中村 力が希全寮を退所
1971		障害者1人、健常者2人が名古屋市昭和区の木造一軒家で共同生活開始	山田昭義が希全寮を退所
1972	社会福祉法人ゆたか福祉会を設立、ゆたか共同作業所はゆたか作業所に	『さようならCP』上映運動開始 共同作業所開所	
1973	みのり共同作業所の開設	「坂本硝子の労働者を守る会」結成。坂本硝子を糾弾、内閣法務局人権擁護部へ訴え 「わっぱの会」として発足 共同生活体や共同作業所のための土地貸与を名古屋市に申し入れ	山田昭義が朝日新聞「声」欄に投書 愛知県重度障害者の集い・アピール・地下街歩きを実施 第1回キャンプ実施 「愛知県重度障害者の生活をよくする会（よくする会）」発足 「よくする会」月例会開始
1974		「共育を考える集い」開催（82年「共育をつくりだす会」へ）	電動車いす試乗会 福祉のまちづくり点検活動 「東海4県車いす市民交流集会」開催
1975	第1回総括研究集会開催 『ゆたか作業所』（ミネルヴァ書房）発刊	土地貸与を求め、名古屋市役所前でハンストを実施。名古屋市との話し合い決定 名古屋市が「心身障害者共同生活作業事業補助」を支給	AJU車いすセンター開設

年	主な出来事		
	ゆたか福祉会	わっぱの会	よくする会・AJU自立の家
1976	なるみ作業所の開設	童話『ピノキオ』告発	「朝日障害者福祉セミナー」開催 車いすガイドマップ作成 第1回わだちまつり開催
1977	「共同作業所全国連絡会」の結成	ふくえ共同作業所を昭和区に開所	天野鎮雄氏との出会い 第1回さんさんフェスティバル 「車いす市民全国集会」名古屋大会開催 第1回生活創造福祉展
1978		「全国障害者解放運動連絡会議（全障連）」東海ブロック結成	
1979	第1期「長期計画」の策定 10周年記念行事		車いすセンターの管理がAJUから「よくする会」に 脊損者運動から脳性まひを中心とする運動へ
1980	ゆたか希望の家の開設		
1981	「ゆたか障害者福祉研究所」開設	名古屋市中村区の元寮であった建物で20人規模の共同生活体を新設	「よくする会」のテーマを「労働・移動・自立」とする
1982	ゆたか鳴尾寮の開設	社会福祉法人格取得の意向を名古屋市に申し入れる	
1983	つゆはし作業所、リサイクルみなみ作業所の開設 つゆはし「ありがとうコンサート」 今井保理事長「ヘレンケラー福祉賞」受賞		「日米交流障害者自立セミナー」開催 第1回福祉映画祭開催 コンピュータ講座の実施
1984	ゆたか福祉会15周年記念のつどい	国産小麦使用・無添加パン「わっぱん」製造に着手 「差別とたたかう共同体全国連合（現：共同連）」結成へ参画	AJUわだち作業所開設

1985	デイサービスみなみ開設に伴い、ゆたか障害者労働福祉センターを開始 リサイクル福祉ショップさわやかの開設		福祉ホームづくりの方針固まる 地下鉄試乗会 第1回名古屋シティハンディマラソン開催
1986	『ぼくの歌きいてよ』(あけび書房)発刊	「就学ホットライン」開始	「AJU自立の家設立準備会」発足
1987	鳴尾ホームの開設	「誰もが生きられる街と交通をつくる会」結成 社会福祉法人共生福祉会設立	
1988	「障害者福祉協同組合」発足	ワークショップすずらん（パン製造・販売）を名古屋市北区に建設 共同生活体を名古屋市北区に開所。以降、順次開所 一般向けの「食べる＆暮らす講座」開催	「AJU自立の家発起人会」総会
1989	さわやか共同作業所、ゆたか通勤寮、つゆはし生活ホーム仲間の家、ゆたかホーム太陽の開設 第２期「長期計画」の策定 20周年記念行事		
1990	なるみホームひまわり、生活ホーム二村台の開設	メンバーの斎藤亮人の名古屋市議擁立を決定、「まことともに名古屋を変える仲間たち」結成、名古屋市市議会補欠選挙で当選 わっぱ企業組合発足	社会福祉法人AJU自立の家設立（福祉ホーム、デイセンター、授産施設）
1991	あかつき共同作業所、第1八光荘の開設 名古屋市委託の資源回収事業の開始	エコロジーよろず家わっぱんを名古屋市西区に開店	「AJU自立の家後援会」発足
1992	弥次エホームの開設		ウェルフェアコンサート開催

年	主な出来事		
	ゆたか福祉会	わっぱの会	よくする会・AJU自立の家
1993	第2ゆたかホーム太陽の開設	「就労援助センター準備会」発足	福祉情報誌創刊 アルコールリハビリセンター（名古屋マック・ピートハウス）傘下の形で開設 名古屋市が自立支援事業開始
1994	リサイクル港作業所第1・第2の開設、第2八光荘の開設 「福祉村づくり」構想を発表	名古屋市身体障害者自立支援事業受託、「生活援助ネットワーク」を開始	
1995	第3八光荘の開設	アジアの障害者交流を目的とする第1回韓日障害者国際交流大会に参加	
1996	浜田ホームの開設		「愛知重度障害者団体連絡協議会」設立 わだちコンピュータハウス売上1億円、平均工賃10万円突破
1997	ホームみのりの開設	就労援助センター発足 印刷部門が有限会社もくもく印刷として独立	ピア名古屋（小規模作業所）開設 AJU自立生活情報センター開設
1998	ひろめホーム、ハウス605、元塩ホームの開設 設楽福祉村キラリンとーぷの開始 第2ゆたか希望の家の開設		自立支援事業の定員拡大 「よくする会」25周年記念行事開催
1999	グループハウスなぐら、デイサービスなぐら（身体障害者デイサービス事業）の開設	名古屋市の委託により名古屋市西資源センターを西区に開所 斎藤亮人名古屋市議選に再び当選	
2000	第3期「長期計画」の策定 30周年記念行事	わっぱ知多共同作業所、「ひろばわっぱる」を愛知県武豊町に開設	ヘルパーステーションほかっと軒開設 TRY2000 in 愛知開催
2001		愛知県立名古屋高等技術専門学校の委託により、なごや職業開拓校を名古屋市西区に開校	「中部国際空港ユニバーサル研究会」参加

2002	緑区障害者地域生活支援センターの開設		障害者地域生活支援センターサポートJ開設 TRY実行委員会が「愛知県人にやさしい街づくり賞」受賞 「愛・地球博バリアフリー検討会」を創設
2003			ヘルパーステーションマイライフ開設 ピア名古屋を知的障害者通所授産施設へ アフガニスタン障害者支援プロジェクト開始
2004		韓・日・比障害者国際交流大会に参加 NPO法人取得	自立生活センター生活塾開始 ヘルパーステーションマイライフ西開所
2005	「リサイクルみなみ」元塩町移転	「共育応援ネット」（相談事業）を西区に開設	「アジア障害者支援プロジェクト」開始
2006		ペットボトル・缶のリサイクル資源工場を西区に開所	
2007	居宅介護事業所あかつきはなキリンの開設	韓・日・比・越障害者国際交流大会に参加	名古屋市の身体障害者自立体験事業を受託
2008	デイサービスなぐらを高齢者介護事業へ移行		ヘルパーステーションマイライフ刈谷開設 愛知県の地域生活体験モデル事業を受託 「ADF（愛知障害フォーラム）」設立
2009	大清水ケアホーム、ケアホーム徳重の開設		
2010	社会福祉法人ゆたか福祉会創立40周年記念集会開催		ヘルパーステーションマイライフ岩倉開設
2011		わっぱ40周年記念企画開催	
2012		わっぱ40周年青空市開催 機関紙『コムヌーモ』再刊	障害者相談支援事業所サマリアハウス他開設
2013		尾張中部障害者就業・生活支援センター開設	「よくする会」40周年記念行事開催
2014	「緑区基幹相談センター」設置	生涯活動センターわっぱーれ・やまぐち開設	

年表２　第Ⅳ部４団体の活動年表

年	主な出来事				
	国内外の主な動向	視覚障害者・ライトハウス	精神障害者・草のネット	ろう者	ADF
1919				「日本聾唖協会中京部会」発足	
1946		「愛知県盲人福祉協会」の発会式			
1947		近藤正秋宅に愛盲ホーム光和寮・共同治療所を開設			
1948		愛知県盲人福祉協会が社団法人として認可。駐留軍の空き缶の払い下げで金属作業を始める		ヘレン・ケラー女史名古屋来訪	
1949	身体障害者福祉法	事業体は「愛知県盲人福祉協会」、組織運動は「愛知県盲人福祉連合会」へ			
1950	精神衛生法			「愛知県ろうあ福祉連合会」設立	
1951	社会福祉事業法			愛知県立一宮ろう学校開校	
1952		「愛知県盲人福祉協会」が社会福祉法人の認可を受ける			
1957		「愛知県盲人福祉協会」から「名古屋ライトハウス」へ改称。視覚障害者以外の身体障害者も受け入れを開始。			

1958				高木茂生が車で全国一周キャンペーンを行う 愛知県立名古屋ろう学校千種分校開校	
1960	精神薄弱者福祉法（1980年に知的障害者福祉法へ改称） 身体障害者雇用促進法				
1963	水上勉「拝啓池田総理大臣殿」が話題に	岩山光男による「あけの星声の図書館」を受け入れ			
1964	ライシャワー事件				
1966		あけの星声の図書館が厚生省指定図書館となる		※60年代後半　愛知県で手話通訳制度が始まる	
1970	心身障害者対策基本法				
1971	国連：知的障害者の権利宣言				
1972	米：自立生活センター設立				
1974			「全国『精神病』者集団」設立		
1975	国連：障害者の権利宣言				
1979		重度身体障害者授産施設明和寮を開設			
1980		図書館を名古屋ライトハウス図書館に改称			
1981	国際障害者年				

年	主な出来事				
	国内外の主な動向	視覚障害者・ライトハウス	精神障害者・草のネット	ろう者	ADF
1983		港ワークキャンパスを光和寮金属作業部から分離独立開所。 通所施設黎明荘を開設			
1984	宇都宮病院事件	近藤正秋からの3000万円の寄付をもとに基金事業（愛盲報恩会）を創設	「べてるの家」開所		
1986	障害者基礎年金制度実施 「DPI日本会議」発足				
1987	精神保健法成立				
1989		特別養護老人ホーム　瀬古第一マザー園、養護盲老人ホーム瀬古第二マザー園を開設			
1990	社会福祉関係八法改定				
1991		図書館を名古屋ライトハウス名古屋盲人情報文化センターに改称。	※1990年代初め　名古屋市千種区赤坂町にフリースペースとして「赤坂町の家」（患者会準備会）が誕生		
1993	障害者基本法		「全国精神障害者団体連合会」設立 「大阪精神障害者連絡会」設立	「名古屋市聴覚障害者福祉連合会」が「愛知県聴覚障害者協会」から分離	
1995	精神保健及び精神障害者福祉に関する法律 障害者基本計画策定	デイサービスセンタークリエイト川名、福祉ホームかわな新設	※1990年代半ば　千種区今池に拠点を移し、名称を「雑草」とする（その後活動拠点は何回か移転）		

2000	社会事業法が社会福祉法へ改正				
2002	DPI世界会議札幌大会	港区障害者地域生活支援センター開設	「名古屋うつ病友の会」設立	愛知県と名古屋市の組織が統一	
2003	支援費制度開始	身体障害者居宅介護事業「みなとガイドネット」開設 高齢者通所介護事業所　矢田マザー園デイサービスセンター開設		社団法人格取得、「社団法人 愛知県聴覚障害者協会」となる。	
2004		身体障害者居宅介護事業「ガイドネット　あいさぽーと」開設	「草のネット」NPO認証		JDF設立
2005			「草のネット」設立記念コンサート		
2006	国連：障害者権利条約 障害者自立支援法施行				
2007		地域活動支援センターあちぇっとほーむ、児童デイサービスわくわくキッズを開設	「草のネット」記念講演会 「草のネット」作業所型地域活動支援事業開始 「草のネット」ふれあいコンサートⅡ 日本精神障害者リハビリテーション学会名古屋大会		
2008			「草のネット」人権尊重のまちづくり講演会 「草のネット」ふれあいコンサートⅢ		「JDF地域フォーラムin東海」開催 「ADF（愛知障害フォーラム）」が正式に発足

年	主な出来事				
	国内外の主な動向	視覚障害者・ライトハウス	精神障害者・草のネット	ろう者	ADF
2009	内閣府に障がい者制度改革推進会議設置		「草のネット」講演会2009 「草のネット」ふれあいコンサートⅣ		
2010			「草のネット」ふれあいコンサートⅤ		
2011	障害者基本法改正	障害者支援施設戸田川グリーンヴィレッジ、就労継続支援B緑風の開所。海部障害者就業・生活支援センターを津島市に開設			
2012		相談支援事業を開設			
2013	障害者差別解消法制定 障害者総合支援法開始				愛知Try2013実施
2014	障害者権利条約批准				

おわりに

最後になるが、障害学研究会中部部会について少しの説明を加えておきたい。冠についている「障害学」(Disability Studies) とは、一九九〇年代イギリスを中心として拡大していった学問領域であり、日本では二〇〇三年十月に障害学会が設立されている。しかし中部地方ではこの研究についての交流の場がなかったため、障害学に関心をもつ者を中心として設立された。二〇〇七年四月に最初の打ち合わせ会合を行い、五月にプレ研究会、七月に正式な第一回目の研究会を行った〔研究会の内容等については、中部部会のウェブサイト (http://www.nabe-labo.jp/ds-chubu) を参照いただきたい〕。それ以降、定期的に研究会やワークショップを開催し、ここ数年間は愛知の障害者運動に焦点化してきたことはすでに述べたとおりである。

会のメンバーではないが、愛知の障害者運動にかんするプロジェクトに関わった重要な人物として、当時、障害学会の事務局長を務めており、関西学院大学の教員だった杉野昭博氏〔現・首都大学東京教授〕がいる。彼は当時の中部部会の動きをおもしろがり、たびたび研究会に参加してくれていた。私たちはそれを「物好きな人だな」くらいに感じ、わざわざ関西から来てくれることを単純に歓迎していた。ある日、研究会終了後の飲み会の席で彼が唐突に言った。「次の学会大会は愛知でやってくれへんかなぁ」と。

簡単に説明しておけば、この会は「中部部会」と名のってはいるものの、障害学会の下部組織ではない。「関東部会」、「関西部会」、「九州部会」なども存在しているが、それぞれの部会メンバーは学会員と重なりはあるものの、障害学会とは独立した組織である。だから、愛知で、会のメンバーを中心として大会を引き受けなければならない理由はなかった。何より私たちはこの学会運営がいろいろな意味でたいへんであることを十分に知っていた。しかし、結果的に私たちは愛知での学会開催を引き受けることにした。

今となっては、幾度もやりとりがあっただろうその経過をうまく思い出すことができない。ただ、そもそも会を発足させるきっかけをつくったメンバーの一人、後藤悠里の、きらきらと眼を輝かせていた顔だけが記憶されている。

そしてメンバーが中心となってシンポジウムを企画することになったのだが、その方向性に迷いはなかった。「愛知の障害者運動」をテーマとし、全国的にも著名な三つの団体の方々をシンポジストとしてお招きする。そのことだけははっきりとしていた。向こうみずな私たちは、細いつてをたどってわっぱの会、ゆたか福祉会、そしてＡＪＵ自立の家に出かけていき、それぞれの団体の方々に、シンポジウムへのご登壇をお願いすることにした。最後には、すべての団体から「快諾」のお返事をいただいたのだが、この地域の事情をよく知る方々には「よくこんな企画を設定したよね」、「三団体が同じ壇上にいるところなんか、見たことがなかったよ」と言われることになった。今から考えれば、私たちは「愛知の障害者運動」について「何も知らない」という立場だったからこそ、このテーマに取りかかることができたのだと思う。

研究会は「生きもの」であるため、今後内外の作用によって、方向性やその内容が大きく変わる可能性もある。しかし愛知というこの地域に、縁があって集うことができたこの会を大切にしつつ、奥の深い「運動」というテーマについて、地道に、長期的に、とりくんでいきたいと思っている。お読みいただいた皆様から、忌憚のないご意見をいただければうれしく思う。

最後に、私たちを受け入れてくださった皆様に、この場をお借りしてお礼を申し上げたい。ご講演いただいた先生方、実践家の方々、インタビューにお答えいただいた方々、研究会での議論に参加してくださった方々がいたからこそ、本書がとりあえずの完成まで導かれたのだと思う。ありがとうございました。

愛知大学文学会からはワークショップ開催等について数年にわたって助成金をいただいた。また幾つかの研究会・ワークショップ開催については、文部科学省学術研究助成基金助成金若手研究（B）「病者・障害者における当事者運動組織のネットワーク形成と「国際化」に関する研究」（代表：渡辺克典）からの助成を受けた。記して感謝したい。

本書の刊行を快くお引き受けいただき、障害者運動に対する豊富な知識から、細やかな点までご指摘くださった現代書館編集部の小林律子さんにも、心からお礼を申し上げたいと思う。

二〇一五年二月

障害学研究会中部部会運営委員 一同

障害学研究会中部部会運営委員

伊藤綾香（いとう あやか）……日本学術振興会特別研究員（DC）・名古屋大学大学院。専攻は社会学。論文に「障害者運動の事業性による健常者の加入過程：NPO法人「わっぱの会」を事例に」（『名大社会学論集』第三四号）。

伊藤葉子（いとう ようこ）……中京大学現代社会学部教員。専攻は社会福祉学。共著に『市民学の挑戦』（梓出版）、『当事者主体を貫く』（中央法規）、『よくわかる障害学』（ミネルヴァ書房）ほか。

河口尚子（かわぐち なおこ）……立命館大学客員研究員。MA Disability Studies(Leeds University)、専攻は障害学、社会福祉学。訳書にマイケル・オリバー、ボブ・サーペイ著『障害学にもとづくソーシャルワーク』

後藤悠里（ごとう ゆり）……日本学術振興会特別研究員（PD）・東京大学大学院。専攻は社会学、障害学。論文に「香港・韓国障害者差別禁止法の立法過程における『後発性』の問題」（『ソシオロジ』、第五五巻三号）ほか。

土屋 葉（つちや よう）……愛知大学文学部教員。専攻は家族社会学、障害学。著書に『障害者家族を生きる』、共著に『ケアのリアリティ』（法政大学出版局）ほか。

時岡 新（ときおか あらた）……金城学院大学国際情報学部教員。インタビュー記録に「自立生活の手間と厄介」「生きた意味を残したい――ある自死遺族のわかちあい経験から」（『参加と批評』六号・七号）ほか。

障害学研究会中部部会
2007年、障害学に関心をもつ人たちの交流の場をめざして発足。
これまでの活動内容についてはwebサイト
（http://www.nabe-labo.jp/ds-chubu/）を参照。
連絡先：ds.chubu@gmail.com

愛知《あいち》の障害者《しょうがいしゃ》運動《うんどう》
——実践者《じっせんしゃ》たちが語《かた》る

二〇一五年三月二十五日　第一版第一刷発行

編　者　障害学研究会中部部会
発行者　菊地泰博
発行所　株式会社現代書館
東京都千代田区飯田橋三―二―五
郵便番号　102-0072
電　話　03（3221）1321
F A X　03（3262）5906
振　替　00120-3-83725
組　版　プロ・アート
印刷所　平河工業社（本文）
東光印刷所（カバー）
製本所　積信堂
装　幀　渡辺将史

校正協力・電算印刷
 ISBN978-4-7684-3538-0
定価はカバーに表示してあります。乱丁・落丁本はおとりかえいたします。
http://www.gendaishokan.co.jp/

活字で利用できない方のための
テキストデータ請求券
『愛知の障害者運動』